应急管理“十四五”系列教材

公共风险治理

曹　明/主　编

中国矿业大学出版社
·徐州·

图书在版编目(CIP)数据

公共风险治理 / 曹明主编. —徐州:中国矿业大学出版社,2023.12

ISBN 978-7-5646-5600-3

Ⅰ.①公… Ⅱ.①曹… Ⅲ.①公共安全—风险管理—研究 Ⅳ.①D035.29

中国版本图书馆 CIP 数据核字(2022)第 211376 号

书　　名 公共风险治理
Gonggong Fengxian Zhili

主　　编 曹　明

责任编辑 姜　翠

出版发行 中国矿业大学出版社有限责任公司
(江苏省徐州市解放南路　邮编 221008)

营销热线 (0516)83885370　83884103

出版服务 (0516)83995789　83884920

网　　址 http://www.cumtp.com　**E-mail**:cumtpvip@cumtp.com

印　　刷 苏州市古得堡数码印刷有限公司

开　　本 710 mm×1000 mm　1/16　**印张** 17.75　**字数** 320 千字

版次印次 2023 年 12 月第 1 版　2023 年 12 月第 1 次印刷

定　　价 52.00 元

前　言

公共风险伴随着人类社会的发展，人类与公共风险的博弈贯穿整个人类历史。早期人类面对的公共风险主要来源于自然界，人类对强大的自然力量充满了敬畏。随着工业化、城市化、全球化的不断发展，这种情形发生了根本的变化，人类行为所导致的风险已经远远超出了自然原因导致的风险，占据了主导地位，贝克认为现代社会进入了“风险社会”。

无论何种社会样态，人们总是希望可以消除或削弱风险，从而置身于一个更安全的生存与发展环境之中，然而结果并没有遵循人类的预期。随着人类能力的增长，某些领域的风险似乎在减弱，但其他领域的风险却又悄悄兴起。比如说，人类对于核能的利用，究竟是“福音”还是打开了“潘多拉魔盒”，人类对于科技的应用、对于制度的完善似乎在增长“秩序”，但又好像是给自身打造的“笼子”。我们可能会感受到，现代社会的风险更加多样化、复杂化、全球化以及隐匿化了，且在应对公共风险的把握性上并没有增加多少，近几十年来应急管理学科的兴起恰恰说明了这种无奈与迫切性。

公共风险治理的知识体系还在不断发展之中，本书尝试建构一个比较系统的理论体系和阅读材料。本书的基本架构是沿着认识风险、分析风险到处置风险的逻辑脉络展开。全书内容由十章构成：公共风险治理导论、公共风险识别、公共风险分析、公共风险评价、公共风险监测、公共风险预警、公共风险处置、公共风险决策、公共风险沟通以及公共风险治理体系。每章内容除了总结梳理一般理论知识，还收集整理了一些应用场景及案例，以便读者可以有针对性地联系实际，相关场景及案例也可以供教学使用者参考。

本书的编写分工如下：第一章（曹明、张雅静）、第二章、第八章（王燕青、韦珂珂）、第三章、第九章（曹明、孙雨轩）、第四章、第七章（许超、余邵雯）、第五章、第六章（王燕青、赵建芬）、第十章（许超），全书计划、统筹、统稿由曹明、王燕青完成。感谢本书的所有撰稿者的不辞辛劳，感谢中国矿业大学出版社的支持及编校人员的辛勤付出。

本书是应急管理“十四五”系列教材之一，期待这套教材能够对公共安全与应急管理教学起到积极的作用。此外，本书的出版得到江苏省公共安全创新研究中心、中国城市公共安全管理智库的大力支持。本书可作为应急管理及行政管理本科生、MPA研究生、学术型公共管理硕士研究生的教科书，也适合政府部门管理人员与从事公共风险分析的研究人员阅读和使用。

本书虽经多次修改与完善，但仍存诸多不足之处，恳请读者批评指正！

编 者

二〇二三年冬 徐州

目　　录

1

第一章

公共风险治理导论

学习目标

1. 掌握风险、公共风险、公共风险治理的内涵及特征。

2. 掌握公共风险治理的产生、发展阶段以及各主体在治理过程中的角色定位。

3. 了解公共风险治理具体实际应用。

进入21世纪以来，随着全球化浪潮和信息化革命的不断推进，人类社会逐渐步入全球风险社会。风险对包括中国在内的所有国家治理和政府职能的冲击和挑战，正在成为一种新常态现象。① 风险社会已经成为现代社会的基本特征。无论是在商业领域，还是在公共领域，风险无处不在。公共领域与商业领域相比，由于涉及公共利益，面临着问题更为繁多、形式更为复杂、危害更为严重的风险。以政府组织为代表的公共部门，集中掌握着大量社会资源和公共权力，担负着领导公众进行公共风险预防和危机应对的职责。处理与风险有关的事务已成为政府的重要职能和工作环节，在以政府为代表的公共部门导入和实施风险治理活动至关重要。②

第一节　公共风险的来源

人类在很早以前就有了风险意识的萌芽。在西方，巫师和巫术可以追溯到较早时期的历史。当人们要表达对未知的恐惧，对所遭受的突如其来、摆脱不了的灾难给出令人信服的解释时，巫师和巫术便产生了。这里渗透着最原始的风险意识：对未知的恐惧，既有对损失的恐惧、也有对伤害的恐惧。对未知的恐惧是风险治理问题的核心。面对无法解释和控制的自然灾害和疾病，人们将之归于神的意志，于是修建神坛，时常拜祭，祈求神灵的佑护，这些行为都渗透着朴素的风险治理意识，即在灾难发生之前，试图通过一定的手段减少损失。逐渐地，人们产生了原始的保险意识，即互助互济的思想。例如，春秋战国时期的墨子提出，“有力者疾以助人”“有力以劳人”；

---

① 刘鹏. 从行政管控走向风险治理：中国风险应对体系建设的发展历程与逻辑[J]. 政治学研究，2021(6)：85-96，177.

② 崔艳武，高晓红，汤万金. 公共风险、社会风险与公共部门风险管理：基于国内外文献挖掘的理论思考[J]. 标准科学，2013(2)：6-10.

又如我国古代商人很早就懂得将自己的货物分放在其他商人的筏子上来运送，这样，即使一只皮筏失事，自己的货物也不会全部损失，这就是保险损失分摊思想的雏形。

风险治理慢慢发展为一门新兴的管理学科，受到世界各国政府、企业和学术界的高度重视，则是在20世纪30年代前后。风险这一概念起源于经济领域，美国学者海恩斯在《作为经济因素的风险》中提出风险的概念并加以分类，认为风险是潜在的损害或损失的机会或可能性。① 随着工业革命的诞生，企业风险治理的思想开始萌芽。法国管理学家法约尔在《工业管理与一般管理》中将风险治理思想引进企业经营管理，但当时未形成完整的风险治理体系。在研究领域，《哈佛商业评论》发表了美国学者格拉尔有关风险治理的论文。该论文提出并使用了风险治理一词。从此，风险治理作为一门系统的管理科学开始在美国兴起，此后逐步在企业、政府与社会管理中得到广泛运用。

20世纪70年代以后，风险治理历史上出现了一个革命性的转变，即从传统的以保险为核心的风险治理中脱离出来，逐渐形成现代全方位的风险治理格局，其中以政府的实践探索为典型代表。政府在核能管制、环境、能源、公众健康等公共政策制定中开始探索使用风险治理的手段。2001年"9·11"事件后，国际风险治理进入了一个新的阶段，各国政府逐步成为风险事务的主要管理者。

一、风险的定义

在理论界，关于风险的学说主要有三种。一是风险客观说，认为风险是客观损失的期望值，可以预测并运用统计方法加以描述和计算。二是风险主观说，认为人们对未来不确定性的看法同个人的知识、经验、精神和心理状态等主观因素有关，风险是主观的认知和判断。三是风险因素结合说，即不强调区分风险的主观或客观属性，而是关注风险产生的原因、后果与人类行为之间复杂的互动关系。

在实践中，不同国家和组织对风险的界定不尽相同，但普遍强调"可能性"和"影响"两个方面。例如，澳大利亚和新西兰的风险管理标准认为，风险是事情发生的可能性及其可能产生的影响；国际风险分析协会将风险界

① 景怀斌.公共危机心理：SARS个案[M].北京：社会科学文献出版社，2006.

定为对人类生命、健康、财产或者环境安全产生不利后果的可能；美国政府的相关报告将风险定义为在一系列特殊环境下产生特定后果的可能性，这些特定后果通常是不利的；英国内阁办公厅的报告指出，风险是不确定性和后果的结合；联合国的报告将风险界定为由自然或人为因素相互作用而导致的有害后果的可能性或预期损失。

简言之，风险包括两个基本要素：可能性与不利后果。其中，不利后果包括客观和主观两个方面，即可能产生的客观损失（人员伤亡、经济损失、环境影响等）和可能造成的主观影响（人群心理影响、社会影响、政治影响等）。

二、公共风险的定义

与传统风险相比，现代社会风险呈现出一个新的特征，即风险的公共性。风险的公共性是指无论风险的产生机制如何，只要风险本身——可能性与不利后果涉及公众利益，包括政府、个人和各类组织，那么风险就具有了公共性，可以称为公共风险。自然灾害风险属于公共风险，而许多由于技术、道德、政治、经济和社会问题引发的风险，随着当前信息技术的发展与社会融合的加速，风险的影响效应被加倍扩大，越来越具有公共风险的特征。公共风险并不都是由自然、公共权力主体等具有公共性质的主体引发的，个人、家庭、企业等社会微小单元同样可能引发风险，利用网络疯狂传播的计算机病毒风险即是典型一例。因此，凡是对公共利益造成潜在不确定性影响的风险，都可以确认为公共风险。①

三、公共风险的特征

（一）风险是一种可能性

风险不是事实，是价值观、特定环境和未来事件的组合，风险的形成是一个逐渐演变的过程。具体而言，在应急管理工作中，风险是相对于突发事件而言的，是突发事件发生之前孕育的一种状态，即突发事件发生的一种可能性。风险的这一特性表明，在日常管理工作中，通过系统地分析和评估各种风险因素，并采取手段来预防、控制、消除和减少风险，能够控制风险转化为突发事件，从而实现应急管理工作关口前移的目标。

---

① 崔艳武，高晓红，汤万金. 公共风险、社会风险与公共部门风险管理：基于国内外文献挖掘的理论思考[J]. 标准科学，2013(2)：6-10.

(二) 风险的不确定性与损失的公共性、外部性

风险源于不确定性,包括发生与否不确定、发生时间不确定、发生空间不确定、带来损失不确定。值得注意的是,不确定性带来的后果具有双重性,一方面是损失,另一方面是获利。并不是任何不确定性都是风险,只有当未来可能发生损失时,才可以成为风险,如果未来的所有结果中不包括损失,谈论风险就没有任何意义。同时,在公共管理领域,这种损失体现为公共性与外部性,风险越来越具有主体间性,其管理具有更多的公共性要求。公共性主要指主体间性,这是随着人与人之间交往增加而逐步扩大的公共领域。

但同时必须意识到,风险并不一定意味着损失,正是事先意识到了可能存在的损失,才能够及时采取手段避免损失,实现转"危"为"机"。因此,风险同时蕴藏着机会,这为公共部门积极地面对风险、了解风险、创新手段应对风险提供了基础。

(三) 风险的客观性

尽管风险的发生具有不确定性,但风险是客观存在的。不论人们是否意识到,也不论人们能否准确估计出其大小,风险本身是"唯一"的。同时,风险也是可以通过一定手段进行计量的,风险的两个组成要素(可能性与不利后果)都可以通过相应工具进行测量。

(四) 风险的共生性、衍生性与系统性

风险的共生性、衍生性与系统性主要产生于现代社会的互联性与耦合性。风险的这些特性会影响到社会所依赖的各种系统的关键功能,例如健康、交通、能源、电信等,并且它的影响是跨越地理界线和组织边界的。风险的共生性、衍生性与系统性同时在国内和国际范围内处于自然事件与经济、社会和技术发展以及政策相互推动的行动交集上。[①] 系统风险给风险治理带来了更大的挑战和更大范围的治理缺陷。

在公共管理组织体系内部,风险的共生性、衍生性与系统性主要来自体制内各部门之间的依存性。随着依存性的不断增强,一个领域的决策会对另一个甚至多个领域产生连锁影响,这是政策制定者在现代社会中所面临

① TODD E C D. The international risk governance council framework and its application to Listeria monocytogenes in soft cheese made from unpasteurised milk[J]. Food control,2011,22(9):1513-1524.

的一个主要挑战。在一个相互依存的安全环境中，作为一个相互联系的体系中的一员，每一个个体或组织必须单独作出决策、采取措施来减轻潜在损失。尽管这些措施可能会减轻某种直接损失对一个国家、一个组织或者个体带来的风险，但仍有可能因其他组织或个体没有采取类似措施而连带遭受损失。对风险共生性的理解可以帮助人们在进行具体决策时更多地综合考虑各个环节和方面的因素，尽量保证做到科学决策。

四、公共风险的类型

就公共风险发生的情况来看，不同类型的公共风险所发生的原因、导致的结果、处理的手段都有所不同。这就要求人们根据公共风险的成因对公共风险进行分类，对各类公共风险进行深入分析，以了解不同类型公共风险的本质特征，从而有助于更好地应对危机。

（一）公共风险的成因分析

近几年来，世界各国公共风险频繁发生，从高温灾害、台风灾难到地铁爆炸事件、传染病疫情及能源危机，公共风险涉及人们生活的方方面面。每种公共风险都有其具体、深层次的原因，虽然人们对公共风险具体的成因还不能做到一一剖析，但是从宏观层面看，对各个领域的风险成因可以进行一定的分析。根据近几年来公共风险的发生状况，大致可以将公共风险的成因归为以下几类因素。

1. 自然状况因素

自然状况因素通常以一个国家或地区所处的地理位置、地形地貌、资源分布和储量状况、地区植被种类以及环境状况等作为分析因素。自然状况因素一般来讲是既定的，在相当长的时间内是很少发生变化的。因此，这类因素导致的公共风险虽然具有不可抗拒性和巨大的破坏性，但是也大都是常见而典型的自然灾害，例如台风、洪水、地震等。另外，随着现代社会的快速发展，自然状况因素的稳定性正在受到严峻的挑战。气象变异、植被破坏、水土流失、资源耗竭等环境问题使人们对自然状况因素分析的困难程度增加。与此相关的各种新型的、更具破坏性的公共风险不断爆发。自然状况因素的变异参数已成为自然状况因素分析中的重点，同时也是难点所在。自然状况因素日益同其他因素结合在一起，成为引发公共风险的关键因素。

2. 政治发展与政治参与

政治发展一般是指一国政治民主化的程度。美国政治学家亨廷顿把政治发展定义为政治制度化。不同的政治发展水平会影响到处理公共风险尤其是政治冲突的能力。比如,民主政治体制虽不能确保政治示威的低发生率,但能较为有效地消除或降低极端冲突行为,例如暴力冲突、叛乱的发生率。在现代化进程中,公众受到更多的社会动员,政治参与日益扩大,如何将扩大了的政治参与纳入现行政治制度中,将其政治制度化,将直接影响到国家的政治稳定。当政治发展不能满足被动员起来的政治参与时,政治动乱就会产生。因此,公众政治参与的满足程度与政治性的公共风险爆发概率有着密切联系,是我们进行公共风险原因分析的一个重要研究变量。

3. 经济发展与结构调整

经济发展程度通常以一国经济发展水平,即国内生产总值水平、国民人均收入水平及医疗保健水平等为评价标准,用以分析经济发展与社会政治稳定之间的关系。经济发展与政治暴力的发生呈倒 U 形曲线关系。不同的经济发展时期,社会面临的公共风险爆发可能性也不相同,在中国经济处于高速发展时期,这种可能性被极大提高,需要引起关注。

经济结构调整则从一个比较微观的层面来衡量。经济结构调整更强调的是一个进程,尤其是这一进程的速度,例如工业化速度、城市化速度以及市场化导致的对各种资源的重新配置,市场对财富的重新分配,效率和公平的矛盾等。在这个进程中,调整的幅度过大与速度过快都有可能导致社会秩序混乱。因此,对经济因素的研究需要从宏观和微观两个层面上加以把握。

4. 社会结构与变迁

社会结构与变迁过程对社会稳定、公共风险的爆发影响较大。社会结构失衡与社会变迁会加速社会的不稳定,容易引发公共风险。社会结构失衡指国家在发展与变迁进程中,某一方面的社会结构与另一方面的社会发展出现不相适应的现象。这种情形在急速发展的社会中是经常出现的。在不断加速的社会变迁中,社会共同体中主流文化与非主流文化之间、社会多数群体与少数群体之间、强势群体与弱势群体之间的差距不断加大;社会经济变迁与社会政治的进步不同步,社会不平等与社会分化加剧。另外,社会变迁转型的加速,也会使不平等现象加剧。这种不平等不仅包括经济分配方面(例如土地分配、收入分配)的不平等,而且包括政治资源的不平等。社会分化的迅速加剧,使社会各阶级、阶层间的矛盾冲突加剧,导致社会不稳定系数的大幅度提升。对社会因素的把握需要从静态与动态两个维度来进行。

5. 国际环境变化

传统意义上的公共风险往往着眼于一个国家内部的各类可衡量因素的整合,例如政治因素、经济因素、文化因素、自然因素等。现代政府管理的环境正如前面所说,已不同于以公务员制度为基础的治理模式,政府治理的责任不再局限于以效率为目标的公共服务,政府同时也承担着维护国际关系、保障生态平衡、促进经济安全、重视文化与信息安全等职责。由于世界正在逐渐向多元化、信息化、全球化方向发展,国际环境的变化和政府管理视野的改变,产生了许多不同于传统的公共风险,即非传统安全,这一方面导致公共风险的影响范围扩大,另一方面强化了政府在公共风险管理方面的责任。

一国公共风险的发生有时可能是单一变量起作用,但更多时候是多种变量交互作用,综合发生影响的结果。因此,在进行公共风险研究中,应多方考察危机发生的原因及其相关因素,尤其是相互间的关联与影响,才能进行正确的决策,有效地控制与管理危机,维持社会稳定。①

(二) 公共风险的类型

公共风险成因纷繁复杂,相应的,对公共风险进行分类随之变得复杂。如果不按照某种标准将公共风险划分归类,那么在应对公共风险时就难以有的放矢,难以采取有针对性的措施化解公共风险。因此对公共风险进行类型化处理,是有效防治公共风险的一个必要前提。按照不同的标准可以将公共风险分为不同的类型。

第一,根据公共风险发生的动因不同,可以将公共风险分为自然性公共风险和人为性公共风险。其中,自然性公共风险指各种自然灾害和疾病超出了人类可控的范围,例如台风、水灾、地震、瘟疫等;人为性公共风险指因人类的行为所导致的危机,如生产事故、战争危机等。这种分类方法比较简单、清晰,但也存在一定的缺陷。在现代社会生活中,天灾与人祸在大多数

---

① 胡税根,余潇枫,何文炯,等.公共危机管理通论[M].杭州:浙江大学出版社,2009.

情况下是可以互相转换的，难以截然分开。例如，洪水本来是自然灾害，超出人类可控的范围，但它有可能是因为人类的过度开采和开发，引发了大面积的水土流失而导致的，从这个意义上说它又具有人为的性质。

第二，根据公共风险发生的领域不同，可以将公共风险分为公共政治危机、公共经济危机、公共卫生危机等。公共政治危机指政治领域发生的危机，例如政府倒台、政治动乱等。公共经济危机指经济领域发生的危机，例如货币贬值、通货膨胀、股市崩塌等。公共卫生危机指卫生领域发生的危机，例如禽流感等。同样，这种分类方法也不是绝对的，因为危机的复杂性，发生在某一领域的危机可能会向其他领域蔓延，从而引发多领域的全面危机。

第三，根据公共风险影响的范围，可以将公共风险分为全国性公共风险和地方性公共风险。全国性公共风险的影响波及全国，需要中央政府及时采取措施加以应对。例如，非典危机是一次全国性公共风险，对它的处理超出了地方政府的能力范围。地方性公共风险只是影响到某一特定区域，对它的处理需要地方政府及时应对，它只在特定区域内产生影响。但由于公共风险的复杂性和不确定性，如果处置不及时或不妥当，地方性公共风险也有可能演变成全国性公共风险。随着现代经济联系的日益紧密，全国性公共风险往往夹杂着地方性公共风险。

第四，根据公共风险给社会带来的后果程度，可以将公共风险进行分级分类。① 一般(Ⅳ级)危机事件，表示其影响局限在社区和基层范围内，可被县级政府所控制；② 较大(Ⅲ级)危机事件，表示后果严重，影响范围较大，发生在一个县以内或是波及两个县以上，超出县级政府的应对能力，需要动用市级有关部门的力量方可控制；③ 重大(Ⅱ级)危机事件，表示其规模大，后果特别严重，发生在一个市以内或是波及两个市以上，需要动用省级有关部门的力量方可控制；④ 特别重大(Ⅰ级)危机事件，表示其规模极大，后果极其严重，其影响超出本省范围，需要动用外省的力量甚至请求中央政府协助方可控制，必要时由国务院统一领导和协调应急处理工作。

关于公共风险的分类还有许多其他不同的分类标准。2006 年 1 月，国务院发布的《国家突发公共事件总体应急预案》根据自然状况、政治因素、经济因素、社会因素等对突发公共事件爆发产生的作用大小进行了划分。这种划分固然是基于突发公共事件的划分，但对公共风险的分类也有一定的借鉴作用。不同标准的分类对我们正确认识公共风险并采取有针对性的措施是大有裨益的，但是任何一种分类方法都不是绝对的，都必须兼顾其他分类方法。一个公共风险可能同时具有几种属性，只有正确认识到这一点，在应对公共风险时才能更具有针对性，更迅速和高效。虽然公共风险的成因是复杂的，公共风险的爆发通常是多种变量交互作用、综合发生影响的结果，但其中总有一个变量起着决定性的作用。通过对公共风险发生的关键因素进行分析可知，对公共风险进行一定的分类，有助于我们更好地把握公共风险的性质，解决公共风险带来的一系列问题。根据公共风险的定义及其形成的主要原因，公共风险可以分成以下六类。

(1) 自然灾害风险，主要包括水旱灾害、气象灾害、地震灾害、地质灾害、海洋灾害、生物灾害和森林草原火灾等，是由自然原因导致的公共灾害性事件的风险。

(2) 事故灾难风险，主要包括工矿商贸等企业的各类安全事故、交通运输事故、公共设施和设备事故、环境污染和生态破坏事故的风险等。事故灾难风险与自然灾害风险的本质区别在于是否具有人为性，诸如环境污染和生态破坏等事件虽具有自然属性，但归根到底是人为导致的，故归为事故灾难类。

(3) 公共卫生风险，主要包括传染病疫情、群体性不明原因疾病、食品安全和职业危害、动物疫情以及其他严重影响公众健康和生命安全事件的风险。这类公共风险是在事故灾难风险基础上进行的特殊划分，主要与医疗卫生相关。

(4) 社会安全风险，主要包括恐怖袭击、民族宗教危机、涉外突发公共风险和规模较大的群体性事件的风险等。为和传统的公共风险相区别，这类风险主要包括两个层面，一是国内层面的社会安全，二是国际层面的国家安全与国际关系维护。

(5) 经济风险，主要包括导致金融危机、贸易危机、资源危机、市场交易危机的风险等，是与经济生活相关的公共风险事件。

(6) 文化与信息风险，主要包括造成信息泄露危机、文化认同危机、价值观危机的风险等。这类公共风险具有隐秘性和专业性，是政府管理较难涉及的领域。

从公共风险的类型角度出发分析公共风险，不仅有助于我们了解危机与公共风险的概念同时也有助于我们了解公共风险的治理与管理。通过分析和掌握公共风险的类型，了解各类危机的成因，可以较为全面地把握公共风险的本质，从而建立有效的公共风险管理体制。①

■ 第二节 公共风险治理的含义、特征与原则

现代风险的特征之一是其影响已不再局限在单一个体或组织内，而是具有广泛的社会影响。生态破坏、核泄漏、化学污染、食品安全、禽流感等各类新型风险一旦发生，每一个社会成员都难以独善其身。伴随着人类社会系统复杂程度的提高，大多数风险日益成为公共风险，其后果的公共性日益增强。公共风险需要公共组织全面实施预警、防范、控制、处置等治理措施。正因为如此，政府和其他公共机构的风险治理日益成为一种新型的不可或缺的公共服务。

一、公共风险治理的含义

各种类型及规模的组织都会面临各种各样的风险，这些风险有可能影响到组织目标的实现。组织目标可能涉及组织的各类活动，从战略规划到组织运行，并体现在社会、技术、环境和经济措施中。对组织各项活动中存在的风险应进行有效管理。通过考虑不确定性和未来事项或环境变化对约定目标的影响，风险治理过程有助于管理者制定决策。

整体来看，公共风险治理是公共部门协同各参与治理主体通过系统识别和排查可能存在的风险，科学分析各种风险发生的可能性与后果及风险承受力与控制力，评估风险级别，明确对策并采取风险控制措施，及时发布风险预警并做好应急准备的全过程动态管理方式。公共风险治理包括计划和准备、风险识别、风险评估、风险控制、风险监测与更新、风险预警、风险沟通等多个环节。

二、公共风险治理的特征

公共风险治理是一项系统性、专业性、科学性和综合性较强的工作，是公共安全和应急管理工作的重要组成部分。

（一）预见性

公共风险治理的对象是风险，主要目标是预防或减少增量风险的出现，

① 胡税根，余潇枫，何文炯，等. 公共危机管理通论[M]. 杭州：浙江大学出版社，2009.

并消除或控制存量风险带来的实际损失。公共风险治理的主要特性是对不确定性和可能性（风险）进行管理，因此它有利于实现从更基础的层面对“能带来损失的不确定性”进行超前预防与处置。

（二）双重性

公共风险的不确定性特质决定了公共风险治理具有双重性的特点。一方面，通过防范与控制手段可以将一种既定的预期风险进行消除或者减缓；另一方面，对既定风险的处置会把外在的因素引入现有的复杂体系，导致改变了现有的风险类型，但是并没有改变风险存在的事实，这就有可能造成风险结构从人们所熟知的状态转变为人们从未经历过的风险，从而导致更大的损失。

纵观人类风险治理的经历，起初，既定系统中的不确定性和差异一般都被视为风险和危险的根源，因此，人们会假设消除差异便会减少风险、增加收益、提高整个资源系统的运作能力。由此，人们就会依赖消除差异的管理政策达到风险治理的目的。但是，这种手段同时也会导致系统自身的变化；差异和不确定性的存在是建立和维持系统各部分重要关系的关键性因素，一旦被去除，系统各部分的关系便会去适应一个新的环境，如果这一新环境疏于采取进一步的风险治理措施，会导致新体系的崩溃，从而致使人们面临新的危险。由此可见，仅仅通过增加知识或是简单施加风险控制手段，是不可能减少资源管理中的意外事件的。因此，相关部门必须了解适应性管理概念，学会制定与设计能够包容不确定性的管理政策来应对复杂的、信息不完备的风险体系。

（三）降低脆弱性

公共风险治理的实质是降低脆弱性，提高承担风险的意识与适应能力。要自信地、有效地、创新性地处理危险与挑战，关键问题不在于如何评估、控制甚至减少风险，而在于要意识到没有“不存在风险”的环境，应提高勇于承担风险的意识，增强适应与应对风险的能力。由此推理到公共管理领域，好的政策分析应当意识到：现实中的真理可能是不完备的，也不是十全十美的。政策分析的目标在于评估、排序和组合这些不完备的知识，并根据当前的知识水平和范围以及知识掌握的局限，作出尽可能完善的决策。因此，在制定与执行公共政策时，要尽可能地发现存在的不确定性和潜在的危险，并通过相应手段提高政策对风险的适应性。

三、公共风险治理的原则

（一）居安思危、未雨绸缪原则

居安思危、未雨绸缪原则是公共危机管理的最优化原则。有学者认为，面对任何危机，首要的目标是尽快结束危机，比这更重要的是要做到防患于未然[①]。危机具有较强的社会破坏性，危机一旦发生，必将造成巨大的社会损失和社会冲击。因此，成功的危机管理要求政府采取超前的行动，及早发现引发危机的线索和原因，预测出将要遇到的问题以及事情发生后的基本发展方向和程度，从而制订多种可供选择的应变计划。对一切有显露的问题要积极采取措施，及早作出处理，将危机遏制在萌芽状态，尤其是文化危机、价值观冲突等隐性问题对运用居安思危、未雨绸缪原则的要求更高。

（二）公众利益至上原则

公众利益至上原则是现代政府管理的普遍原则，在危机管理中，这一原则的地位显得尤为突出。危机的不可抗性和一般公众在危机面前的脆弱性，迫切需要政府在危机管理中时刻将公众利益作为进行决策和采取措施的出发点和归宿。

（三）透明度原则

透明度原则是指政府在处理危机的过程中要充分利用一切有效渠道与公众保持良好的沟通和不断接触。当危机发生时往往会伴随出现一定程度的社会恐慌，而这些社会恐慌很大一部分是由于公众获得的信息不全或者信息歪曲，造成对危机的认识偏差。所以在发生危机时政府要及时与媒体和公众沟通，发布权威信息，让公众了解政府在治理危机时已经采取了哪些措施、现在危机的处理状况以及最新的危机演变情况，将危机的真相公之于众。

（四）真诚坦率的沟通原则

通常情况下，危机发生会使公众产生种种猜测和怀疑，有时新闻媒体也会有夸大事实的报道。因此，当危机发生时，政府要想取得公众和新闻媒体的信任，必须采取真诚坦率的态度。真诚坦率是危机公关的前提，以诚相待

① 杨.创建和维护企业的良好声誉[M].赖月珍，译.上海：上海人民出版社，1997.

的公关才是取信于民、转危为安的最佳公关。美国危机管理学者希斯指出，沟通是危机管理的重要条件。真诚坦率的沟通有助于公共危机的顺利解决，也能提升政府形象，是公共危机管理活动的原则之一。

（五）快速反应原则

危机具有较大的危害性，甚至是灾难性，如果不能及时控制，将会“千里之堤，溃于蚁穴”。危机发生后，一方面应以最快速度调查事故起因，安抚受害者，尽力缩小事态范围；另一方面应主动与新闻媒体沟通，说明事实真相，尽力取得新闻媒体的支持和谅解。快速反应原则考验政府应对公共危机的决策能力，是制度、机构、能力的综合反应，也是对公共危机管理体制健全与否的考验。

（六）富有创意、注重实效原则

危机事件的突发性和独特性决定了公共危机管理中很多决策和举措的非常规性和创造性。政府在设计危机处理方案时，要从能迅速有效解决问题的角度出发，充分考虑各方面的条件和因素因人、因地、因时制宜，达到对政府、公众、社会都有益处的目的。由于危机事件的突发性和决策所依据信息的不完全性，必然导致政府在危机状况下所作出的决策具有一定的风险性。

（七）勇担责任原则

现代公共危机管理充分强调政府在公共危机管理中的责任，因此勇担责任原则是公共危机管理中的原则之一。公共危机发生前，政府有责任进行风险评估和预警；公共危机发生后，政府要主动采取应对措施；公共危机处理完毕后，政府有义务进行恢复并进行危机管理评估与学习。在现代社会中，由于公共危机的复杂性，公共危机管理的主体也趋向多元化，相应的，责任主体也会向多元化方向发展，例如媒体、非营利组织、社区、专家机构等。就公共危机管理本身而言，政府在公共危机管理中承担着主要职责，这也是政府职能的重要体现。

（八）专业性原则

现代社会的公共危机类型纷繁复杂，应对各种类型的公共危机无论在能力上还是在精力上都是有限的。因此，政府部门在构建公共危机管理体制时要以专业性原则为指导，通过专业的途径建立科学合理的公共危机管理模式。例如，组建公共危机团队、进行公共危机情景管理、建立心理恢复机制和风险评估机制、动员专家队伍与机构等。现代公共危机往往专业性较强，作为政府管理部门需要进行专业的公共危机管理，以保障公共危机的顺利解决。①

■ 第三节　公共风险治理的主体

公共风险多主体协同治理结构中的核心问题是以政府为核心的、各个参与主体的权责分配问题。公共风险多主体协同治理体系的关键是构建以政府为主导，营利组织、第三部门、媒体、公众等其他主体之间的协作，并需要通过相关的机制进行规范。②

一、政府

政府作为公共服务的提供者和公共事务的管理者，拥有大量的社会资源，是公共风险治理中的核心，承担着领导、指挥、综合协调等职能。公共风险具有突发性、紧迫性、高度不确定性、社会负面性、非程序性等特征，且逐渐呈现全球化的特点。因此，政府应承担危机管理的职责，同时处理好中央政府与其他公共风险相关国家政府的关系，并进行沟通协调，互相交换信息、技术等，从而互相帮助，高效解决好国际性的公共风险。虽然政府在公共风险中担当主要角色，但是并不等于政府会处理公共风险的全部问题。另外，政府还担当协调管理的角色，组织协调好其他的主体，例如营利组织、第三部门、公众和媒体。政府处理好各相关主体的关系并进行协同管理，以此提高解决公共风险的效率，达到资源利用最大化。

二、营利组织

营利组织主要承担参与、配合、职能发挥的责任，重点是提供危机管理资源。营利组织在处理公共风险时可以通过体现其社会责任感，从而达到宣传与提升营利组织形象的效果。营利组织具有较好的资金条件，在公共风险中扮演着重要的角色，可以给予受害者实际、直接的救助。这种救助的

---

① 胡税根，余潇枫，何文炯，等.公共危机管理通论[M].杭州：浙江大学出版社，2009.

② 邓旭峰.公共危机多主体参与治理的结构与制度保障研究[J].社会主义研究，2011(3)：51-55.

时效性比较强，可以较快地帮助受害者。该救助具有多种形式，既可以是金钱、营利组织的产品也可以是其他救助物品等。营利组织的参与会带动其他营利组织的参与，从而使更多的营利组织参与其中，为公共风险提供更多的资源。

三、第三部门

第三部门又称志愿部门和非政府组织，是指独立于政府和企业之外的社会组织，具有非政府性、非营利性、自治性、志愿性、组织性等特征。第三部门可以作为政府与公众的纽带，将公众的实际情况及诉求反馈到政府相关部门，从而为受害者提供更有针对性的援助。与政府、营利组织相比，第三部门具有社会动员优势，在公共风险中具有参与、中介、预警、监督和服务等功能。① 总的来说，第三部门是危机隐患的发现者和预防者，是公共应急资源的筹集者和监督者以及危机处理的重要参与者。②

四、公众

公众是公共风险治理中最大的主体，数量庞大。在公共风险治理中，发挥公众参与的作用是非常重要的一环。如果说政府在危机处理中起着积极的、主导的作用，那么，公众起着决定性的作用。危机管理中的公众参与是指通过宣传教育，使社区居民明确问题与需要，共同计划、管理、控制与评估集体行动，是责任共担的过程。危机管理的目标在于充分利用社区内资源，保护社区居民的生命和财产安全，建立自我依靠、能够有效抵御危机和灾害风险的社区。公民参与的具体方式受到不同国家和地区发展程度的制约，同时与不同群体的文化素质、教育水平等相关。③ 危机发生后的 24 小时是处理危机的关键期，而政府可能无法立即赶到现场提供救援，因此社区居民等本地力量往往成为危机事件的第一应对者。如果社区居民及早察觉、及时行动、科学应对，完全可以限制危机的规模及消极后果，其态度和措施决定了危机造成的影响和损失程度。同时，受灾公众可以先自救，再协助他人

① 范履冰，俞祖成. 公共危机中的非政府组织功能分析：以“厦门 PX 事件”为例[J]. 理论探索，2008(5)：113-116.

② 张改清. 非政府组织在应对公共危机中的角色与地位探讨[J]. 山西农业大学学报（社会科学版），2007(2)：155-157.

③ 谢一帆，古雯. 论公共危机管理中的社区参与[J]. 华东经济管理，2006，20(11)：43-46.

从公共风险中解救出来。

五、媒体

媒体作为现代信息系统的核心枢纽，主要任务是向社会发布信息，是外界获取信息的重要渠道。在公共风险时期，公众对该危机信息有着迫切需求，想了解危机的进展。如果公众对危机信息不了解或受某些小道消息的影响，将会引起社会的恐慌，导致某些非理智行为的发生。媒体通过迅速、及时、全面的报道向世界展示了一个不为公众所了解的具有以人为本的执政理念、迅速高效的危机管理能力且开放透明的中国现代政府形象，真正扮演了公共风险传播中组织形象修复者的角色。① 由于突发事件主要的特点之一是突发性，所以媒体在第一时间报道，能够让公众了解危机的相关信息，防止以讹传讹带来不必要的恐慌。同时，在公共风险的预防时期，媒体还承担教育宣传的职能。

综合上述，在公共风险发生时，公共风险的治理不仅关乎政府，还涉及营利组织、第三部门、公众和媒体等。在公共风险治理中以政府为主导，营利组织、第三部门、媒体、公众等其他主体共同处理是有必要的，并且各司其职，但是他们之间的协作需要通过相关的机制进行规范才能高效地解决公共风险问题。

第四节　公共风险治理的产生与发展阶段

一、公共风险治理的产生

（一）公共风险治理产生的社会背景

公共风险治理的产生具有深刻的社会背景。公共风险加剧，要求政府加强公共风险应对。20 世纪 80 年代，除经济风险、自然风险等传统风险之外，环境风险（例如，核泄漏、臭氧层破坏、水污染）、技术风险（例如，基因研究和克隆技术风险）、公共健康风险（例如，食品和药品安全、传染性疾病）以及社会风险（例如，贫穷、失业和犯罪）等新型风险日益显现，且风险带来的

---

① 石义彬，聂祎．试论我国公共危机传播中媒介角色的嬗变[J]．湖北社会科学，2008（12）：180-183.

损失增大，政府管理面临的挑战加剧。

同时，20 世纪 80 年代新公共管理运动兴起，“企业家型政府”成为政府改革的趋势，风险管理这项在企业中已经十分成熟的管理实践，被引入政府治理中。一些国家逐渐意识到风险治理的重要性，开始引入企业风险管理理念，在政府治理活动中借鉴企业风险管理的做法。

(二) 公共风险治理理念的形成与传播

20 世纪 80 年代后期，受一连串公共机构、国有企业丑闻的影响，诸多国家开始将风险治理纳入政府讨论的重要议题。公共风险治理理念在国际上开始广泛传播，政府部门树立了风险治理理念，风险治理更加科学化和规范化，且在政府治理领域取得显著成效。在实践中，企业风险管理日趋成熟，且成为风险规避的重要手段，这使得政府部门逐渐认识到风险治理的重要性。1997 年，英国财政部发布《中央政府的评价与评估》绿皮书，要求政府机构在今后评估不同的项目与计划方案时，将风险与不确定性纳入考虑。1999 年，美国联邦审计署发布《联邦政府内部控制标准》绿皮书，指出风险评估是联邦政府内部控制的五项标准之一，内部控制应提供组织所面临的内外部环境的风险评估。

(三) 公共风险治理的实践试点

在公共风险治理理念传播的同时，部分部门与领域的风险治理实践试点工作启动。一些国家已经在各自的治理领域开展了风险治理。例如，美国农业部提出，采取绘制农业灾害风险地图、完善巨灾农业保险、制订农户个人风险治理计划等措施，以加强农业风险治理。美国海关将风险治理作为现代海关管理的重要工具，并确立了以贸易守法为核心实施海关风险治理的全过程。

二、公共风险治理的发展阶段

自 20 世纪 30 年代以来，风险治理作为一门新兴的管理学科，迅速受到世界各国政府、企业和学术界的高度重视，并逐步在企业和政府中得到广泛运用。按照风险治理作为公共管理领域的一项重要内容这一角度来看，其发展大体可分为三个阶段。

(一) 风险治理思想形成与在企业界运用阶段(20 世纪 50 年代前)

这一阶段，工业国家先后完成了产业革命，生产形势较以前相比发生了巨大变化，国际贸易方面也由自由竞争阶段过渡到垄断资本主义阶段。1929—1933年，资本主义国家发生了经济危机，美国出现了经济大萧条。面对经济衰退、工厂倒闭、工人失业、社会财富遭到巨大损失的灾难，人们开始思索，如何减少和消除类似的灾难性后果。

20世纪30年代首先在美国产生了风险治理的基本构思。1930年，在美国管理协会发起的第一次关于保险问题的会议上，宾夕法尼亚大学的许布纳博士指出，防患于未然是最大的保险，这也表达了现代风险治理的一个重要思想。1931年，美国管理协会大会明确了风险治理的意义，并设立了保险部门作为该协会的独立机构，该部门在以后的数年中，以学术会议和研究班形式集中研究了风险治理与保险问题。

第二次世界大战后，世界政治、经济格局发生了深刻变化，科技进步推动了第三次技术革命，企业生产经营环境日趋复杂。一方面，各类风险事件的发生日益频繁；另一方面，灾难事故的连锁性和扩散性使得风险损失加大，增强了社会经济生活的不确定性。这是风险治理在美国蓬勃发展最深刻、最基本的社会原因之一。

进入20世纪50年代后，美国企业界发生了两件大事：第一，20世纪50年代美国钢铁业因退休金和福利问题发生了大罢工，历时半年之久，造成了难以估量的损失；第二，1953年，美国通用汽车公司的一个自动变速装置引起火灾，造成了5 000万美元（1美元≈7元人民币）的经济损失。这些工业史上的空前灾难震动了美国企业界和学术界，由此促进了风险治理在美国工商界的推广，成为风险治理科学发展的契机，美国企业界开始探索风险治理问题。

（二）风险的社会化与政府风险治理标准化阶段（20世纪60年代至90年代）

在这一阶段，风险治理历史上出现了一个革命性的转变，即从传统的以保险为核心的风险治理中脱离出来，逐渐形成现代全方位的风险治理格局。其中，以政府的实践探索为典型代表。

美国科普作家卡逊的《寂静的春天》唤醒了公众对工业化社会所带来的环境危险这一问题的意识。20世纪60年代发生的一系列环境突发事件进一步引发了公众对环境问题的关注，加上更先进的科学分析方法促使人们掌握了更多的相关信息，于是公众开始掀起新一轮的环保运动，并于1970

年庆祝了第一个人类“地球日”。这些事件引发了公众对以减少人类健康和环境危险为目标的环境立法与管理工作的关注，并迅速激发了公众对风险治理工作的兴趣，各行业开始用一种分析的态度来看待风险。1986年，德国社会学家贝克出版了《风险社会》，首次使用了风险社会的概念来描述当今充满风险的后工业社会并探讨了有关风险社会的理论，引起了国际社会的探讨。同年，苏联切尔诺贝利核电站产生的影响世界的核泄漏事故为贝克的风险社会理论提供了有力的佐证，随即，风险社会这一概念开始在学术界流行。风险社会这一概念极大地丰富了关于风险理论探究的范畴，并使风险研究上升到了全社会的高度。

在这一阶段，风险治理除了在企业管理中得到广泛应用外，也开始在政府管理中得到实践。例如，在美国，环境、健康等风险问题引起了美国政府高度重视并开始了风险治理的实践探索。美国国会成立了新的联邦机构实施风险相关领域的立法，这些新成立的机构与包括美国食品药品监督管理局、美国农业部等已有的管理机构一起负责风险应对事务。相关领域的法案和研究计划也随之颁布与实施，促使产生了大量的研究成果。

与此同时，风险治理也开始朝着科学化与标准化的方向发展。1983年，美国国家科学院公布了风险评价的四段法（危险识别、剂量-反应评估、暴露评估、风险描述）。同年，美国风险和保险管理国际协会通过了“101条风险管理准则”，风险治理更趋于科学化和规范化，也标志着风险治理的发展进入一个新阶段。其他国家也陆续制定了全国性的风险治理标准，指导和推动风险治理的发展。同时，在核能管制、环境、能源、公众健康等公共政策制定中各国也开始探索使用风险分析的理论与方法。

（三）风险问题全球化与全球风险治理阶段（21世纪初至今）

随着2001年“9·11”事件的发生，风险社会理论开始成为西方学者研究的焦点，国际风险治理进入了一个新的阶段。一方面，各国政府和国际组织开始普遍重视风险治理，并逐步成为风险事务的主要管理者。另一方面，面对日益复杂的社会，以往的风险治理模式已经不适应当今风险社会的要求，探索新模式成为新趋势。伴随着学术界从强调减轻灾害到灾害风险治理的转变，风险治理开始成为一个重要的研究方向。

风险治理主要是强调风险治理主体的多元性、社会因素和心理因素（例如风险认知、社会风险放大、预防原则等）、风险利益相关者和公众参与性、风险沟通等因素在风险治理中的作用。2004年，国际风险管理理事会成立，由政府官员、科学家和其他领域专业人士组成。国际风险管理理事会的成立，更多地显示出国家对国际风险事务的主动介入，将风险治理从民间学术交流和企业自发推动的层次上升到政府行为层次，标志着政府将在关系国计民生的风险评价和风险治理中发挥更大的作用。从各类主体在风险治理中所扮演的角色来看，政府是风险事务的管理者，企业和私人部门是风险治理的使用者，科学家与学者是风险学科的研究者。

■ 第五节　公共风险治理的应用

一、公共风险治理的范畴

公共风险治理包括对威胁公共安全、损害公共利益的自然或社会各类风险的识别、评估、监测、预警、处置等一系列治理活动，既包括常态下的风险治理，也包括突发状态下的风险应对。

二、公共风险治理的目标

公共风险治理的目标是危机发生概率的最低化和社会服务管理差评的最小化。具体而言，危机状态的风险治理，目标是危机爆发的可能性和损失的最小化；正常状态的风险治理，目标是公众反对的最小化。基于此，公共风险治理逐步成为风险社会中开展应急管理和社会治理的核心。

三、公共风险治理的实质

公共风险治理的实质是"三分""两态"与"两维"。"三分"指分阶段、分类、分级；"两态"指危机状态的应急管理、正常状态的社会治理；"两维"指内控、外防。①

四、应急管理、风险治理与危机管理的区别

从狭义的角度来理解应急管理工作，其起点是预测预警阶段，虽然目前

---

① 唐钧.政府风险治理：风险社会中的应急管理升级与社会治理转型[M].北京：中国人民大学出版社，2015.

应急管理工作的范畴已经向“预防”环节全面延伸，但是管理对象的侧重点仍是突发事件。本部分将从狭义的角度来分析应急管理与风险治理、危机管理的联系与区别（见图 1-1）。但值得注意的是，具体实践中的应急管理工作应当将后两者全面纳入管理范围，也就是从广义的角度来开展应急管理工作。

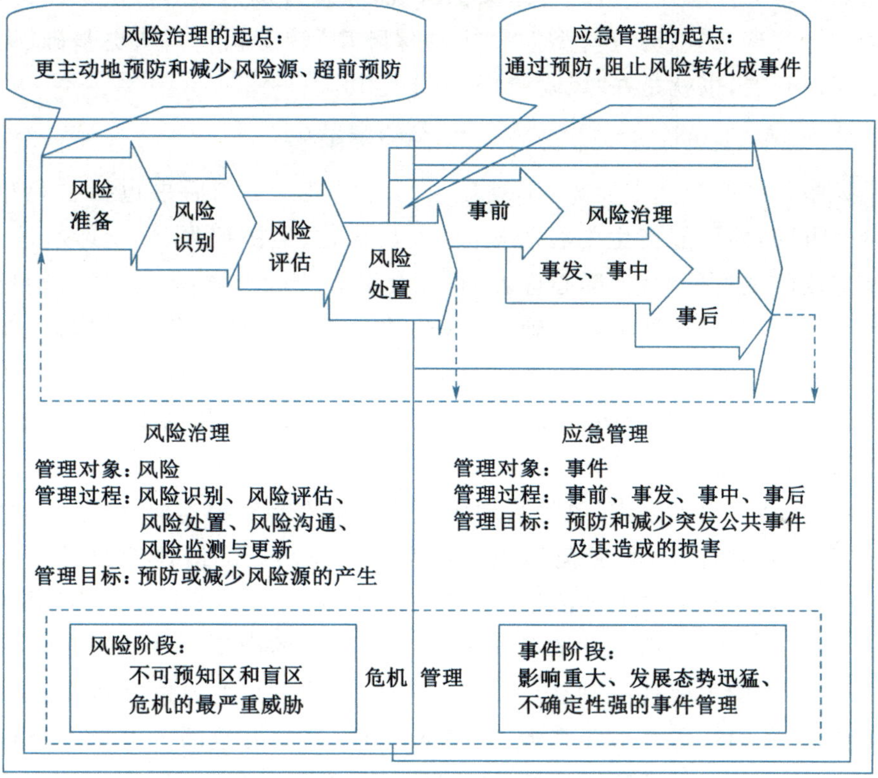

图 1-1 应急管理、风险治理与危机管理①

（一）应急管理：事前、事发、事中、事后的全过程管理

应急管理的对象是突发事件，应急管理的主要目标是预防和减小事件发生所造成的损失。全过程的应急管理工作应包括事前、事发、事中、事后所有的应急管理环节，包括预防与应急准备、监测与预警、应急处置与救援、

① 薛澜，周玲，朱琴. 风险治理：完善与提升国家公共安全管理的基石[J]. 江苏社会科学，2008(6)：7-11.

善后恢复与重建等部分。从狭义的角度看,监测与预警是应急管理工作的起点。目前,我国一直强调"预防为主、关口前移",做好监测与预警工作。监测与预警工作的主要目的在于防止已经存在的潜在的危害转化为突发事件。

虽然目前应急管理的工作范围已经向预防环节延伸,但是管理对象的侧重点仍是突发事件。从这个意义上来说,应急管理仍相对被动。因此,要推动应急管理从"被动应对型"到"主动保障型"转变就应当从更基础、更根本的层面开展,也就是在"风险治理"上下足功夫。

(二)风险治理:应急管理工作的"关口再前移"

风险包括两个基本要素:不利后果与可能性。不利后果包括主观和客观两个方面,即可能产生的客观损失(人员伤亡、经济损失、环境影响等)和可能造成的主观影响(人群心理影响、社会影响、政治影响等)。风险治理的对象是风险,主要特性是对不确定性和可能性(风险)进行管理。因此,要实现应急管理活动的向前延伸,需要实现从更基础的层面对能带来损失的不确定性风险进行超前预防与处置,从而实现应急管理工作真正意义上的"关口前移"和"防患于未然"。

第一,从功效上来讲,风险治理比应急管理更能从根本层面(基础规划、制度、城市软硬件建设)避免损失的产生。风险治理的最佳功效是超前预防,即尽量避免和减少人类活动与"灾害性"环境之间的互动,尽量降低致灾因子产生的可能性,由此达到从根本上防止损失的产生。一旦出现了风险源,风险治理的主要任务则变为评估和分析风险发生的可能性以及造成损失的概率,从而通过相应手段减少、降低、消灭风险发生的可能性并降低造成损失的概率,达到预防的目的。"风险"一旦转化为"事件",损失便不可避免,此时需要采取应急管理的手段将损失减少到最低。

第二,从管理层级上来讲,风险治理的本质是战略管理,应急管理则更多地倾向于一种行动策略,因此风险治理能够在更基础的层面(基础规划、制度、城市软硬件建设)上实现管理的优化。风险治理通过对环境和风险源的仔细分析与评估,制定出处理潜在损失的系统性规划,从根本上杜绝和防止危害的产生,由此实现整体管理的优化。应急管理是在"事件"发生后,按照既定预案或方案重新组合资源来进行应对,通常导致在有限的时间和信息压力之下作出决策,很难保证资源配置的科学性和最优化。

风险治理工作的终点包括两个部分：其一，如果风险源被成功消除或控制，则重新进入常态管理和风险治理的起点（风险治理准备阶段）；其二，如果风险处置失败，潜在的危害转化为突发事件，则立刻进入应急管理过程。因此，风险治理工作的终点是应急管理工作的起点（监测与预警）。

由此可见，要实现应急管理工作"关口前移"的目标，不应当仅限于满足做好监测与预警阶段的工作；而应当将"关口再前移"，实现从根本上防止和减少风险源、致灾因子的产生，达到风险治理工作"超前预防"的目的。

（三）危机管理："做最坏的打算"，强调决策的非常规性和"艺术性"

在应急管理向风险治理向前延伸的过程中，需要厘清危机管理。危机对社会安全秩序及其他价值可能会造成特别紧急和严重的威胁，具有高度的不确定性，但同时危机又具有一定的"机遇性"，急需组织紧急决策处置。因此，危机兼顾了"风险"与"事件"的特性，危机管理贯穿风险治理和应急管理的整个过程。

在"风险"阶段，根据"约哈里窗户理论"，公共管理的风险信息可以被分为四个区域（见表 1-1），其中盲区和不可预知区是危机管理需要重点监测和防控的区域。

表 1-1　风险信息分区矩阵①

公众	政府	
	知道	不知道
知道	Ⅰ. 开发区	Ⅲ. 盲区
不知道	Ⅱ. 隐蔽区	Ⅳ. 不可预知区

在"事件"阶段，按照事件的性质可以分为常规性的突发事件（容易找到诱因的事件）以及非常规性突发事件（原因不明，不确定性大）。对于常规性的突发事件，应急工作可以根据以往的经验，利用常规化管理和程序性决策有效解决突发事件。非常规性突发事件不确定性大、影响大，事件更为复杂，需要非常规性决策，是危机管理的重点。

危机管理的独特之处在于特别重视"做最坏的打算"，强调决策的非常

① 周玲，朱琴，宿洁. 公共部门与风险治理[M]. 北京：北京大学出版社，2012.

规性和“艺术性”，从而把握机遇转危为机。危机管理的目标定位可以按照危机事发前与事发后两个阶段分别应该追求的最高与最低境界，具体分为四层 U 形境界（见表 1-2）。

表 1-2　危机管理的四层 U 形境界①

境界	危机阶段	
	事发前	事发后
高	1. 尽力避免危机	4. 善于利用危机
低	2. 准备应对危机	3. 有效应对危机

五、风险治理在公共管理中的作用

（一）风险治理在更基础的层面实现标本兼治

风险治理渗透在城市规划、发展、建设、管理、运行、服务等各个环节。在规划环节，通过充分考虑风险因素，优化规划设计，可以避免或减少风险的出现。在发展环节，通过统筹分析各种风险，可以避免城市发展中的失衡问题，实现科学、可持续发展。在建设环节，将风险治理引入城市基础建设中，可以消除或减少风险源，从根本上提升城市承受风险的能力。在管理、运行和服务环节，通过系统管理各种风险，可以明确城市管理的需求和重点，优化管理流程，增强风险控制能力，保障城市安全运行，提供更安全、更优质的公共服务。

（二）风险治理能实现公共管理的完整性与系统性

风险治理能够确保公共管理的完整性与系统性，并对整体的管理过程具有监测作用。风险治理的起点是更基础的环境信息层面，包括城市的规划、建设、管理中的相关信息。通过扫描积累此类信息，可识别和控制风险。由于风险治理有利于帮助政府建立起社会和城市建设发展的最基础的相关信息“数据库”，因此，它能够通过信息的完备性与系统性来监测整个城市管理环节中的薄弱点，并提出相应的改进原则，由此推动整个社会的管理活动朝着完整性与系统性的方向发展。

① 周玲，朱琴，宿洁. 公共部门与风险治理[M]. 北京：北京大学出版社，2012.

(三) 风险治理是更优化的管理策略

风险治理是一种管理策略,应急管理是一种行动策略。应急管理侧重于“事件”发生后作出决策,重新组合资源并采取行动,这些决策和行动往往是在有限时间、有限信息和高度不确定性的压力下进行的,很难保证资源的最优配置。风险治理通过对风险源的系统分析与评估,主动采取有针对性的措施避免风险以及损失的产生从而降低应急管理成本,使有限资源发挥最大作用。风险治理的核心是在有限资源的情况下最大可能地减少损失,实现资源的最佳配置甚至把握住机会获得利益。

(四) 风险治理能提高公共部门的效率

从功效上来讲,风险治理能够提高工作与决策效率,并支持管理手段创新。风险治理的最佳功效是超前预防,尽量降低致灾因子产生的可能性,由此达到从最根本上防止损失的产生。试图通过主动预防的方式来减少危害及其损失的办法在提高工作与决策效率的同时,还能够鼓励和推动管理手段的创新。

(五) 风险治理是应急管理的“关口再前移”

应急管理以“事件”为中心,仍是相对被动的。要进一步推动应急管理工作的发展,就必须从“事件”之前的“风险”入手,从更基础、更主动的风险治理层面开展工作。风险治理的对象是风险。风险治理能够更加系统地分析和评估各种风险因素,并通过优化规划、建设和管理手段,达到消除或控制存量风险,预防或减少增量风险的管理目标。风险治理将起点前移到增量风险,是应急管理的“关口再前移”,是一种更积极、更主动的管理方式。

(六) 风险治理是建设应急预案体系的基础

整体而言,应急预案是基于危险源辨识和风险评估之上的应对方案。统筹安排突发事件事前、事发、事中、事后各个阶段的工作是应急管理工作的主线。应急预案体系应建立在风险评估工作基础上,通过全面系统地识别和分析各地区、各系统、各部门可能面临的各类风险和安全隐患,明确主要事件、次生衍生事件和相关保障工作范畴,确定应急预案体系的构成,确保应急预案全面覆盖主要风险和重点区域。

思考题

1. 什么是公共风险治理?
2. 公共风险治理的特征是什么?
3. 请谈谈你对公共风险治理主体定位的理解。
4. 请结合实际,谈谈你对公共风险治理应用的理解。

2

第二章

公共风险识别

学习目标

1. 掌握公共风险识别的具体概念、目标以及原则。
2. 掌握公共风险识别的步骤及方法。
3. 了解公共风险识别的分类和具体应用。

随着我国城市化进程明显加快，城市人口、功能和规模不断扩大，城市运行系统日益复杂，安全风险不断增大。[①] 我国提出建设安全发展示范城市，构建风险管控隐患治理双重预防机制，要求建立完善覆盖城市运行各环节的城市安全风险分级管控体系。[②] 城市公共安全风险治理的主要内容包括公共风险识别、公共风险分析、公共风险评价、公共风险处置等。其中，公共风险识别是公共风险治理体系的基础。有效的城市公共安全风险治理，能够全面、准确识别城市公共安全风险源，梳理可能导致的突发事件、突发事件发生的可能性和后果等信息。

■ 第一节　公共风险识别的概念

一、公共风险识别的含义

公共风险识别，是指采用适当的方法和工具，通过识别可能影响公共事务管理组织目标的风险源、影响范围、事件及其原因和潜在的后果等，最终生成公共安全风险清单，全面、系统、准确地描述公共事务活动中风险的状况。进行公共风险识别时需要掌握相关最新信息，特别是法律、法规的变化情况、近期发生的风险事件案例以及利益相关者的信息。公共事务管理组织或人员应当选择适合其目标、能力及其所处环境的风险识别工具和技术。[③]

① 中共中央办公厅 国务院办公厅印发关于推进城市安全发展的意见[EB/OL].(2018-01-07)[2023-11-18]. https://www.gov.cn/zhengce/2018-01/07/content_5254181.htm.

② 国务院安委会办公室.国务院安委会办公室关于实施遏制重特大事故工作指南构建双重预防机制的意见[EB/OL].(2016-10-11)[2023-11-18]. https://www.gov.cn/xinwen/2016-10/11/content_5117487.htm.

③ 唐钧.公共安全风险治理[M].北京:中国人民大学出版社,2022.

（一）公共风险识别的范围

（1）公共安全相关管理对象。公共安全相关管理对象的状况或行为的不确定性，会对公共事务管理组织的目标产生影响，可能引发公共安全风险。

（2）公共安全相关管理流程。在履行公共安全的管理职责或提供公共服务的过程中，由于存在法定依据不足、制度缺陷、程序不合理、执行不力等管理流程中的风险因素，可能引发公共安全风险。

（3）公共安全相关管理人员。从事公共安全的人员在道德品质、职业素养、履职能力等方面存在的风险因素可能引发公共安全风险。需要注意的是，不同领域间的风险不是孤立的，各类风险之间通常相互联系、相互影响，因此需要关注风险之间的关联性。

（二）公共风险识别的框架建构

为保证公共风险识别的全面性、准确性和系统性，可构建符合自身需求的风险识别框架。公共风险识别框架提供了一些便于识别风险的角度，包括但不限于以下方面。①

（1）根据法律、法规识别。通过对与公共安全相关的法律、法规、部门规章等约束机制进行梳理，发现可能存在的风险。出台重大事项时必须严格依照法律、法规，应审查事项是否符合法律、法规和政策要求，是否符合相关的法定程序，是否遵循了公开、公平、公正的原则等。

（2）根据管理目标识别。通过对与公共安全相关的管理目标进行分析，发现可能影响各类目标实现的风险因素。

（3）根据以往发生的案例识别。通过对国内外发生的与公共安全相关的案例进行梳理，发现可能存在的风险因素。

（4）根据利益相关者识别。通过对利益相关者（例如政府、社区、行业、企业、公众、新闻媒体等）进行梳理，考察利益相关者的目标、利益诉求与监督实施机制，发现与每一个利益相关者相关的公共安全风险因素。识别此类风险，应考虑是否兼顾了现实利益和长远利益，是否为绝大多数利益相关者接受和支持。

（5）根据外界关注热点识别。通过对近期与公共事务相关的舆论报道

① 唐钧. 公共安全风险治理[M]. 北京：中国人民大学出版社，2022.

和利益相关者的态度意向进行分析,判断是否有引发影响安全隐患或社会稳定的事件等,发现可能存在的风险。

(6) 根据组织机构设置识别。通过对公共事务管理组织各职能部门(岗位)的业务管理范围和工作职责进行梳理,发现可能产生风险的组织层级及岗位,以识别出风险。

(7) 根据工作流程分析。通过对全过程中各个流程进行公共安全分析,发现和识别各个阶段存在的风险及其起因和影响。

(8) 根据环境识别。通过对相关的政治、经济、文化、社会等环境及其变化情况进行分析,判断是否符合经济社会发展的总体水平,是否符合生态环境可持续发展的要求,发现可能存在的风险。

二、公共风险的分类识别

公共风险的数量大、类型多。根据不同的标准,可对公共风险进行不同的分类,从而实现公共风险治理精细化,提升公共风险治理实际操作的可行性和科学性。根据《中华人民共和国突发事件应对法》,按照发生过程、性质和机理,突发事件分为自然灾害、事故灾难、公共卫生事件、社会安全事件等四类。基于此,公共风险可分为自然灾害风险、事故灾难风险、公共卫生风险、社会安全风险等四类。①

(一) 自然灾害风险识别

自然灾害风险识别,往往涉及自然灾害的致灾因子、承灾体、孕灾环境等一系列因素。现以我国第一次全国自然灾害综合风险普查为例,说明自然灾害风险识别的主要内容。我国第一次全国自然灾害综合风险普查涉及地震灾害、地质灾害、气象灾害、水旱灾害、海洋灾害、森林和草原火灾等方面,包括主要灾害致灾调查与评估,人口、房屋、基础设施、公共服务系统、三次产业、资源和环境等承灾体调查与评估,历史灾害调查与评估,综合减灾资源(能力)调查与评估等。

1. 主要灾害致灾调查与评估

(1) 开展地震灾害致灾调查与评估。开展断层活动性鉴定,1∶50 000活动断层填图、隐伏区活动断层探测、重点地震带区域三维地震构造精细探

---

① 唐钧.公共安全风险治理[M].北京:中国人民大学出版社,2022.

测等工作，获得主要活动断层的空间展布和活动性定量参数，评定活动断层的发震能力，编制 1∶50 000 活动断层分布图。获得地震工程地质条件及其场地类别基本参数，评定不同地震动参数的场地影响，编制场地类别分区图；编制 1∶250 000 地震危险性图。

（2）开展地质灾害致灾调查与评估。开展地质灾害遥感普查、中高易发区 1∶50 000 地质灾害调查、精细化的调（勘）查等工作，获得地质灾害点空间分布、基本灾害特征信息、稳定性现状、孕灾地质背景条件属性等信息，建立地质灾害数据库，编制 1∶50 000 或 1∶100 000 地质灾害危险性图。

（3）开展气象灾害致灾调查与评估。开展气象灾害的特征调查和致灾、孕灾要素分析，针对主要气象灾害引发的人口死亡、农作物受灾、直接经济损失、房屋倒塌、基础设施破坏等影响，全面获取主要气象灾害的致灾因子信息、孕灾环境信息和特定承灾体致灾阈值，评估主要气象灾害的致灾因子危险性等级，建立主要气象灾害危险性数据库，编制主要气象灾害危险性区划等专业图件。

（4）开展水旱灾害致灾调查与评估。进行暴雨洪水特征调查、暴雨洪水致灾、孕灾要素分析，完成暴雨洪水易发区调查分析、水文（位）站特征值计算复核、流域产汇流查算图表；完成水文站网功能评价、统一水文测站高程基准；开展暴雨、洪水频率分析，更新暴雨频率图，编制中小流域洪水频率图。收集整理旱情资料，历次旱灾资料，蓄、引、提、调等抗旱水源工程能力资料，监测、预警、预报、预案、服务保障等非工程措施能力相关基础资料，建立干旱灾害危险性调查数据库。

（5）开展海洋灾害致灾调查与评估。针对沿海区域，全面调查风暴潮、海浪、海啸、海平面上升等海洋灾害致灾孕灾情况，量化评估风暴潮、海浪、海啸、海平面上升等海洋灾害危险性，形成海洋灾害危险性分布图。

（6）开展森林和草原火灾致灾调查与评估。开展森林和草原可燃物调查、野外火源调查和气象条件调查，建立森林和草原火灾危险性调查与评估数据库。综合森林和草原可燃物、燃烧性因子、立地类型、野外火源以及气象条件等情况，结合已有资源数据、调查数据、多源遥感数据，进行森林和草原火灾危险性综合研判与分析，开展森林和草原火灾危险性评估，编制森林和草原火灾危险性分级分布图。

2. 承灾体调查与评估

（1）人口与经济调查与评估。利用人口普查、农业普查、经济普查等各类资料，以乡镇为单元获取人口统计数据，结合房屋建筑调查开展人口空间分布信息调查。以乡镇为单元获取区域经济社会统计数据，主要包括三次产业地区生产总值、固定资产投资、农作物种植业面积和产量等。

（2）房屋建筑调查与评估。内业提取城镇和农村住宅、非住宅房屋建筑单栋轮廓，掌握房屋建筑的地理位置、占地面积信息；在房屋建筑单栋轮廓底图基础上，外业实地调查并使用App终端录入单栋房屋的建筑面积、建筑结构、建筑年代、用途、层数、使用状况、设防水平等信息。

（3）基础设施调查与评估。针对交通、通信、能源、市政、水利等重要基础设施，共享整合各类基础设施分布和部分属性数据库，通过外业补充性调查设施的空间分布和属性数据。设施基础和灾害属性信息主要包括设施类型、数量、价值、服务能力和设防水平等内容。

（4）公共服务系统调查与评估。针对教育、卫生、社会福利等重点公共服务系统，结合房屋建筑调查，详查学校、医院、福利院等公共服务机构的人员情况、功能与服务情况、应急保障能力等信息。

（5）三次产业要素调查与评估。共享利用农业普查、经济普查、地理国情普查等相关成果，掌握主要农作物、设施农业等的地理分布、产量等信息，危化品企业、煤矿和非煤矿山生产企业空间位置和设防水平等信息，第三产业中大型城市综合体、大型商场和超市等对象的空间位置、人员流动、服务能力等信息。

（6）资源与环境要素调查与评估。共享第三次国土调查根据《土地利用现状分类》(GB/T 21010—2017)形成的土地利用现状分布资料，共享森林、草原、湿地等资源清查、调查等形成的地理信息系统信息成果。

3. 历史灾害调查与评估

全面调查、整理、汇总1978年以来年度自然灾害、历史自然灾害事件以及1949年以来重大自然灾害事件，建立要素完整、内容翔实、数据规范的长时间序列历史灾害数据集。

（1）年度历史灾害调查与评估。调查1978年以来灾害事件发生水平、气象要素、水文要素、灾害发生频次、人员受灾、农业受灾、森林和草地受灾、房屋倒损、基础设施损毁、因灾直接经济损失、应对工作等情况。

（2）历史灾害事件调查与评估。调查1978年以来灾害事件的发生时间、灾害影响范围、致灾因子、人员受灾、农业受灾、森林和草地受灾、房屋倒损、基础设施损毁、因灾直接经济损失、应对工作等情况。

(3) 重大灾害事件灾情专项调查与评估。调查1949年以来重大灾害事件的发生时间、灾害影响范围、致灾因子、人员受灾、农业受灾、房屋倒损、工业损失、基础设施损毁、因灾直接经济损失情况以及预防准备工作、监测预警工作、处置救援工作、恢复重建工作等情况。

4. 综合减灾资源(能力)调查与评估

在县域范围内全面调查与评估政府、社会力量和企业、基层在减灾备灾、应急救援、转移安置和恢复重建过程中各种资源或能力的现状水平。

(1) 政府综合减灾资源(能力)调查与评估。调查各级政府用于防灾减灾救灾的灾害管理队伍、各类专业救援救助队伍和灾害信息员队伍等人力资源,救灾物资储备基地、灾害避难场所、灾害监测预警系统与装备、生命线应急保障系统等物资资源,日常防灾投入、灾害储备资金等财力资源以及灾害防治工程的防灾能力。

(2) 社会力量和企业参与资源(能力)调查与评估。调查各类社会力量应急救援队伍,涉灾的其他各类社会团体、民办非企业组织、基金会、志愿者组织、社工组织等社会力量以及大型物流公司、大型救灾装备生产制造企业、大型工程建设企业和保险与再保险等企业参与减灾备灾、应急救援、转移安置、救助和恢复重建的资源(能力)。

(3) 基层综合减灾资源(能力)调查与评估。调查乡镇和行政村(社区)救援队伍资源、应急救灾装备和物资储备情况、应急预案、应急处置方案建设情况、风险隐患掌握情况、预警信息获知能力、信息报送能力、防灾减灾救灾和应急救援技能知识宣传普及情况等内容以及家庭居民的风险和灾害识别能力、自救和互救能力等。

(4) 综合减灾资源(能力)评估与制图。开展行政单位政府综合减灾资源(能力)评估,社会力量和企业参与资源(能力)评估,乡镇(街道)和抽样行政村(社区)与家庭不同层面的基层综合减灾资源(能力)评估,编制综合减灾资源分布图与综合减灾能力图,建立综合减灾资源(能力)数据库。

(二) 事故灾难风险识别

1. 事故灾难风险的分类识别路径

从宏观上看,根据突发事件应急管理和风险治理工作的需要,事故灾难风险识别从不同的路径入手,根据具体行业领域、具体管理主体和对象呈现不同维度的分类对象或识别方法。

第一，按照导致事故灾难的直接原因分类识别。导致事故灾难的直接原因可分为 4 个大类、15 个中类。4 个大类分别为人的因素、物的因素、环境因素和管理因素。① 人的因素，是指与生产各环节有关的，来自人员自身或人为性质的危险和有害因素；② 物的因素，是指机械、设备、设施、材料等方面存在的危险和有害因素；③ 环境因素，是指生产作业环境中的危险和有害因素；④ 管理因素，是指管理上的失误、缺陷和管理责任所导致的危险和有害因素。

第二，按照最终的事故危害后果类型分类识别。《企业职工伤亡事故分类标准》，根据导致事故的原因、致伤物和伤害方式等将危险因素分为物体打击、车辆伤害、机械伤害、起重伤害、触电、淹溺、灼烫、火灾、高处坠落、坍塌、冒顶片帮、透水、放炮、火药爆炸、瓦斯爆炸、锅炉爆炸、容器爆炸、其他爆炸、中毒和窒息、其他伤害等 20 个种类。

第三，按照影响人的职业健康分类识别。根据《职业病危害因素分类目录》，职业病危害因素是指职业活动中存在的各种有害的化学、物理、生物因素以及在作业过程中产生的其他职业有害因素。按照职业病危害因素的性质进行分类，可分为粉尘（52 个小类）、化学因素（375 个小类）、物理因素（15 个小类）、放射性因素（8 个小类）、生物因素（6 个小类）、其他因素（3 个小类）等 6 个大类。

2. 事故灾难风险的精细识别方案

针对生产经营单位等微观个体，精细化的事故灾难风险识别方案（尤其是安全生产风险）是开展有效风险识别的基本要求。对此，相应的行业标准或地方标准给出了相应的规范。本部分以河南省地方标准《企业安全风险评估规范》为例来分析事故灾难风险识别。

第一，企业应针对所属行业特点、工艺特点和风险特点，按《生产过程危险和有害因素分类与代码》和《企业职工伤亡事故分类标准》的规定，从生产（工艺）系统、装置（设备）设施、厂区内及周边环境、作业活动与过程、劳动组织、管理体系等方面，综合考虑起因物、引起事故的诱导性原因、致害物、伤害方式等，确定企业的安全风险类别。

第二，风险识别的对象应包括所有风险点在内的第一类、第二类危险源，并突出人的因素和关键岗位或危险场所。① 所有进入工作场所的人员；

② 所有活动，包括“三种状态”和“三种时态”下的生产活动；③ 所有设备设施，包括（自有、租用）建构筑物、机械设备、物资材料等；④ 企业生产场所与周边环境的相互影响；⑤ 作业场所所产生的风险对相邻岗位及人员的影响。

第三，企业宜按车间、班组、岗位所管辖的区域、场所，以区域、场所内的操作及作业活动、过程及所包含的装置（设备）设施、部位为内容，识别企业需要管控的所有风险点，并划分成相对独立的评估单元。可根据需要，按以下原则划分子单元：① 区域、场所等风险点的划分应遵循大小适中、功能独立、范围清晰的原则；② 设施、部位等风险点应按照总平面布置、建构筑物、工艺流程、作业岗位进行划分；③ 操作及作业活动等风险点的划分应涵盖生产经营全过程（含检维修）所有的作业活动。

第四，企业应采用适宜的识别方法，按划分的评估单元，从不同角度和层次，对风险进行识别和描述，并形成以下风险信息记录：① 风险点所属系统、区域、地点和装置的名称；② 危险源（危险有害因素）类别；③ 风险可能导致的事故（事件）类型；④ 事故（事件）发生的可能时间段或概率；⑤ 事故（事件）的危害严重程度及其影响范围；⑥ 事故（事件）前可能出现的征兆；⑦ 事故（事件）可能引发的次生事故（事件）、衍生事故（事件）等。

第五，风险识别方法的选取宜根据识别对象的性质、特点、所具备的基础资料、寿命周期的不同阶段和风险识别人员的知识、经验、习惯等综合考虑，并按以下方法进行识别：① 以生产工艺过程为主线进行风险识别的，宜选用工作危害分析法、事故树（事件树）分析法和道化学火灾爆炸危险指数法；② 传统行业领域且具备丰富的技术、管理经验人才的企业，或以装置（设备）设施、厂区内及周边环境为基础单元进行风险识别的，宜选用故障假设分析法（检查表法）；③ 具有丰富专业知识和实践经验人才的高度重复性企业，宜选用预先危险性分析法、事故树（事件树）分析法；④ 具备专家型人才的企业，宜采用情景分析法、头脑风暴法；⑤ 基层班组和岗位作业人员进行风险识别时，宜选用工作危害分析法、安全检查表法。

第六，风险识别是动态的过程，当下列情形发生时，企业应重新开展风险识别：① 与风险评估相关的法律、法规、标准、规范发生变化的；② 企业周边环境发生变化的；③ 实施新（改、扩）建或关键设备、生产工艺和技术发生变化的；④ 应急管理和应急资源发生重大变化的；⑤ 企业合并分立、业务划转、组织机构变动的；⑥ 实施了重大风险或重大危险源治理的；⑦ 发生生产安全事故的。

（三）公共卫生风险识别

公共卫生风险识别是指发现、确认并描述风险要素的过程。只有做好风险识别，才能正确地分析风险要素，更好地评估公共卫生风险，为制定卫生应急对策服务。公共卫生风险评估分为日常风险评估和专题风险评估两种形式。

1. 日常风险评估中的风险识别

日常风险评估主要是对常规收集的各类突发公共卫生事件相关信息进行分析，通过专家会商等方法识别潜在的突发公共卫生事件或突发公共卫生事件威胁，进行初步、快速的风险分析和评价，提出风险管理建议。另外，根据需要可确定需要进行专题风险评估的议题。在日常风险评估中，风险识别与评估议题的确定往往是结合在一起的，评估议题的确定过程即为风险评估实施的前期准备。在日常风险评估中，重点评估议题的确定十分重要。首先，日常风险评估，特别是按月、按周定期开展的针对各类突发公共卫生事件风险的综合性评估，为保证评估效果，需要在力求全面分析的基础上，确定评估的重点议题，提高评估的效率和针对性。其次，日常风险评估的评估内容和结果既可能有一定的连续性和重复性，也可能因季节因素、相关事件和风险因素的变化而有所差异，因此，每次评估前应重新确定风险评估议题。在进行专家会商和具体评估时，还可以对确定的重点评估议题或所识别风险的全面性、合理性进行进一步的审议、确认和补充。

日常风险评估是在对各类相关监测信息进行分析的基础上，对传染性疾病、食物中毒、职业中毒、环境污染等突发公共卫生事件以及自然灾害、事故灾难、大型活动等其他事件进行风险识别，确定需要纳入评估的重点议题。例如，传染性疾病应重点考虑：甲类及按甲类管理的传染病，聚集性疫情或暴发疫情，发生多例有流行病学联系的死亡或重症的传染病，发生罕见、新发或输入性的传染病，发现已被消灭、消除的传染病，群体性不明原因疾病，等等。

2. 专题风险评估中的风险识别

专题风险评估主要是针对国内外重大突发公共卫生事件、大型活动、自然灾害和事故灾难等开展全面、深入的专项公共卫生风险评估。专题风险评估可根据相关信息的获取及其变化情况、风险持续时间等，于事前、事中、事后不同阶段动态开展。对于重大突发公共卫生事件的专题风险评估，在风险识别中应重点整理、描述与事件有关的信息，例如事件背景、特征、原因、易感和高危人群、潜在后果、可用的防控措施及其有效性等。例如，我国在开展肠道感染性疫情风险评估时，应重点描述事件发生时间、地点、感染人群，病原及疾病的特征（疾病的严重性、传播方式），我国进口及销售可疑污染食品的情况以及监测、救治和防控能力等。

对于大型活动的专题风险评估，在风险识别中应重点描述下列内容：① 大型活动的特点，例如时间、地点、规模、主要活动内容及形式、活动参加人员的数量及其生活居住环境和易感性等特点；② 大型活动举办地的各种突发公共卫生事件发生情况，例如传染病的种类及流行强度、中毒的类型及发生率、高温中暑或冰冻灾害发生情况等；③ 大型活动期间可能带来的输入性疾病或其他健康危害；④ 大型活动期间可能发生的其他突发事件公共卫生风险，例如恐怖事件、自然灾害、事故灾难等；⑤ 现有的卫生保障能力和已采取的措施，例如监测能力、救治能力、防控能力、饮食饮水保障水平、人群免疫水平等。在对上述特征及相关信息进行整理的基础上，列举并描述各种潜在的公共卫生风险。

对于自然灾害和事故灾难的专题风险评估，在进行风险识别时应重点考虑下列内容：① 灾害或灾难发生的时间、地点、涉及人数、影响范围等；② 灾害或灾难发生地特别是受灾害或灾难严重影响地区重点疾病和突发公共卫生事件的背景情况；③ 灾害或灾难对重点疾病或突发公共卫生事件的影响或带来的变化；④ 灾害或灾难发生地对此次灾害或灾难的应对能力（包括灾害或灾难对原有卫生应急能力的影响）以及采取的应急处置措施；⑤ 灾害或灾难可能引发的次生、衍生灾害对疾病或突发公共卫生事件的影响。在此基础上，列举并描述各种潜在的公共卫生风险。

（四）社会安全风险识别

社会安全风险的识别，需要针对社会治安事件、社会矛盾纠纷、极端个体事件、恐怖袭击事件、民族宗教事件、经济安全事件、涉外突发事件、群体性事件、社会恐慌导致秩序失控事件、社会负面影响极其恶劣事件等具体类别的行业或领域，综合采取多种风险识别方法和技术，实行全要素、全流程、全周期的动态识别。

1. 社会安全风险的全要素识别

社会安全风险的全要素识别，应把握“人、地、物、事、环”五大要素（见表 2-1）。

表 2-1　社会安全风险全要素识别一览表①

要素	具体内涵
人	(1) 犯罪分子和犯罪嫌疑人 (2) 社会公共安全风险防控的重点人群：① 重点人员；② 境外非政府组织；③ 非法入境、非法拘留、非法就业的境外人员；④ 社区服刑人员、扬言报复社会人员、易肇事肇祸等严重精神障碍患者、刑满释放人员、吸毒人员、易感染艾滋病病毒危险行为人群等特殊人群 (3) 社会公共安全的潜在肇事者：① 极端贫困和弱势的个人或群体；② 疑有厌世自杀情绪的个人或群体；③ 利益相对受损且可能引发社会公共安全事件的个人或群体等
地	(1) 重点场所：① 出租房屋、老旧小区、城乡接合部、流动人口聚集区、高发案地区、非法建筑等社会公共安全风险高发场所；② 日租房、小洗浴店、小旅店、小发廊、小足疗店等易滋生违法犯罪活动或被不法分子利用、藏匿的场所等 (2) 重点地区：政治中心区延长线、使馆区、首长驻地、党政机关、中小学校等 (3) 特定时期内可能出现社会公共安全风险的地点，例如重要会议期间的火车站、汽车站等
物	(1) 危险物品：枪支、弹药、管制刀具、爆炸物品、剧毒物品、放射性物品和其他易燃易爆物品等 (2) 社会公共安全风险多发的行业：快递、物流、网购、民航、高铁、地铁、公交等发展速度快但安全隐患多的行业与领域 (3) 社会公共安全风险防控难度大的新生事物，例如无人机发展形成热潮，但存在复杂的社会公共安全风险隐患
事	(1) 违法犯罪活动：恐怖袭击、涉爆问题、涉枪问题、涉邪教问题、非法集资、非法传销、电信诈骗、金融诈骗、非法窃取泄露买卖公民个人信息等 (2) 治安问题："黑车""黑摩的"、无照游商、非法小广告等 (3) 各类矛盾纠纷：经济纠纷、家庭纠纷、产权纠纷等 (4) 易产生社会公共安全风险的治理问题：① 可能导致经济发展与环境保护失衡的问题；② 可能引发公共利益与个体利益冲突的问题等 (5) 带有民族情绪且易产生社会公共安全风险的事件 (6) 可能引发涉及民族、种族、宗教信仰、风俗习惯等冲突的事件
环	(1) 直接引发或加剧社会公共安全风险的现场社会环境因素：秩序失控、群体性恐慌等直接的恶性连锁反应 (2) 间接导致或加剧社会公共安全风险的综合社会环境因素：国内外舆论环境、国内外同类社会公共安全事件的影响、高新科技的负面影响等

2. 社会安全风险的大数据识别

社会安全风险大数据识别，是指通过对同类别的社会安全风险案例、相关联的风险信息进行收集、汇总与分析，识别出可能存在的风险。通过大数

① 唐钧. 公共安全风险治理[M]. 北京：中国人民大学出版社，2022.

据识别，对过往的社会安全风险进行分类分级，并初步得出适用于本次风险识别任务的风险项清单。

社会安全风险可通过大数据技术进行识别，优势和作用体现在三个方面。第一，大数据技术立足于互联网、物联网、云计算等技术，能够根据相关安全情势和已发生的安全危机事件、地理信息等数据，对与公共安全相关的数据进行汇集、传输、处理，为社会安全风险识别提供完整的信息支撑。例如，全国各地纷纷通过大数据技术构建社会公共安全网，对各类社会矛盾风险进行收集和识别，准确判别公共安全利益相关主体的真实需求。第二，大数据技术在了解公众真实需求和风险感知的基础上，可以对涉及公共安全的重大风险决策进行科学合理的识别。例如，在由发电站、垃圾焚烧厂等引发的邻避事件中，目标群众往往针对的不是该决策本身，而是其后续可能引发的环境、噪声污染等现实问题。第三，通过大数据精准监测公共安全的风险源，建立公共安全风险清单，完善公共安全风险诊断和防范机制。例如，在处理暴恐事件当中，可以利用大数据技术快速筛选甄别可疑分子，将其行为数据化、可视化，做好相关预案。以社会安全风险为例，大数据识别主要是应用过往的相关信息及其内在的关联逻辑，识别社会安全风险大数据的信息来源和功能（见表 2-2）。

表 2-2　社会安全风险大数据识别的信息来源和功能①

	主要内容（示例）	主要功能（示例）
信息来源	（1）业务数据信息积累	过往风险的积累
	（2）以往评估或分析预测结果	过往风险的分级
	（3）报纸、互联网等媒体的公开信息源收集	过往风险的分类
	（4）法律、法规、政策规定等相关文件	过往风险的分类分级
	（5）来自内外部专家、专业组织的经验与信息	过往风险的分类分级
	（6）已积累的风险点库	过往风险的分类分级
	（7）已积累的风险关联库	过往风险的分类分级

大数据识别的目标是充分应用现有的信息，尤其是实例中的过往风险，

① 唐钧．公共安全风险治理［M］．北京：中国人民大学出版社，2022．

围绕稳评项目，形成分类分级的风险点清单。下面是针对敏感项目，包括二甲苯化工项目、涉核项目、垃圾场(站)项目、医疗项目、其他可能污染环境的项目的社会安全风险大数据识别的风险点清单(见表2-3)。

表2-3 社会安全风险大数据识别的风险点清单①

风险类别	具体风险内容
敏感项目建设与生产风险	敏感项目建设引发拆迁纠纷的风险
	敏感项目发生安全生产事故的风险
	敏感项目产生污染环境、噪声、辐射等风险
公信力风险	公众对于环境评估的不信任
	公众对于民意被代表的质疑
公众抗争风险	通过悬挂横幅标语进行抗争
	进行非法游行集会
	进行拦路堵车
	殴打国家工作人员
	围攻国家机关
连锁反应风险	"一闹就停"的期待导致公众选择极端化
	敏感项目毗邻地区政府对选址的拒绝

■ 第二节 公共风险识别的目标及原则

公共风险治理是对公共风险进行识别、评估和控制，以最小的成本使公共风险损失降到最低的治理活动。所以，公共风险治理的第一个步骤是公共风险识别。有些公共风险是有前兆与迹象的，这些前兆与迹象即风险信息，可为公共风险识别提供可能。②

① 唐钧.公共安全风险治理[M].北京：中国人民大学出版社，2022.

② 张永理.公共危机管理[M].2版.武汉：武汉大学出版社，2015.

一、公共风险识别的目标

公共风险识别是公共风险治理体系的基础。有效的公共风险识别，能够全面、准确地识别公共风险源，梳理可能导致的突发事件、突发事件发生的可能性和突发事件造成的后果等信息。只有在正确识别出自身所面临的风险基础上，才能够主动选择适当有效的方法进行相应的处理，公共风险识别的任务是从错综复杂的环境中找出政府以及整个社会所面临的主要风险。

（一）可能出现的公共风险

社会风险评估蓝皮书《风险评估与危机预警报告（2015—2016）》，针对公共风险，以公众非正常死亡为评判标准，对公共风险源进行系统研究。公众非正常死亡风险指我国境内由外部作用导致的公众意外死亡的风险，主要包括地震、火灾等自然灾害爆发导致公众意外死亡的风险，医疗事故、交通事故等突发事故爆发导致公众意外死亡的风险以及谋杀、过失致人死亡等人为犯罪导致公众意外死亡的风险，不包括公众自然死亡、公众自杀等风险。

基于此，公共风险源是指在公共领域由突发公共安全事件直接和间接导致公众死亡、受伤或财产损失的风险源头，包括人财损失、极端行为、责任事故致死伤、查处责任与善后风险。依据公共风险的现实危害与负面影响，公共风险源对应产生相应等级的公共风险（见图 2-1）。[①] ① 人财损失指由于突发公共危机事件，直接或间接导致人财损失的轻微风险，是低等级公共风险源；② 极端行为指由于基础公共服务的保障不力等公共服务风险综合引发的极少数个体极端行为，导致人财损失的风险，是中等级公共风险源；③ 责任事故致死伤指由于风险所有权人行为不当或监管失误，导致人财损失的风险，是中等级公共风险源；④ 查处责任与善后风险指公共危机事件发生后，由于风险所有权人应急处置不当或善后不力，导致人财损失和产生社会负面影响的风险，是高等级公共风险源。

① 唐钧.公共安全风险治理[M].北京：中国人民大学出版社，2022.

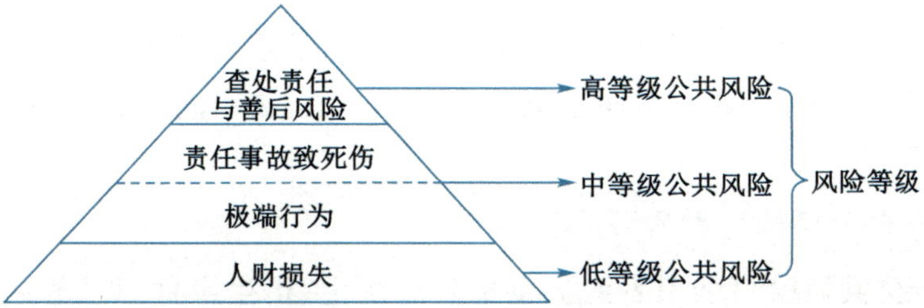

图 2-1 四大风险源对应的公共风险等级①

(二) 引发公共风险的因素

(1) 人的因素。人的因素包括人的行为,包括活动中的违章违规施工作业、误操作行为以及恶意破坏、煽动组织等。当公共风险的承载对象为人员本身时,人的因素通常还包括人员的身体健康、心理状况、年龄性别等因素。

(2) 物的因素。物的因素指物所处的状态,包括建筑、设施、设备等物理性能的缺陷、老化,缺少防护装置,处于敏感或危险区域,设防水平低等。

(3) 环境因素。环境因素包括自然条件、社会情形、国内外局势等外部宏观环境因素以及公共风险发生地(区域)周边场所、生态、有害因素等局部环境因素。

(4) 管理因素。管理因素包括各项法律、法规和规章制度的建立健全、执行落实与监督检查以及各方面的组织管理及应急管理等。

(三) 公共风险发生的时空特征

公共风险的类别属性特征以及公共风险识别颗粒度均需要分析公共风险发生的时间、环节和区域。

(1) 时效性。公共风险发生的时间特征,包括公共风险的发生周期、可能的持续时间等。不同类型的公共风险可能具有不同的时效性特征。

(2) 空间分布。公共风险在地理空间上的分布特征,包括公共风险的传播路径、影响范围以及不同地区的易感程度等。对于疫情、自然灾害等公共风险,空间分布特征尤为重要。

(3) 形成机制。公共风险形成的时空特征,即公共风险产生的原因和过

① 唐钧. 公共安全风险治理[M]. 北京:中国人民大学出版社,2022.

程。了解公共风险的形成机制有助于预测和应对公共风险事件。

(4) 影响程度。公共风险对不同时空因素的影响程度,包括对人口、经济、环境等方面的影响。不同公共风险事件可能在不同的时空条件下产生不同的影响。

(四) 公共风险可能导致的后果

分析公共风险可能引发的突发事件和次生、衍生事件以及影响对象、影响方式等,包括可能造成的人员伤亡、经济损失、社会稳定受损、环境破坏、社会心理影响等。

(1) 人员伤亡。公共风险可能导致人员伤亡,包括受伤、死亡等严重后果。例如,自然灾害、传染病暴发、交通事故等都可能造成人员伤亡。

(2) 经济损失。公共风险可能导致经济损失,包括财产损失、生产中断、市场波动等。例如,自然灾害、金融危机、恐怖袭击等都可能对经济造成严重影响。

(3) 社会稳定受损。公共风险可能导致社会秩序紊乱、社会稳定受损。例如,大规模抗议、暴力事件、政治动荡等都可能是公共风险带来的后果之一。

(4) 环境破坏。一些公共风险可能导致环境破坏,包括土壤污染、水源污染、大气污染等。例如,工业事故、化学泄漏、森林火灾等都可能对环境造成损害。

(5) 社会心理影响。公共风险可能对个体和社会心理造成影响,包括焦虑、恐慌、抑郁等负面情绪,甚至会对人们的信任、合作和社会凝聚力产生负面影响。

二、公共风险识别的原则和依据①

(一) 公共风险识别的原则

1. 科学性

建立科学的指标体系,通过定量和定性的方法评估风险的可能性和影响程度,以便比较和优先处理不同风险。了解风险的形成机制和演化规律,基于历史经验和案例,识别可能的发展路径和模式,为风险管理提供参考和

① 张永理. 公共危机管理[M]. 2 版. 武汉:武汉大学出版社,2015.

决策支持。结合多种数据来源识别风险，包括历史数据、统计资料、科学研究、专家意见等，以增加风险识别的准确性和可靠性。

2. 综合性

采取预防为主的原则，提前发现和识别潜在风险，并采取相应措施避免或减轻可能带来的负面影响。综合考虑风险的概率、影响程度、可控性等因素，进行综合评估和权衡，以确定优先处理的风险和应对策略。

3. 全面系统性

公共风险通常具有不确定性、公共性、外部性等特征，这些特征决定了公共风险的影响对象和作用方式往往具有较强的不确定性，从而导致了公共风险识别工作的复杂性。正是基于这样的复杂性，识别公共风险时必须坚持全面系统性原则。

4. 连续动态性

任何事物都处在不断变化发展状态，现代社会是一个高速变化发展的社会，因此在这样一个社会中孕育产生的公共风险往往具有较强的变动性。公共风险本身的质和量、表现形式、作用方式以及结果都在发生改变，同时新的风险还会随着各种条件的变化而层出不穷。

（二）公共风险识别的依据

公共风险识别的依据主要包括政府的应急管理目标、风险管理规划、历史资料、环境制约因素和公共风险种类等。

在现代社会，信息无处不在，人们每天都处于大量的不同类别的信息包围之中。在传统的报纸、杂志、电视、广播等信息传播渠道的基础上，随着互联网的发展，信息来源更趋丰富和快捷。在信息化时代，大众传播网络更是人们获取公共风险信息的重要手段，所以要不断收集信息、确认信息和分析信息，总结归纳隐藏在信息背后的核心要素。信息收集主要通过大众传媒、事故及隐患鉴定报告、实地调研等途径。在信息收集之后，应该立即进行信息整理分析，采取不同的方法与手段识别出有用信息和无用信息，总结出有用信息的特点与发展趋势。公共风险信息的收集、识别与组织日常的信息管理工作密不可分，公共风险信息的收集、识别必须是持续的全天候行为，中途不能有人为的中断。

■ 第三节　公共风险识别的步骤与方法

一、公共风险识别的步骤

公共风险识别是一个可持续改进和完善的过程，因此参考 PDCA 循环建立基本流程（见图 2-2），包括计划与准备、开展风险识别活动、监督与沟通、评价与改进等阶段。另外，公共风险识别的“后续活动”，使公共风险识别融入公共风险管理体系。

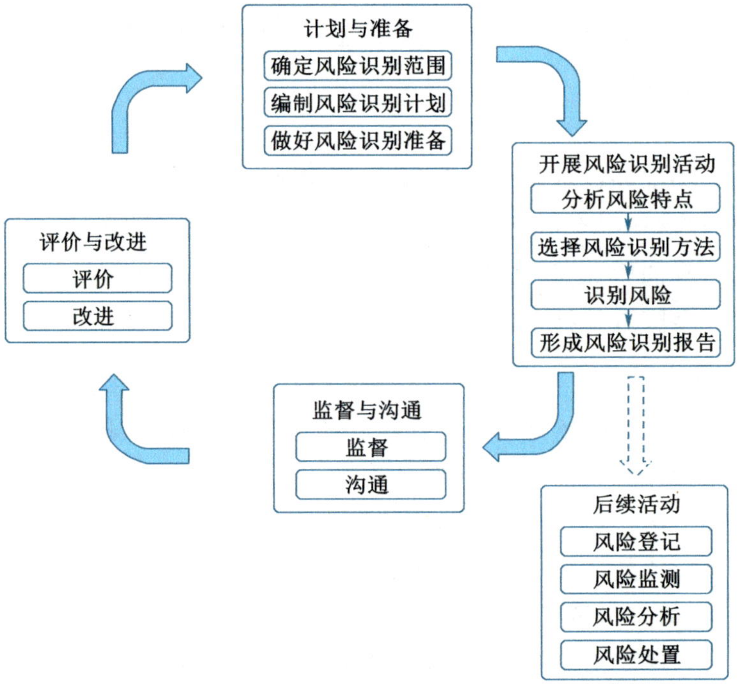

图 2-2　公共风险识别基本流程①

（一）计划与准备

计划与准备提出了公共风险识别计划和公共风险识别准备两方面要

① 公共安全标准化研究所.《城市公共安全风险识别规范》团体标准解读[EB/OL].（2021-12-07）[2023-11-11]. https://www.cnis.ac.cn/bydt/kydt/202112/t20211207_52424.html.

求。公共风险识别计划应包括本次风险识别活动的预期目标、识别范围、工作机制、实施程序、经费预算等内容。公共风险识别准备主要包括组织准备、人员准备、材料准备、经费准备等内容。

（二）开展公共风险识别活动

公共风险识别活动包括分析风险特点、选择风险识别方法、识别风险、形成风险识别报告等。对自然灾害风险，从自然灾害发生历史、自然灾害隐患区、自然灾害监测与预警等方面分析风险特点；对事故灾难风险，从人的不安全行为、物的不安全状态、环境因素、管理缺陷等方面分析风险特点。根据风险特点，选择合适的风险识别方法，包括检查表法、数据统计法、故障树法、事件树法、案例比对法、基于专家意见的现场调研（座谈、资料分析法）等。应用风险识别方法可以识别公共风险，从而提出以下风险信息：风险源名称、所在位置、风险事件、风险成因、影响区域、影响对象、管控措施、监控关键点等。基于风险信息，编制风险识别报告，列出各类风险源信息表，对风险源进行分类统计，提出系统的风险处置建议和责任分工等要求。

（三）监督与沟通

公共风险识别，应在负有该区域公共安全管理责任的部门及其指定专家的监督下进行。沟通方面，对于城市公共安全风险识别中列出的风险，需要与风险直接责任单位、风险直接责任单位的主管部门、城市公共安全风险管理主管部门等相关方进行沟通。

（四）评价与改进

应基于专家、城市公共安全管理部门等方面的意见，对风险识别进行评价，并反馈给开展风险识别活动的组织。改进方面，针对评价与反馈信息，按照风险识别计划中的预期目标、评估范围、工作机制、实施程序、经费预算，风险识别方法、风险识别报告要求等进行改进。

（五）后续活动

以风险识别为基础，可以开展后续风险管理工作，包括风险登记、风险监测、风险分析及风险处置等，并可提出相关要求。① 对查找出的公共风险

① 公共安全标准化研究所.《城市公共安全风险识别规范》团体标准解读[EB/OL].（2021-12-07）[2023-11-11]. https://www.cnis.ac.cn/bydt/kydt/202112/t20211207_52424.html.

事件归类并进行适当描述，必要时对每个风险设置相应的代码和名称，随后将这些风险事件统一列表，列示每个风险发生的概率、可能发生的时间、可能产生的后果、涉及部门（岗位）及责任人员、涉及利益相关方、适用管理依据等信息，形成公共风险清单（示例见表 2-4）。考虑到内外环境的不断变化，有必要对公共风险清单进行定期更新和持续升级。

表 2-4　公共风险清单①

序号	风险代码	风险名称	发生的概率	可能发生的时间	可能产生的后果	涉及部门（岗位）及责任人	涉及利益相关方	适用管理依据
1								
2								
3								
……								

二、公共风险识别的方法

公共风险识别一方面可以通过感性认识和历史经验来判断，另一方面可以通过对各种客观资料和风险事故相关记录来分析、归纳和整理，必要的还可以借助专家咨询，找出各种明显和潜在的风险及其损失规律。

城市应急管理部门是城市公共安全风险识别的主体。城市应急管理部门掌握的资料、信息和可用的专家资源决定了可以采用的风险识别方法。识别标准基于城市公共安全风险识别实际情况，从开展城市公共安全风险识别主体角度，根据城市公共安全风险特征，筛选出适用的风险识别方法，包括检查表法、数据统计法、故障树法、事件树法、案例比对法、基于专家意见的现场调研（座谈、资料分析法）等，并提出方法适用的条件。

风险识别以开展城市公共安全风险识别组织的内部风险案例为资料基础。针对定性分析需求，可以应用检查表法，列出风险源及相关信息表，供现场检查使用。针对定量分析需求，可以应用数据统计法，对风险源及相关数据进行统计、分析、排序，得出区域内风险源的重要性排序。基于两类方

① 唐钧. 公共安全风险治理[M]. 北京：中国人民大学出版社，2022.

法得出的风险检查表及重要性分析，可以固化为常态风险识别知识库。对于过程较为复杂的案例，可以应用故障树法，分析导致事件的原因，得出风险源分析结果。对于导致后果较为复杂的案例，可以应用事件树法，识别原生事件可能导致的次生、衍生事件风险。对于发生在外部区域的重大风险，即外部案例，可以应用案例比对法，分析本区域与外部案例区域的相似性，得出本区域内是否存在相似风险及相应的风险识别结果。对于指定区域（对象）的风险临时性的风险识别任务，可以采用基于专家意见的现场调研（座谈、资料分析法）等方法，例如德尔菲法、头脑风暴法等进行风险识别。①

（1）检查表法。将可能面临的潜在公共风险列于一个表上，供风险识别人员进行检查核对，用来判别目前是否存在检查表中所列类似风险。

（2）案例分析法。对给定的案例材料进行分析，掌握风险事件发展规律和关键控制点，并应用于本部门、本事务的风险识别。

（3）问卷调查法。依据公共安全的目标，确定相应的风险因素，按照类别形成表格并向内部、外部相关人员发放，获得有关风险的重要信息。

（4）头脑风暴法。邀请利益相关者和专家代表，营造自由的讨论环境，使与会者畅所欲言，充分交流对相关风险的看法，获得进一步分析的基础。

（5）德尔菲法。根据调查得到的情况，凭借专家的知识和经验，直接或经过简单推算，对与公共安全相关的问题进行综合分析研究，寻求其特性和发展规律，并进行预测。

（6）标杆分析法。关注并跟踪外部环境，将与公共安全相关的各项活动和具有良好绩效的其他组织、活动或相关法律、法规及监管制度等进行对比、分析、识别出潜在风险。

（7）情景分析法。对与公共安全相关的环境及未来可能出现的情景及其风险状况进行推断、预测、识别出潜在风险。

（8）故障树法。从要分析的特定风险事件或问题开始层层分析其发生的原因，将风险事件形象、直观地反映出来。

---

① 公共安全标准化研究所.《城市公共安全风险识别规范》团体标准解读[EB/OL].（2021-12-07）[2023-11-11]. https://www.cnis.ac.cn/bydt/kydt/202112/t20211207_52424.html.

三、公共风险的动态识别

公共风险识别是一个动态持续的过程，要对识别出的风险及时进行跟踪、监测并动态更新。公共风险动态识别的实质是跟踪、监控、审查、信息采集和工作调整以及再监测、再跟踪、再调整、再评估、再控制的动态循环过程。公共风险动态识别主要包括两个方向：一是原有风险的动态监测，二是新生风险的动态更新。

公共风险动态识别，旨在把握风险动态，是开展公共安全风险治理的基础要件。公共风险动态识别一方面通过风险监测提供并更新与公共安全相关的风险实时状况；另一方面提供了风险分析和定级的决策依据，同时也提供了公共风险预防的实施依据。因此，风险监测必然贯穿公共风险治理的全过程。

公共风险动态识别，以信息为抓手，对此应构建相应的信息网络或信息系统。现以社会稳定风险“信息网”（见图 2-3）为例予以说明。在北京市朝阳区的社会稳定创新项目中，采用了社会稳定风险“信息网”建设。该地的“信息网”包括以下三个部分：一是属地政府与相关部门提供人、地、事、物的相关资料，二是通过网络舆情分析了解社会心态，三是专业研究机构提供专业知识。在此基础上，建立社会公共安全基本资料库、社会秩序环境情况资料库、社会公共服务情况资料库等子资料库。其中，属地政府与相关部门提

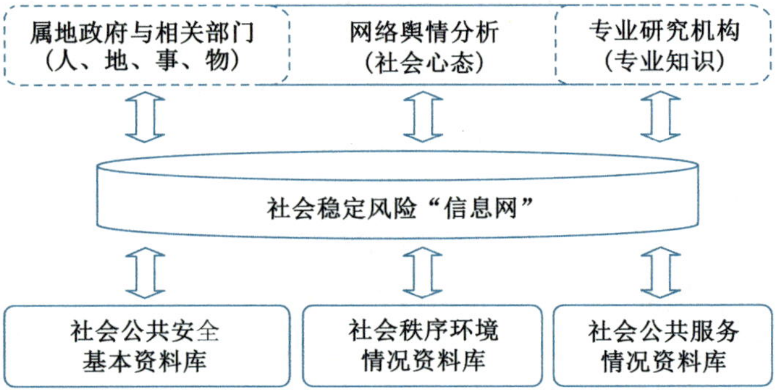

图 2-3　社会稳定风险“信息网”①

① 唐钧．公共安全风险治理[M]．北京：中国人民大学出版社，2022．

供人、地、事、物的相关资料，自然灾害类由民政部门牵头提供，公共卫生类由卫生部门牵头提供，社会安全类由公安机关牵头提供，事故灾难和安全生产类由安监部门牵头提供。

四、识别公共风险时应注意的问题

（一）从动态角度进行公共风险识别

应将公共风险识别置于一个动态的系统之中，不是公共风险出现时才去识别、分析、研究，这会造成公共风险认识不当，处理不善。要建立公共风险动态识别系统，即在政府组织的各项活动及其机构的日常运行过程中进行观察，在公共风险出现前能将其识别并采取相应措施进行处理。

（二）注意运用公共信息管理系统

公共部门在事务管理及公共服务过程中所形成的信息均称为公共信息。在公共风险识别中，要充分发挥公共信息的作用，运用公共信息管理系统分析问题性质，将其定位。

（三）秉持全面系统的观念

公共风险的发生往往是各种事物矛盾运动的结果，它们之间有着错综复杂的关系，在公共风险识别的过程中必须全面系统地分析各种各样事物之间的复杂关系，同时要防止片面，避重就轻，误导政府组织对公共风险的认识，影响公共风险的及时准确解决。

（四）注意公共风险的引致因素

环境破坏、疾病传播、突发自然事件、经济发展不均衡、社会保障制度缺陷、政府权能体系的失效（例如腐败）等都是公共风险的引致因素，在公共风险识别时要对这些因素予以特别重视。

（五）发挥媒体的作用

媒体在各种公共事件及风险信息传播中起着重要的作用，同样，在风险识别中也发挥着不可替代的作用。要充分发挥媒体的社会监督和发现的作用，通过媒体视角总结发现公众对社会现实及各种突发事件的态度，发现可能导致风险的因素，识别风险。

第四节 应用场景及案例

一、从风险识别看“12·31”上海外滩踩踏事件[①]

(一)本应强调的“一字之差”:灯光秀易址信息不畅

自2012年元旦跨年启动以来,外滩灯光秀一直是上海跨年活动之一,外滩风景区也是国内外游客来上海的首选之地。2014年11月,鉴于在安全等方面存在一定的不可控因素,黄浦区政府向上海市政府请示,新年倒计时活动暂停在外滩风景区举行;12月9日黄浦区政府决定在外滩源举行新年倒计时活动,活动现场观众控制在3 000人左右。

该事件调查报告指出,直至2014年12月30日,黄浦区文化和旅游局对外正式发布新年倒计时活动调整信息,对“外滩”与“外滩源”的区别没有特别提醒和广泛宣传,信息公告不及时、不到位、不充分。

该事件调查组邀请的专家组成员、国务院原参事、原国家安监局副局长闪淳昌认为,地址变更的宣传报道、与公众的沟通不够,即使是土生土长的上海人,对外滩和外滩源的区别也不甚了解,导致现场人流量并没有因活动的取消而减少。“12·31”上海外滩踩踏事件在风险评估、风险管理、风险沟通上均存在问题。

调查报告认为,作为历年新年倒计时活动以及2015年新年倒计时活动的承办方,黄浦区文化和旅游局对活动场所变更风险未充分评估,变更信息向公众告知不充分,负有管理责任。

(二)本该进行的“事前预防”:没有专门风险评估

正是由于外滩灯光秀的取消,当晚相关活动安保的级别也因此下降至区级管理:没有采取封站和封路等较高级别流量控制手段,没有安排与2014年跨年夜相当的警力,没有启动大规模的志愿者服务。

上海市公安局黄浦分局仅会同黄浦区有关部门,对外滩风景区及南京路沿线布置了350名民警、108名城市管理和辅助人员、100名武警,安保人

---

① 周琳,叶健,吴振东,等.外滩踩踏重大伤亡,深刻教训有哪些?[EB/OL].(2015-01-21)[2023-11-07].https://www.gov.cn/xinwen/2015-01/21/content_2807491.htm.

员配置严重不足。虽然后期也增调警力，但是截至当日（2014 年 12 月 31 日）23 时 30 分，黄浦公安分局在外滩风景区、南京路沿线布置警力只有 510 名，其中陈毅广场 80 名（阶梯处 13 名），南京路沿线 150 名。

相关专家认为，外滩历来都是进行灯光秀和跨年的主要场所之一，即使没有组织活动，此地的风险也应该进行评估。然而，上海市黄浦区公安机关未对外滩风景区安全风险进行专门评估，而且与往年相比，警力配备悬殊，这正是思想麻痹的体现。

（三）本应上报的“电话记录”：人流量大未及时研判

数据显示，截至事发当日（2014 年 12 月 31 日）20 时至 21 时，外滩风景区的人员流量约 12 万人，21 时至 22 时约 16 万人，22 时至 23 时约 24 万人，23 时至事件发生时约 31 万人，一直处于进多出少、持续上升的趋势。

然而，对于人流量的上升，上海市公安局黄浦分局却未及时研判、预警、未发布提示信息。当日 21 时 39 分，黄浦分局指挥中心指挥员致电外滩分指挥部，得知当时外滩风景区和南京路步行街人员流量为“六七成”（民警凭经验对人员密集程度的判断），但电台和电话记录未显示上报上海市公安局指挥中心，直至 22 时 45 分，黄浦分局上报称外滩风景区观景平台人员流量为“五六成”。

（四）失职的“守夜人”：黄浦区委书记、区长等 11 人被建议处理

跨年夜 2014 年 12 月 31 日 23 时 35 分，外滩观景平台上的僵持人流发生对冲，继而引发多人摔倒、叠压，致使拥挤踩踏发生。这一导致 36 人死亡、49 人受伤的惨痛事件，谁该负责？

变更信息宣传严重不到位、预防准备严重缺失、研判预警不及时、应对处置失当，即使是一起群众性活动，公安、旅游等部门均难辞其咎。调查报告建议，对 11 名责任人进行处理。

相关专家认为，对地方“一把手”严厉问责，是因为他统筹考虑不到位，政府作为主导公共场所安全的“守夜人”，有着不可推卸的责任。

（五）城市之殇：把“踩倒”的公共安全扶起来

城市的规模越庞大，功能越复杂，可能出现问题的地方就越多，潜在的危机就越大。调查报告指出，领导工作思想麻痹是城市公共安全的最大隐患，安全责任落实不力是城市公共安全的最大威胁。

1. 消除法律盲点

早在2007年,《中华人民共和国突发事件应对法》就已颁布,但在事件发生时,却出现了严重缺乏公共安全风险防范意识,对重点公共场所存在的大量人员聚集风险未进行评估,预防和应对准备严重缺失,事发当晚预警不力,应对措施失当等一系列问题。这是一次沉痛的普法教育案例,有关安全的法律规定必须不折不扣"落地"。上海市应尽快制定大型群众性活动安全管理实施办法,加强对公共场所群众自发聚集活动管理,填补无主办单位大型群众活动的管理空白。

相关专家认为,没有组织的群众性活动如何确保安全,现有法律、法规尚不完善,没有明确的责任条款,从上海市到国家层面都需要进一步完善相关立法。

2. 补齐管理短板

调查报告建议,在梳理风险隐患清单的同时,督促相关经营和管理单位制定应急预案,做到有组织活动预案,无组织活动也要有预案。有受访专家表示,在一些国家,出现突发性公共安全事件时,预警分级制度作用显著:到达一定级别后,应急指挥官可全权调动非常规资源进行处置,不需要向上汇报。在我国目前的预警通报系统中,面向公众的预警信息发布制度还不完善,不少危及公共安全的重要信息难以在第一时间有效告知公众。另外,调查报告还明确,要健全"谁主管、谁监测、谁预警、谁发布"的预警管理机制,利用大数据加快构建上海统一的公共安全信息平台,实现信息共享,进一步加强预警信息的沟通。

3. 安全教育"补课"

业内人士介绍,目前我国真正有自救、互救能力的公民比例不足2%,与一些发达国家70%以上的自救知识普及率差距明显。回顾此前的安全教育,大多是灾难推动型,即某处先发生灾难、造成伤亡后,才开展有针对性的教育,缺乏前瞻性,不少公众存在"和平麻痹"状态。一个国家的抗灾能力应由多层次组成,从政府到社会、到社区、到家庭乃至个人,所有力量形成一个稳定的金字塔结构。

二、郑州“7·20”特大暴雨灾害的经验教训①

根据以下材料，结合自然灾害风险识别相关内容，分析河南郑州“7·20”特大暴雨灾害在风险识别过程中存在的问题，此次事件给我们带来了什么启示？

2021年7月17日—7月23日，河南省遭遇历史罕见的特大暴雨，发生严重洪涝灾害，特别是7月20日郑州市遭受重大人员伤亡和财产损失。河南省全省因灾死亡失踪398人，其中郑州市因灾死亡失踪人数占全省的95.5%。在这轮强降雨到来之前，气象部门已经作出了预报，7月15日—7月16日，国务院领导同志专门到河南省郑州市等地检查指导防汛工作，对防范强降雨、防控重大风险、全力确保安全度汛工作提出明确要求。河南省委省政府于7月13日、7月16日专门作出部署。在党中央、国务院高度重视和河南省委省政府提出明确要求的情况下，郑州市委市政府对此轮强降雨过程重视不够，主要负责人仍主观上认为此次降雨不会太大，思想麻痹、警惕性不高、责任心不强，防范部署不坚决不到位、缺乏针对性。7月13日、7月16日河南省全省防汛工作视频会召开后郑州市也接着召开了会议，但会议部署一般化，没有采取具体的、有力有效的落实措施；在7月17日、7月18日双休日灾害应对准备的关键的两天，郑州市委市政府主要负责人对防汛工作没有组织分析研判、动员部署、督促检查等行动，除一名副市长调研道路综合改造及积水点整改情况外，其他市领导均没有检查防汛工作；直到7月19日下午市委主要负责人、7月20日上午市政府主要负责人才自7月13日以来第一次检查防汛工作。有关县(市、区)党委政府和部门基本上也是这种情况，导致防汛准备的“关键期”变为了“空白期”。郑州市个别领导干部没有压紧压实防汛责任，郑州市5月15日就进入防汛期，市防汛抗旱指挥部7月14日才印发《2021年市委市政府领导防汛抗旱责任分工及工作职责的通知》，其中明确市委市政府领导同志包保各县(市、区)，并要求各县(市、区)也要明确包保责任，到7月20日灾害发生，两级包保责任基本没有落实。

《郑州市防汛应急预案》明确了启动Ⅰ级响应的7个条件，其中之一为

---

① 国务院灾害调查组.河南郑州“7·20”特大暴雨灾害调查报告[R/OL].(2022-01-21)[2023-10-12].https://www.mem.gov.cn/gk/sgcc/tbzdsgdcbg/202201/P020220121639049697767.pdf.

常庄水库发生重大险情，常庄水库7月20日10:30开始出现“管涌”险情，郑州市未按规定启动Ⅰ级应急响应。郑州市以气象灾害预报信息为先导的防汛应急响应机制尚未有效建立，应急行动与预报信息发布明显脱节，直到7月20日16:01气象部门发布第5次暴雨红色预警，郑州市才于16:30启动Ⅰ级应急响应，但也没有按应急预案要求宣布进入紧急防汛期。实际上此时灾难已经发生，山丘区4个市死亡失踪的251人（荥阳市96人、巩义市84人、新密市58人、登封市13人）中，90%以上死亡失踪时间集中在Ⅰ级应急响应启动前的13时至15时。

7月20日早上6时气象部门发布了第2次暴雨红色预警，在这个关键时刻，郑州市委市政府主要负责人仍没有足够重视，行动不果断、措施不得力。7月20日早上8时，郑州市政府主要负责人虽然签发了郑州市防汛抗旱指挥部紧急通知，但没有按红色预警果断采取停止集会、停课、停业措施，只提出“全市在建工程一律暂停室外作业、教育部门暂停校外培训机构”，仅建议“全市不涉及城市运行的机关、企（事）业单位今日采取弹性上班方式或错峰上下班”，且媒体网站发布上述建议要求时，人们早已正常上学上班了，错失了有效避免大量人员伤亡的时机。

国务院常务会议听取了河南郑州“7・20”特大暴雨灾害调查情况的汇报，并审议通过了《河南郑州“7・20”特大暴雨灾害调查报告》。经国务院调查组调查认定，河南郑州“7・20”特大暴雨灾害是一场因极端暴雨导致严重城市内涝、河流洪水、山洪滑坡等多灾并发，造成重大人员伤亡和财产损失的特别重大自然灾害；郑州市委、市政府及有关县（市、区）、部门和单位风险意识不强，对这场特大灾害认识准备不足、防范组织不力、应急处置不当，存在失职渎职行为，特别是发生了地铁、隧道等本不应该发生的伤亡事件。郑州市及有关县（市、区）党委、政府主要负责人对此负有领导责任，其他有关负责人和相关部门、单位有关负责人负有领导责任或直接责任。

这次灾害虽为极端天气引发，但集中暴露出许多问题和不足。调查组查明，郑州市委、市政府贯彻落实党中央、国务院关于防汛救灾决策部署和河南省委、省政府部署要求不力，没有履行好党委政府防汛救灾主体责任，对极端气象灾害风险认识严重不足，没有压紧压实各级领导干部责任，灾害面前没有充分发挥统一领导作用；未有效组织开展灾前综合研判和社会动员，关键时刻统一指挥缺失，失去有力有序有效应对灾害的主动权；灾情信息报送存在迟报瞒报问题，对下级党委政府和有关部门迟报瞒报问题失察失责。

调查组还对造成重大伤亡和社会关注的事件进行了深入调查，查明了主要原因和问题，认定郑州地铁 5 号线、京广快速路北隧道亡人事件是责任事件，郭家咀水库漫坝事件是违法事件；荥阳市崔庙镇王宗店村山洪灾害存在应急预案措施不当、疏散转移不及时等问题，登封电厂集团铝合金有限公司爆炸事故存在未如实报告人员死亡真实原因并违规使用灾后重建补助资金用于死亡人员家属补偿等问题。同时，调查组还查明郑州二七区、金水区、巩义市、荥阳市、新密市、郑东新区等 6 个区市、10 个乡镇街道，郑州市及相关县（市、区）应急管理、水利、城市管理等 8 个系统的 18 个单位以及郑州市地铁集团有限公司、河南五建建设集团有限公司、郑州市城市隧道综合管理养护中心等 9 个企事业单位的责任。

针对灾害应对处置中暴露的问题，调查组总结了六个方面的教训：① 郑州市一些领导干部特别是主要负责人缺乏风险意识和底线思维；② 郑州市委市政府及有关县（市、区）党委政府未能有效发挥统一领导作用；③ 贯彻中央关于应急管理体制改革部署不坚决不到位；④ 发展理念存在偏差，城市建设"重面子、轻里子"；⑤ 应急管理体系和能力薄弱，预警与响应联动机制不健全等问题突出；⑥ 干部群众应急能力和防灾避险自救知识严重不足。

此外，调查组针对灾害应对处置中暴露的问题提出了改进措施建议，强调要大力提高领导干部风险意识和应急处突能力，建立健全党政同责的地方防汛工作责任制，深入开展应急管理体制改革及运行情况评估，全面开展应急预案评估修订工作、强化预警和响应一体化管理，整体提升城市防灾减灾水平，广泛增强全社会风险意识和自救互救能力。①

思考题

1. 什么是公共风险识别？

2. 事故灾难风险的分类识别路径是什么？

3. 请谈谈你对公共风险识别要遵从全面系统性、连续动态性原则的理解。

4. 简要介绍故障树法在公共风险识别中的应用。

---

① 河南郑州"7·20"特大暴雨灾害调查报告公布[EB/OL].（2022-01-21）[2023-10-07]. https://www.gov.cn/xinwen/2022-01/21/content_5669723.htm.

3

第三章

公共风险分析

学习目标

1. 掌握公共风险分析的内涵及具体流程。
2. 掌握公共风险分析的目标和原则。
3. 理解公共风险分析的内容、程序及方法。
4. 了解公共风险分析的具体应用场景。

公共风险分析是衡量公共风险的基础，是指公共风险的管理者对于所面临的公共风险及其形成原因进行分析，确认公共风险的存在，明确其性质。通过公共风险分析，寻找可能导致风险事故发生的各种因素，并为拟订公共风险处理方案、进行管理决策服务。对公共风险进行分析在公共风险的治理过程中具有重要的意义和作用，决策时应充分考虑公共风险分析的结果。一方面，公共风险分析可以通过信息反馈，改善公共风险决策工作并提请各方增强风险意识，避免因在决策中忽视风险的存在而蒙受损失；另一方面，公共风险分析还可为全过程公共风险治理打下基础。一般来说，公共风险分析过程需要回答以下问题：一是需要考虑哪些风险因素？二是形成公共风险事件的可能性有多大？三是引起公共风险事件的主要原因和条件是什么？四是公共风险事件的后果会是怎样？

第一节　公共风险分析的概念

一、公共风险分析的含义

公共风险分析是指对已经识别出的公共风险，既要考虑导致公共风险事件发生的原因和来源、公共风险事件的正面和负面的后果及其发生的可能性、影响后果和可能性的因素、不同公共风险及其风险源的相互关系，还要考虑现有的管理措施及其效果和效率以及公共风险的其他特性，并对其进行定性和定量分析，为接下来的公共风险评价、公共风险决策、公共风险处置等工作提供支持。①

公共风险分析是一项具有系统性和连续性的工作，需要制度化、规范

① 唐钧.应急管理与风险治理[M].北京:应急管理出版社,2021.

化。系统性是指公共风险分析不能局限在某个部门、某个环节之中，而要研究某个时期本地区或本单位作为一个完整系统所具有的全部公共风险。连续性是指因世界在不断变化，任何事物都在变化，公共风险的质和量也在变化，可能出现前所未有的风险，只有连续性地工作，才能发现潜在的公共风险。因此，公共风险分析应当是一项科学的管理活动，需要制度化、规范化。

二、公共风险分析的流程

公共风险分析的具体流程见图 3-1。第一，分析潜在的损失原因。公共风险分析要求对未知的损失原因进行分析，不能仅局限于识别已知的损失原因。例如，应高度重视检测新化学制品及其他危险品的使用过程，应严格检查建筑工程上新的工序或方法。第二，分析已知损失原因与公共风险的关系。第三，分析评价公共风险对于整个组织的影响，识别风险带来的结果。

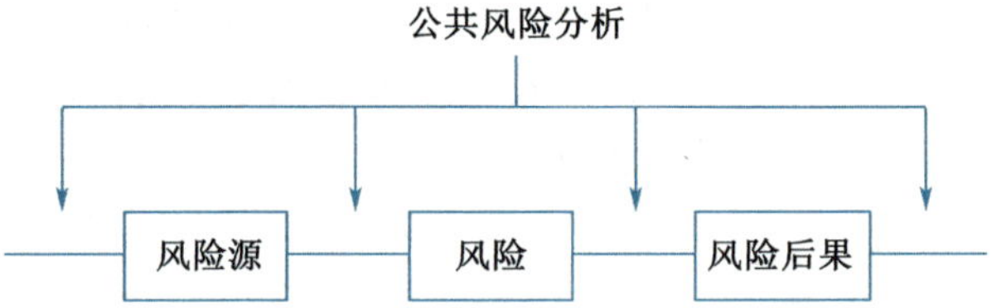

图 3-1　公共风险分析流程①

公共风险分析的因素包括但不限于制度的完善程度与执行力度、利益相关者的综合状况、执行人员素质、所涉及工作的频次、外部环境的影响程度和稳定性、过去发生的类似风险事件的情况、所处领域的特殊性和规律性、后果的类型、后果的严重程度、社会敏感度等。

三、公共风险分析的成本

研究公共风险分析的成本并且合理地安排成本是十分重要的。公共风险分析的收益在于通过分析能够发现那些已经被识别或尚未被识别的风险，并且有助于敦促人们采取控制措施以减少损失，最终降低损失成本。公

① 许谨良.风险管理[M].5 版.北京：中国金融出版社，2015.

共风险分析的收益并不能立竿见影，短期甚至中期难以见效，公共风险管理者很难确定在什么时候公共风险分析不再产生收益。公共风险分析成本与收益的关系（见图 3-2）表明，随着公共风险分析成本的增加，收益也由正值变为负值。

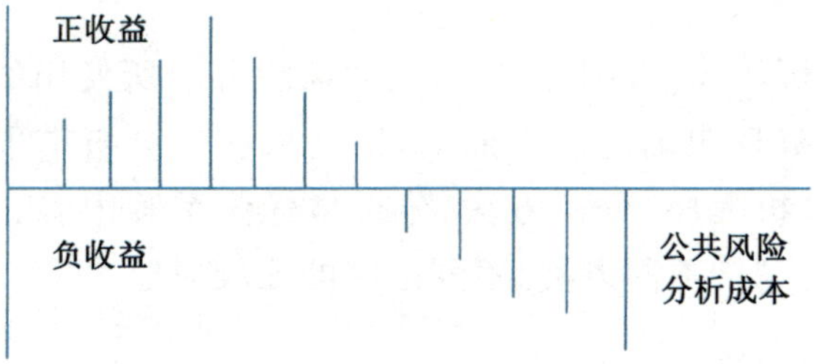

图 3-2　公共风险分析成本与收益的关系①

■ 第二节　公共风险分析的目标及原则

一、公共风险分析的目标

公共风险分析的目标在于让公共风险治理者对公共风险客体的动向了解得更清楚。因此，公共风险分析本身不只是数据材料的堆砌，还应及时沟通、分享信息，为关注系统运行的人提供信息，并使获得信息的人把信息纳入管理工作的考量范围。

公共风险分析的根本目标在于从源头上预防和减少社会矛盾，改善治理效果，为公共风险决策者提供充分的信息，指明对系统所采取的应对方法是否有价值，指出问题的症结所在，提供优化解决方案，预防和避免潜在公共风险所带来的严重影响。组织实施公共风险分析是对公共风险系统性治理的战略性考虑，公共风险分析的结果将影响后续公共风险评价、公共风险决策及公共风险处置等环节的持续运行和功能实现，是公共风险治理活动的基础和依据。广义上讲，公共风险分析的结果能改善系统运作，有助于公共风险治理的战略性考量和决策。

① 许谨良. 风险管理[M]. 5 版. 北京：中国金融出版社，2015.

二、公共风险分析的原则

公共风险分析的原则是指在公共风险分析过程中所必须遵循的基本原理和准则,具体包括以下六个原则。

(一)规范性原则

公共风险分析的规范性是指进行公共风险分析所使用的方法和程序等应有一个统一规范且明确的基本原则,以此来保证分析结果的确定性和唯一性,其中包括分析程序、分析方法、分析指标体系等内容。规范性有利于信息交流沟通,有利于不同风险、不同地区的比较对照。

(二)科学性原则

科学的公共风险分析主要通过分析过程中程序的恰当性、方法的正确性、指标的有效性和结果的可信性来加以体现。公共风险分析过程必须基于最新的科学知识和客观事实,通过使用可靠的数据和科学方法,确保公共风险分析的准确性和可信度。

(三)客观性原则

公共风险分析要坚持实事求是的原则,不能盲从权威或出于部门利益考虑而故意放大或缩小风险。同时,公共风险分析要坚持定量分析与定性分析相结合,能够量化的尽可能量化,不能量化的尽可能坚持价值中立,反映客观事实,避免主观性。

(四)系统性原则

现代社会是一个复杂的大系统,风险种类众多且相互关联性较强。例如,地震会引发火灾、洪涝后易发生疫病等。进行公共风险分析时应该全面系统地收集信息、综合考虑各种因素,从系统的角度出发,尽可能全面、充分地考虑各种风险的相关性、叠加性。

(五)前瞻性原则

公共风险分析侧重于对已知的或未知的公共风险的原因、可能性和后果进行分析判断。公共风险分析的重点应放在预防和降低风险发生概率上,即通过科学手段,提前识别分析潜在风险并制定相应的预防措施,以便最大限度减少潜在的不利后果。另外,为公共风险事件发生后的应对和复原措施提供依据,通过制订有效的公共风险治理计划,以确保在公共风险事件发生时能够迅速、有序地应对，尽最大可能减少不利影响。因此，公共风险分析更加注重预见性，其结论具有前瞻性和科学预警性。

（六）动态性原则

动态性原则是指有可能诱发危机的危险要素是处于不断运动变化之中的，评估得出的结论具有一定的时效性。因此，必须持续地进行监测，动态性地进行评估，不断发现新的风险，并及时采取应对措施。

第三节 公共风险分析的内容与方法

一、公共风险分析的内容

整体来看，公共风险分析是指综合考虑导致风险的原因，受灾体的风险承受能力、风险后果及其发生的可能性等因素，在对公共风险进行识别的基础上，考虑现有公共风险管理者的风险控制能力、风险控制措施及其有效性，然后结合公共风险发生的可能性及后果来确定风险水平，即分析风险发生的可能性大小和后果的严重程度，根据“事件发生可能性×事件损失（后果）”这个标准，确定公共风险事件的类型以及风险水平。公共风险分析的内容见图 3-3。

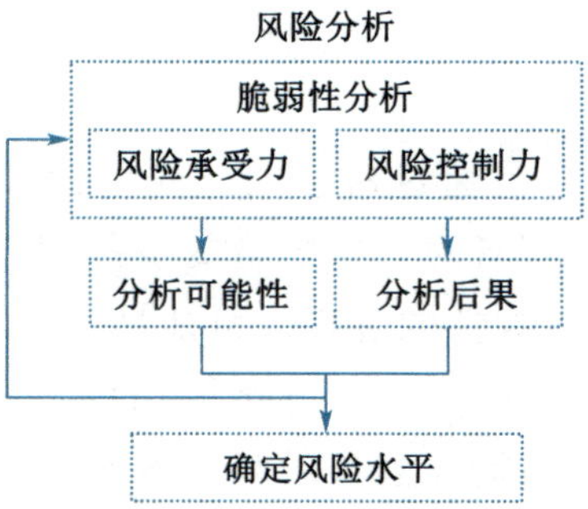

图 3-3 公共风险分析内容

（一）公共风险“可能性×后果”分析

应采用适当的方法确定事件发生的可能性和后果严重性，判断事件对分析对象的影响，即风险。可按以下公式计算风险。

$$R=f(P,S) \tag{3-1}$$
①

式中，R 表示风险水平；f 表示风险的计算函数；P 表示事件发生的可能性；S 表示事件后果的严重性。

针对不同类型的风险事件，风险分析的侧重点会有所不同。《公共安全风险评估技术规范》描述了不同类型风险事件的风险分析内容（见表 3-1）。

表 3-1　不同类型风险事件的风险分析内容

<table>
<tr><th>风险事件</th><th>风险分析内容</th><th>其他分析内容</th></tr>
<tr><td>自然灾害</td><td>结合致灾因子和孕灾环境的自身特征，分析承灾体的风险承受能力、风险控制能力，确定自然灾害发生的可能性和后果的严重性。自然灾害的风险承受能力与风险控制能力分析可建立指标体系，指标定量化应考虑承灾体的易损度空间差异</td><td rowspan="4">① 事件是否会引发次生事件、衍生事件、偶合事件等
② 风险预测的可信度、预测前提以及假设的敏感性
③ 专家意见的分歧
④ 模型的局限性
⑤ 其他</td></tr>
<tr><td>事故灾难</td><td>根据风险固有属性、受影响对象（人群、设施、地域、政治）的风险承受能力、风险控制能力，确定事故灾难发生的可能性和后果的严重性</td></tr>
<tr><td>公共卫生事件</td><td>依据公共卫生事件的爆发背景、流行规律、人群易感性以及各类监测数据，分析风险承受能力及风险控制能力，确定公共卫生事件发生的可能性和后果的严重性</td></tr>
<tr><td>社会安全事件</td><td>综合考虑影响社会稳定的不安定、不确定因素，分析风险承受能力和风险控制能力，确定社会安全事件发生的可能性和后果的严重性</td></tr>
</table>

1. 分析公共风险可能性

公共风险可能性分析是通过对公共风险的固有属性、受影响对象的风险承受能力、公共风险管理者对公共风险的控制能力等要素的综合分析，以确定公共风险事件发生可能性的过程。可能性可以从概率和频率两个方面来衡量。概率通常是以百分比（或千分比等）的形式来表示事情发生的可能性的大小；频率是指事件可能在多长时间内发生一次（例如，三个月一次、十年一次等）。公共风险的可能性受公共风险本身固有属性的影响，同时与公共风险承受能力成反比，与公共风险控制能力成反比。在公共风险可能性分析中应综合考虑公共风险本身、公共风险承受能力、公共风险控制能力三个因素。公共风险事件发生可能性度量可参照表 3-2。

① 周玲，朱琴，宿洁. 公共部门与风险治理[M]. 北京：北京大学出版社，2012.

表 3-2 风险可能性度量①

级别	说明	描述
A	基本不可能发生	评估范围内未发生过,类似区域/行业也极少发生
B	较不可能发生	评估范围内未发生过,类似区域/行业偶有发生
C	可能发生	评估范围内发生过,类似区域/行业也偶有发生 评估范围内未发生过,但类似区域/行业发生频率较高
D	很可能发生	评估范围内发生频率较高
E	肯定发生	评估范围内发生频率极高

2. 分析公共风险后果

公共风险后果是指一旦公共风险事件发生,其可能产生的不利影响以及影响的严重程度,可分为客观损失和主观影响。其中,客观损失包括人员伤亡、经济损失、环境影响等;主观影响包括政治影响、社会影响、媒体关注度、敏感程度等。分析公共风险后果是公共风险分析过程中最重要的环节之一,确定公共风险后果等级对于提出相应的应对措施,制定必要的应对预案具有重要的参考价值。公共风险后果分析工作是否全面、准确、客观,将直接影响公共风险等级判断的准确性。公共风险后果严重性的度量可参照《公共安全风险评估技术规范》中描述的风险后果度量(见表 3-3)。

表 3-3 风险后果度量

级别	说明	描述
1	影响很小	无伤亡、财产损失轻微,不会造成不良的社会舆论和政治影响
2	影响一般	造成 3 人以下死亡或 10 人以下重伤,现场处理(第一时间救助)可以立刻缓解事故,中度财产损失,有较小的社会舆论,一般不会产生政治影响
3	影响较大	造成 3 人以上 10 人以下死亡或 10 人以上 50 人以下重伤,需要外部援救才能缓解,较大财产损失或赔偿支付,在一定范围内造成不良的舆论影响,产生一定的政治影响
4	影响重大	造成 10 人以上 30 人以下死亡或 50 人以上 100 人以下重伤,严重财产损失,造成恶劣的社会舆论,产生较大的政治影响
5	影响特别重大	造成 30 人以上死亡或 100 人以上重伤,巨大财产损失,造成极其恶劣的社会舆论和政治影响

① 周玲,朱琴,宿洁. 公共部门与风险治理[M]. 北京:北京大学出版社,2012.

公共风险后果分析应包括:① 考虑现有的后果控制措施,并关注可能影响后果的相关因素;② 将风险后果与最初目标联系起来;③ 对马上出现的后果和那些经过一段时间后可能出现的后果两种情况要同等重视;④ 不能忽视次要后果,例如,那些影响附属系统、活动、设备或组织的次要后果。

根据公共风险分析"事件发生可能性×事件损失(后果)"这一标准,可以将公共风险分为四个象限或区域:A 区、B 区、C 区、D 区(见图 3-4)。其中,D 区表示高可能性、严重的后果,处在这一区域的公共风险需要立即想办法处理;C 区表示低可能性、严重的后果,处在这一区域的公共风险需要尽可能想办法避免;A 区表示高可能性、轻微的后果,处在这一区域的公共风险需要较好地控制;B 区表示低可能性、轻微的后果,如果有足够的资源,可以对其加以处理,如果没有足够的资源,可以暂时不去处理处在这一区域的风险。

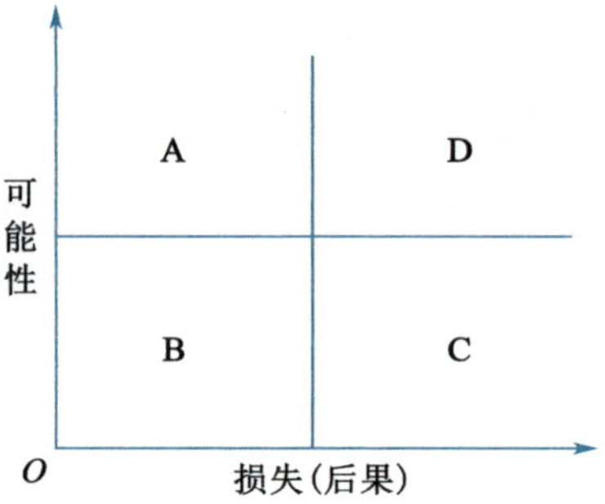

图 3-4 公共风险分析象限图

(二) 公共风险承受能力与控制能力分析(脆弱性分析)

公共风险的可能性和后果受三个因素决定:一是风险源(或不利事件)本身的可能性和危害程度;二是公共风险作用对象(客体)的承受能力(脆弱性);三是控制和应对突发事件的能力。对公共风险承受能力与控制能力的分析是分析公共风险可能性和后果级别的前提。

1. 分析公共风险承受能力

公共风险是通过作用于对象而产生影响和后果的。对象的公共风险承受能力不同,公共风险发生的可能性和产生的后果均有可能变化。公共风险承受能力分析是分析受公共风险影响对象对公共风险的承受、抵抗能力,包括系统自身承受能力和社会心理承受能力等。分析公共风险承受能力包括明确受影响对象和分析各类受影响对象的公共风险承受能力两个基本步骤。

(1) 明确受影响对象。根据公共风险识别阶段的识别结果，明确某一公共风险可能影响的具体对象，包括受影响的人群、设施、系统、环境等。

(2) 分析各类受影响对象的公共风险承受能力。通过各类情况分析报告、专家会商和专项调研等方式，分析各类受影响对象的物理属性、心理属性等特点，判断其公共风险承受能力的大小。例如，对人群的公共风险承受能力分析可以从心理素质、防灾应急知识、经济能力等方面进行；对设施的公共风险承受能力分析可以从抗外力能力、安全设施是否充分等方面进行。

2. 分析公共风险控制能力

公共风险控制能力分析是对所有为避免或减少公共风险发生的可能性及潜在损失的措施及手段进行分析和评估的过程，这一环节是公共风险分析评估工作的重要组成部分。整理和确定现有控制措施，分析各项措施的有效性，既是评估公共风险可能性和后果的基础，也是查找工作不足、提出改进措施的重要途径。

评估公共风险控制能力可以从(但不限于)以下几个方面进行。① 常态管理水平：包括安全管理规章制度的建设和执行情况、设施设备运行水平、工程技术措施落实情况以及预测预警能力等。② 应急管理水平：包括应急组织体系、应急预案、应急处置能力、应急资源保障水平(人力、物力、财力、技术水平)、应急恢复能力等。③ 宣传教育培训：包括对系统内部人员日常安全教育培训和对周边公众开展应急常识宣传教育。

二、公共风险分析的程序

(一) 对象确认

公共风险治理是一项复杂的系统工程，公共风险分析工作较为复杂。公共风险分析对象的确认以公共风险分析内容为主，包括战争、社会、经济、政治、文化、自然、科技和外部环境等。为了使公共风险分析活动有的放矢，在公共风险分析活动实施前，需要确认公共风险分析对象，清楚地界定出公共风险分析的范围，明确公共风险分析的目标和功能。

（二）信息收集

收集相关的信息和资料是整个公共风险分析活动的起点，也是基点所在。公共风险分析人员应当独立获取公共风险分析所依据的信息，并确认信息来源的可靠性和适当性。公共风险分析应当被看作对与之相关的数据的系统收集与分析，收集到的信息和资料是公共风险分析价值判断的载体。信息收集的主要渠道包括查阅历史文本资料、大众传媒报道、网络媒体报道、实地调研等。

（三）信息处理

在获得全面的信息后，下一步需要对资料进行分析、鉴别、整理储存、检索和传输等工作，辨识出有用的公共风险信息并发现其中存在的主要公共风险以及隐藏在公共风险表象背后的本质原因。从某种程度上说，公共风险分析研究的关键不在于信息是否充分，而在于对公共风险信息的适当处理，即如何对公共风险信息进行分析，找出其中所隐含的公共风险要素及其演变规律，从而预测预警公共风险事件爆发或升级的可能性和影响度。

（四）结果分析

在处理公共风险信息的基础上，要集思广益，及时、全面、系统地分析可能引起公共风险的各种因素，分析其趋势，进行综合判断，得出科学的、具有前瞻性的结论。根据公共风险分析输出的结果，公共风险分析者可以对公共风险分析对象作出相对客观的价值判断，并据此提出优化建议。公共风险分析的结果直接服务于公共风险分析活动的决策指向和行动导向，因此，公共风险分析结果的时效性是关键。及时作出公共风险的分析结论，可以在公共风险扩大之前赢得更多的时间来进行充分的准备和应对。

三、公共风险分析的方法

根据已有公共风险信息和数据，公共风险分析的精确性能够得到一定程度的保证。公共风险分析方法的选用需要依据具体环境而定，在实践中，一般首先采取定性分析方法以获得一个风险水平的大致状况，随后采取更加有针对性的定量分析方法。

（一）定性分析方法

定性分析方法是指按照描述性标准，通过语言描述潜在公共风险事件发生后的后果严重程度以及该后果出现的可能性。分析标准可以根据实际环境、具体需要等进行适时调整，且不同的公共风险可以采用完全不同的描述方式。

1. 头脑风暴法

头脑风暴法又称智力激励法、自由思考法，是一种通过集体创意生成大量想法的方法。这种方法旨在鼓励群体成员开放性地分享他们的观点和想法，同时禁止对别人的想法提出批评，通过相互启发、相互影响、相互激励，产生共振即创造性设想的连锁反应，以达到作出集体预测的目的，促进创新和解决问题。采用头脑风暴法，要创造出一种敢于发言，敢于陈述己见，敢于争辩讨论的民主气氛，积极支持和鼓励每一个与会者消除思想顾虑，使所有参加会议的人都能开动脑筋，把注意力集中到所讨论的问题上来，积极、踊跃、大胆地发表自己的看法。在典型的头脑风暴会议中，被邀请参与公共风险分析的人员围桌而坐，由会议主持人向大家说明要分析的风险的基本情况，然后在一定的时间内参与者尽可能地提出自己的看法，当所有的意见和看法都被记录下来之后，讨论归纳相关意见，形成最终结论。头脑风暴法还存在以下两个方面的问题：一方面，会议组织者需要对参与人员结构进行合理设计，否则容易导致结论出现一致性偏差，给公共风险治理者以误导信息；另一方面，公共风险治理者需要对专家意见进行一致性检验，并对统计结果的剔除和筛选情况进行仔细甄别。

2. 名义群体法

名义群体法是以匿名的方式，通过几轮函询征求专家意见，要求每个被邀请参加公共风险分析的专家在讨论之前独立地写下自己的看法，由预测负责人对每一轮意见进行汇总整理。这些意见将作为重要的参考资料，再分发给每一位专家，供他们分析判断，由每个专家逐个地向群体说明自己的看法，直到每个专家的看法都发表完毕并完全被记录下来，在此之前各位专家对任何看法都不进行讨论。如此反复多次，专家的意见越趋于一致，结论的可靠程度达到较高。接下来的环节是讨论，讨论一方面是要了解一种看法的真正意思，另一方面是要对这种看法进行评价，各专家独立地将各种看法排序，综合排序最高的看法作为最终对公共风险分析的结果。这种方法的优点是：群体成员在正式开会的同时还可以进行独立思考，消除了人为心理因素的影响，可以随时反馈情况，现被广泛采用。

3. 德尔菲法

德尔菲法类似于名义群体法，但它不要求参与者出席，参与者在背靠背的情况下进行评估。德尔菲法的步骤为：确定要分析的公共风险；每个参与者匿名地、独立地进行第一次公共风险分析，并说明理由；汇总第一次分析的结果，对所有的分析意见和理由进行编辑、整理；向每一个参与者提供经过整理的所有参与者的第一次分析的意见和理由，但不能说出意见和理由的提出者；每个参与者阅读别人的意见和理由之后，重新对公共风险进行分析，第二次提出自己的意见和理由，汇总第二次的意见和理由，进行编辑、整理，重复第一次的过程，如此循环下去，直到所有参与者的意见大体一致为止，这样就获得了公共风险分析的最终结果。德尔菲法的优点是隔绝了群体成员的相互影响，使公共风险分析过程更加准确、客观，缺点是费时、费力。

4. 电子会议法

电子会议法是将名义群体法与计算机技术相结合的方法，参与者通过计算机接收需要分析风险的有关信息，然后将自己预测的看法输入计算机进行汇总。汇总后，各参与者通过计算机对每个看法进行讨论、投票统计，最后得出结论。电子会议法具有快速、匿名、诚实的优点，因为参与者可以在不必透露自己姓名的情况下表达自己的任何看法，从而使公共风险分析的结果更加客观和准确。

5. 类推评估法

类推评估法是一种运用类比推理进行评估的方法，是在两个不同事件之间的相互联系规律已知的情况下，利用先导事件的发展规律来预测后发事件的发展趋势。采用这种方法，必须注意把对象（后发事件）与被类比对象（先导事件）进行全面比较，找出异同点。相似性结果出现的频率越高，进行类推评估的可靠性就越大；同时，还应把各种内外部因素对事件的影响考虑在内，依据被类比对象和预测对象所处的历史条件和环境因素的不同对评估结果进行修正，以提高类比推理预测的可靠程度。需要注意的是，运用这种方法如果只是短暂地注意了两种事物之间存在的某些相似，而不认真地去揭示其他方面的相似，那么，这种类推显然不足以预测事件未来发展，按这种类推给出的预测结论往往是经不起检验的。

6. 风险清单法

公共风险治理人员在分析风险时，最经常使用的方法是编制风险清单。风险清单上逐一列出本地区或本单位所面临的风险，并将这些风险与本地区自然经济、社会特征或者是本单位的业务活动联系起来考察，以便发现各种潜在的风险因素。因此，风险清单中必须列明本地区或本单位基本情况以及自然社会、法律和政治环境等。

在分析可能引发公共风险事故的因素时，一般从两个方面来考虑：一是引起事故的风险源，二是影响损失程度的因素，尤其是可能扩大损失程度的因素。例如，在考察洪水风险时应注意本地区或本单位主体部分所处的地理位置，在发生洪水倒灌、暴雨、排水系统阻塞以及河堤决口等意外事件时，有无被淹没的可能性。又如，在分析火灾或爆炸风险时，对每一个建筑物及场所均要考虑以下两个方面。① 有无引起火灾或爆炸的风险源，例如电气风险、化学风险、发热的风险和生产过程中的风险，相连或毗邻的建筑物和场所占用性质等。② 影响损失程度的因素，例如建筑物的类型、是否安装自动喷淋设备或者其他灭火装置和警报设备、屋内存放物品的性质与最邻近的消防队的距离等。在这个过程中，应把风险源按起因和影响进行某种分类。据此水灾、暴风雨、决堤、海啸、龙卷风可根据起因（水和恶劣天气）相似而归入一类，地震、战争、炸弹爆炸、火灾和山崩可因影响（例如建筑物倒塌和企业损失）相近而归入一类。根据所列出的风险清单，可采取三种行动：① 简单决定如何管理清单中的所有风险；② 将清单中相近的风险加以分类，然后决定如何管理每类风险；③ 由于资源的限制，需要寻求建立某种顺序，优先处理最重要的风险。

（二）定量分析方法

定量分析方法一般是通过统计分析、数学计算和计算机的应用把所获得的信息定量化，建立与预测目的相适应的、反映事物联系的数学模型，经过运算定量地预测风险的未来。定量分析方法的基本假设前提是根据过去的历史资料可以预测将来的行为或结果，这就要求事态基本上还是按照过去的发展模式发展下去没有太大的变化，而且历史资料不能太少，否则就无法进行统计学的处理。

1. 趋势外推法

趋势外推法是利用过去和现在的资料，推断未来的状态，设法找到它们之间的统计关系，可以预测到公共风险如何变化，公共风险事件将会按照什么速度和沿着什么方向发展下去。

2. 时间序列法

时间序列是指观察或记录下来的一组按时间顺序排列起来的数字序列，例如某种产品几年内的年产量、月销售量等。时间序列法是把在一定条件下出现的事件，按时间顺序排列起来，通过趋势外推的数学模型去预测未来。时间序列法是一种简便易行的预测法，但该方法只考虑了时间关系，没有考虑因果关系，所以预测的精确度不高，多用于短期和中期预测。

3. 回归分析法

回归分析法是研究引起公共风险的各种客观因素的相互作用，找出各种客观因素与未来状态之间的统计关系，依据相关客观因素的大量统计数据来近似地确定变量间函数关系的方法。在现实生活中，在某些变量之间存在着一定的依赖关系，某一变量的变化，会引起另一变量的变化。例如，每天的冷饮销售量与当天的气温有关，家具的销售量与当年新婚人数有关，等等。当能够准确地确定两种变量的数量关系时，就表现为函数关系；当难以准确地确定两种变量的数量关系时，就表现为相关关系。为了定量地把握事物的因果规律，需要把相关关系转化为函数关系，这种转化的中介是回归分析。

4. 模拟实验评估法

模拟实验评估法是根据风险发生、发展的条件与结果的内在联系，模拟公共风险的发展过程，从中取得第一手实验数据，通过对实验数据进行统计分析，把握公共风险发展的客观规律，并以此预测同类风险在相同条件下的发展趋势和状态的一种预测方法。例如，一些组织注重采用应急演练、沙盘模型等模拟手段来预测未来可能发生的公共风险。

需要指出的是，每一种风险分析方法都存在一定的局限性。① 任何一种方法不可能揭示出全部风险，更不可能揭示出导致风险事故的所有因素，因此需要将多种方法结合起来综合使用。② 经费的限制和不断增加的工作等要求风险管理人员应根据实际条件选择效果最优的方法或方法组合。③ 风险分析是一个连续不断的过程，仅凭一两次调查分析不能完全解决问题，许多复杂的和潜在的风险因素要经过多次分析才能获得较为准确的分析结果。

第四节　应用场景及案例

一、奥运期间铁路突发公共事件风险分析[①]

(一) 分析背景

铁路突发公共事件的不确定性和复杂性等使得对铁路突发公共事件风险分析研究具有示范性和引领性，分析结果将为奥运会(2008年北京奥运会)期间铁路安全保障的优先重点工作提供相关信息和决策依据，为奥运会安保指挥中心和铁路有关部门提供处置依据，对保障奥运会安全顺利举办具有重要意义。

(二) 评价对象

风险分析的对象主要涉及铁路行车事故、铁路防洪事件、铁路防寒除雪事件、铁路火灾事故、铁路突发公共卫生事件以及铁路群体性事件等六个领域。风险事件包括自然灾害、公共卫生事件、事故灾害、各种类型突发爆炸事件、各种暴力事件、过街天桥发生跳桥突发事件、上访人员聚集事件、出租车聚集事件与设备设施故障等。

(三) 风险分析

1. 数据采集

采用头脑风暴法与专家打分法，邀请20名技术、安全专家对铁路突发公共事件发生的后果影响进行打分，定义技术专家权重为60%，安全专家权重为40%，获得调查问卷后通过加权平均法得到风险发生可能性与后果影响的分值。选择历史资料数据分析法对铁路突发公共事件风险可能性进行分析。

2. 可能性分析

综合考虑相关因素，可将风险可能性划分为5级：A级，基本不可能发生(每10年发生不超过3次)；B级，较不可能发生(每年发生不超过3次)；C级，可能发生(每月发生不超过3次)；D级，很可能发生(每周发生不超过3次)；E

① 周光辉，汪智，王富章，等. 2008年北京奥运会期间铁路突发公共事件风险评估研究[J]. 中国铁路，2008(2)：69-73.

级，肯定发生（每天发生）。铁路突发公共事件风险可能性分析见表 3-4。

表 3-4 铁路突发公共事件风险可能性分析

序号	铁路突发公共事件	风险源	可能性评估结果
1	自然灾害造成铁路中断	顾客滞留	C
2	公共卫生事件	疾病传播	A
3	事故灾害	火灾	C
4	各种类型突发爆炸事件	爆炸	B
5	各种暴力突发事件	暴力劫持	A
6	过街天桥发生跳桥突发事件	跳桥	C
7	上访人员聚集事件	上访	B
8	出租车聚集事件	聚集滋事	B
9	设备设施故障	铁路设备设施破坏	C

3. 影响评价

选择专家调查法对铁路突发公共事件风险后果进行分析。根据铁路突发公共事件严重程度，风险后果可划分为 5 级：1 级，影响很小，0～20 分；2 级，影响一般，21～40 分；3 级，影响较大，41～60 分；4 级，影响重大，61～80 分；5 级，影响特别重大，81～100 分。根据上述指标，邀请专家打分，得到各项风险后果的平均得分，即风险后果分析得分，得出各种风险源的风险后果等级。铁路突发公共事件风险后果评估分析见表 3-5。

表 3-5 铁路突发公共事件风险后果评估分析

序号	铁路突发公共事件	风险源	后果分析结果
1	自然灾害造成铁路中断	顾客滞留	2
2	公共卫生事件	疾病传播	5
3	事故灾害	火灾	3
4	各种类型突发爆炸事件	爆炸	2
5	各种暴力突发事件	暴力劫持	1
6	过街天桥发生跳桥突发事件	跳桥	1
7	上访人员聚集事件	上访	2
8	出租车聚集事件	聚集滋事	2
9	设备设施故障	铁路设备设施破坏	1

4. 分析结果

铁路突发公共事件风险等级见表3-6。通过风险分析可知，火灾、疾病传播是奥运会期间铁路突发公共事件风险较高的风险源。如何有效预防这些高危风险源并防止其转化为突发公共事件尤为重要。

表3-6　铁路突发公共事件风险等级

序号	铁路突发公共事件	风险源	风险等级
1	自然灾害造成铁路中断	顾客滞留	中
2	公共卫生事件	疾病传播	高
3	事故灾害	火灾	高
4	各种类型突发爆炸事件	爆炸	低
5	各种暴力突发事件	暴力劫持	低
6	过街天桥发生跳桥突发事件	跳桥	低
7	上访人员聚集事件	上访	低
8	出租车聚集事件	聚集滋事	低
9	设备设施故障	铁路设备设施破坏	低

5. 小结

铁路突发公共事件风险的影响因素较多，包括自然因素、社会因素、环境因素等。奥运会期间铁路安全运营保障工作复杂且艰巨，不仅需要加强专业技术、人员、物资等方面的储备，还需要在奥运会期间铁路安全运营保障工作机制、工作模式、制度法规等方面提供必要的支持，需要各级政府部门以及公众的共同努力与配合。在铁路突发公共事件风险管理过程中要突出重点，重视高危风险源，但也不能忽视对风险水平较低的铁路突发公共事件的关注，应努力将所有可能的铁路安全风险因素降至最低。

铁路突发公共事件风险分析应该动态进行。随着奥运会筹备工作的推进以及铁路安全保障体系的建立与发展，各类风险发生的可能性及危害程度等均会受到不同程度的影响，各类突发公共事件也可能导致出现新的铁路安全风险事件。因此，风险分析应该动态进行，及时调整风险防控重点，合理配置资源，有效指导奥运会铁路安全保障工作的筹备与运行。

二、靖江市下六圩港枢纽工程社会稳定风险评价①

（一）评价背景

靖江市下六圩港枢纽工程位于靖江市下六圩港老节制闸以北 420 m 处。工程采用闸站结合的方式，下六圩港口门设置 20 m^3/s 的双向泵站一座，装机 3 台套；与之配套的单孔节制闸一座，闸孔净宽 8 m，排涝标准为自排加抽排，在闸站下游引河管理区域两侧设 160 m 长岸墙，上游侧建造公路桥一座，项目总投资上千万元。

（二）评价对象

在征地拆迁过程中，社会稳定风险衍生于相关利益群体对征地拆迁项目的抗拒，这种抗拒有多种表现形式，例如留置原地拒绝拆迁、暴力对抗甚至群体示威等。因此，对征地拆迁项目所涉及的影响社会稳定的风险进行界定，应认真分析征地拆迁实施后群众可能引发的异议、遭遇到的损失或不适，这些异议、损失或不适即为引起社会不稳定的风险。

（三）风险分析

根据对征地拆迁项目实施过程中易发生的社会风险的经验判断，并结合靖江市下六圩港枢纽工程的具体情形，采用风险清单法，识别出靖江市下六圩港枢纽工程可能面临的六大类社会稳定风险：项目合法性和合理性遭到质疑的风险、项目可能造成环境破坏的风险、群众抵制征地拆迁的风险、群众对生活环境变化不适的风险、群众对生活保障担忧的风险、项目可能引发社会矛盾的风险等。

1. 项目合法性和合理性遭到质疑的风险

项目的决策是否与现行政策、法律、法规相抵触，有无充分的政策、法律依据；项目是否坚持严格的审查审批和报批程序；项目是否经过严谨科学的可行性研究论证，有无充分考虑到时间、空间、人力、物力、财力等制约因素；项目建设方案是否科学，配套措施是否完善。该项目的风险结论是合理性风险较小，合法性受到质疑的风险较大。

---

① 靖江市下六圩港枢纽工程建设处. 靖江市下六圩港枢纽工程社会稳定风险评估报告[R]. 靖江市：靖江市下六圩港枢纽工程建设处，2010.

(1) 项目手续、程序完备

该项目经过充分可行性论证，严格按照土地管理相关法律、法规和《国务院关于深化改革严格土地管理的决定》等一系列有关规定办理用地报批手续，程序合法，手续齐全。征地拆迁程序已按照有关法律、法规，依法进行。但是，上述依法进行的活动并不能彻底解决该项目合法性的问题。首先，社会各界对土地储备的合法性持有怀疑的态度。其次，枢纽工程建成后，周围土地升值大，加之如果公开出让被储备土地时价格高昂，那么失地群众的失落感将增加，对征地的合法性会怀疑。上述问题应该受到重视。

(2) 项目符合区域经济发展需要

下六圩港枢纽工程地区位于靖江市的江苏江阴靖江工业园区，园区地处长江下游，北倚苏北平原，南濒长江，处在国家沿海经济带和沿江经济带"T"字形的交汇点，是浦东开发和苏锡常火炬带向苏中、苏北辐射延伸的重要"桥头堡"。靖江工业园区得到了江苏省委、省政府的高度重视和一系列优惠政策的扶持。港口码头等基础设施的改善，对周边工业发展具有较强的推动力。从城市经营角度看，下六圩港枢纽工程的合理发展，有利于整合周边市场资源，具有推进城市经济和规划建设的显著作用。另外，从发展影响角度看，下六圩港枢纽工程的开发建设，是靖江市、江阴市两市发展的又一重要启动点，不仅有利于两市进一步合作交流，而且符合靖江市城市空间拓展和城市建设的战略意图。

政府对下六圩港枢纽工程的基础设施投资，提升了整个区域土地的总体价值。土地的增值应该收归政府，用于未来的城市基础设施投入和建设。回收土地增值的良好途径是在规划的安排下，先行将周边土地加以储备并进行初步的一级开发，变成熟地后推向市场。这样，政府在城市建设方面的资金才会形成良性循环，取得更好的效益和更高的效率。

2. 项目可能造成环境破坏的风险

下六圩港枢纽工程项目需要征用大量农田，把农田变成建设用地，可能会对当地的生态和景观造成一定程度的破坏。在建设期内项目的施工会对地表水、空气、噪声环境等产生一定程度的不利影响。施工过程中会产生大量粉尘，施工机械会有作业噪声，施工机械燃油或机油渗漏会引起油类污染，施工物堆料场受降雨冲刷会引起地表径流污染，施工营地生活污水未经处理直排或生活垃圾随意抛弃会引起环境污染。大型挖掘机械及运土车辆对道路的损坏和环境卫生破坏的现象将不同程度存在。另外，项目在运营期会对周边环境造成一定程度的影响。

下六圩港枢纽工程项目选址处于城市总体规划的生态廊道内，该地区以绿色为主基调，通过适度控制开发规模，建构网络式的绿色系统，较易实现地区生态系统的恢复更新。下六圩港枢纽工程项目地区现有的生态条件优越，作为广州生态走廊的重要节点，兼顾生态和经济效益。该项目建成后，能进一步提升周边区域的生态环境质量。

3. 群众抵制征地拆迁的风险

由于征地拆迁涉及群众的切身利益，加上群众对征地拆迁的政策缺乏理解，因此在征地拆迁问题上群众往往会以各种形式抵制征地拆迁。征地拆迁项目中群众最敏感、最担忧的问题是失去土地。下六圩港枢纽工程项目要征收大量农田，这些农田在群众良好管理之下，能获得一定的持续收益。征用农田会使当地群众人均耕地面积减少，群众可能会对征地拆迁项目产生排斥和抵触情绪。同时，项目后期配套码头建设工程涉及的房屋拆迁，对群众生活会造成一些不便。如果补偿不合理，即使是少数群众不满意，也有可能影响项目的进度和社会的不稳定。另外，原有集体建设用地的使用给集体和群众带来的租金收益短期内可能会失去，从而影响群众收入水平的提高。

为了赢得群众对该项目征地项目的支持，土地管理部门已在一期项目征地过程中摸索出了一套成熟的做法，有效地化解了群众对征地项目的不理解、不支持。在项目中，一线动迁工作人员高度负责，主动放弃自己的节假日休息时间积极与被征地群众积极沟通，解答各项征地问题，宣传项目建设意义和征地政策；同时对关系到群众切身利益的补偿数据反复核对，积极帮助群众解决补偿问题，高效推进了征地工作。

下六圩港枢纽工程项目采取了多项利民措施。一是严格按照市、区有关土地征收补偿标准对农民进行补偿。二是为壮大被征地农村集体经济组织的经济实力，政府将为每个村集体另外补偿一笔资金用于发展集体经济。三是对群众关心的留用地问题考虑周全，最大限度保护群众的利益。周边村组均对征地补偿标准及安置方案表示赞成。由此认为，下六圩港枢纽工程项目遭群众抵制的风险很小。

4. 群众对生活环境变化不适的风险

下六圩港枢纽工程项目所在地是一片广袤的农田，当地群众以务农为生。下六圩港枢纽工程项目的综合开发将打破当地群众的生存现状，使得当地群众与外界的联系更加密切，并在一定程度上受到外界的干扰，从而造成当地群众内心的不安与担忧。下六圩港枢纽工程项目征用大量农地，村民人均土地面积减少，意味着村民以农耕为主的生存方式将会面临改变，在变化的环境中寻求新的谋生机会。同时，码头落成后带来的庞大交通流和人流也会打破村庄以往的宁静，使当地群众感到短期的不适应。

下六圩港枢纽工程项目所在地下六圩港地区原是煤炭码头和农村，随着枢纽的建成，这里将成为一个新的中心区域，枢纽下游长江口将新建4个2 000吨级码头。下六圩港枢纽工程项目会带动周边码头、交通、通信、餐饮等各类配套设施建设，这无疑为当地群众的生活提供了便利，并能创造许多新的就业机会。因此，随着下六圩港枢纽工程项目周边配套设施的建成，当地群众的生活、就业、出行等条件将得到明显改善，并能长期从枢纽建成所带动的城市化进程中受益。

由此可见，在下六圩港枢纽工程项目的“吸管效应”作用下，周边区域的经济地位将会得到明显提升，这一过程的直接受益者将是当地群众。据现场调研，距离枢纽工程不到3公里的东方重工，周边群众在通往新客站的马路两边新建了许多新的档口，档口租金每月见涨，让群众实实在在感到了枢纽工程带来的“红利”。

5. 群众对生活保障担忧的风险

下六圩港枢纽工程项目要占用大量农地，当地群众的土地面积减少，在安置时又采用货币安置方式，虽在短期内群众生活可以为继，但从长期来看土地的减少弱化了群众的持续生存能力，使群众对未来的生活保障感到担忧。该项目二期工程可能涉及群众的拆迁安置，采用异地安置方式会使被拆迁户中的部分兼业打工者失去原来打工的机会，造成暂时性的失业，从而面临生存压力。

下六圩港枢纽工程项目在实现公共利益的同时，兼顾了被征地群众的利益，把群众的短期需要和长远利益结合起来综合考虑。为了弥补群众的失地损失，该项目已严格依照《中华人民共和国土地管理法》《关于完善征地补偿安置制度的指导意见》等有关规定拟订了征地补偿方案，并组织召开听证会，补偿方案的合理性得到了群众认可。

6. 项目可能引发社会矛盾的风险

下六圩港枢纽工程项目在征地拆迁过程中，个别群众可能会因为对补偿方案的不满意而成为“钉子户”，拒绝征地、抵制拆迁。下六圩港枢纽工程项目在施工过程中可能会对当地群众带来干扰，影响其正常的生活与通行，因此有可能引发群众的不满情绪。另外，不排除有个别组织干扰项目进展，并从中牟利。

下六圩港枢纽工程项目征地拆迁工作精心布置，组织严密，在征地拆迁过程中尽量做到不引发、少引发群众的不满情绪，以情感人，以理服人。早在征地工作开展之初，市有关部门对征地工作周密谋划、精心组织，积极推进。在制定征地补偿方案时召开听证会，反复征求被征地群众的意见和建议，尽可能使补偿方案更完善、更合理。补偿方案确定后，迅速印刷成册开展宣传，针对群众所提意见和所关心的问题，以问答形式整理成册发至各家各户。在各村设立征地拆迁政策法规流动咨询点，现场解答群众对补偿方案的疑问。对抵触情绪较大的群众采用“换位”思考的方式尽力解决他们的实际问题，消除其对抗心理。另外，充分利用电视台、电台、报纸等新闻媒体进行正面报道，消除误解，引导舆论支持征地拆迁。

（四）综合评价

根据专家经验和民意调研结果首先确定每类风险因素的权重 $\boldsymbol{W}$，取值范围为[0,1]，即取值越大表示某类风险在所有风险中的重要性越大。其次确定风险可能性大小的等级值 C，将风险划分为 5 个等级（很小、较小、中等、较大、很大），等级值 C 按风险可能性由小至大分别取值为 0.20，0.40，0.60，0.80 和 1.00。然后将每类风险因素的权重与等级值相乘，求出该类风险因素的得分（$\boldsymbol{W}\times C$），把各类风险的得分加总求和即得到综合风险的分值，即 $\sum \boldsymbol{W}\times C$。综合风险的分值越高，说明项目的风险越大。一般而言，综合风险分值很小、较小时表示该项目风险低，有引发个体矛盾冲突的可能；分值为中等时，表示该项目风险中等，有引发一般群体性事件的可能；分值较大、很大时，表示该项目风险高，有引发大规模群体性事件的可能。下六圩港枢纽工程项目风险综合分析见表 3-7。

表 3-7　下六圩港枢纽工程项目风险综合分析

风险类别	风险权重(W)	风险发生的可能性(C)					W×C
		很小 0.20	较小 0.40	中等 0.60	较大 0.80	很大 1.00	
项目合法性、合理性遭质疑的风险	0.15				√		0.12
项目可能造成环境破坏的风险	0.15	√					0.03
群众抵制征地拆迁的风险	0.20	√					0.04
群众对生活环境变化不适的风险	0.10		√				0.04
群众对生活保障担忧的风险	0.20	√					0.04
项目可能引发社会矛盾的风险	0.20		√				0.08
综合风险	0.35						

对下六圩港枢纽工程项目征地拆迁过程中可能发生的社会稳定风险进行识别与评价，得出以下结论：下六圩港枢纽工程项目征地拆迁可能引发 6 类不利于社会稳定的风险。这 6 类风险发生的可能性大小评价结果是：第 1 类风险，项目合法性和合理性遭质疑的风险发生的可能性较大；第 2 类风险，项目可能造成环境破坏的风险发生的可能性很小；第 3 类风险，群众抵制征地拆迁的风险发生的可能性很小；第 4 类风险，群众对生活环境变化不适的风险发生的可能性较小；第 5 类风险，群众对生活保障担忧的风险发生的可能性很小；第 6 类风险，项目可能引发社会矛盾的风险发生的可能性较小。下六圩港枢纽工程项目可能引发的不利于社会稳定的综合风险分值为 0.35，风险程度低，意味着项目实施过程中出现群体性事件的可能性不大，但不排除会发生个体矛盾冲突的可能。

（五）小结

一般来说，评价社会稳定风险的时候，综合专家的主观评价意见得到的结果更为客观有效，能够更好地描述社会稳定风险的敏感性。

公共风险治理属于新生事物，所需的风险分析和评价的技术和方法要在公共风险治理的实践中不断加以探索和完善。企业经营活动和公共事务活动之间有较大的差异，在风险分析和评价的方法和技术运用上需要调整和改进，应结合公共管理的实际需求对风险分析与评估方法做进一步的应用开发。在公共风险治理方面，无论是开展研究，还是制定标准，都应有利于风险治理实际工作的开展，便于一线公共风险管理人员的实际操作。公共风险治理工作应坚持一切从实际出发，探索公共风险治理路径。

思考题

1. 简述公共风险分析的含义。
2. 公共风险分析的原则有哪些？
3. 公共风险分析的程序是什么？

4

第四章

公共风险评价

学习目标

1. 掌握公共风险评价的具体内涵和基本原理。
2. 理解公共风险评价准则、评价程序和风险区划。
3. 理解公共风险评价常用模型和方法。

近几十年来，人们不再仅仅满足于从事故中总结吸取经验教训，而是开始关注相关概念和技术开发，希望找到事故的原因并进行预防。这一类的技术就是公共风险（简称风险）评价。风险评价是现代社会风险评估的最后一步，承接前一章风险分析的结果，对风险进行定级并给予人们规避风险的指导，提示人们各类风险紧迫性的先后顺序。

■ 第一节　公共风险评价的概念

一、公共风险评价的内涵

风险是一种潜在的威胁，意味着组织或外部公众可能承受某种程度的损失。组织管理者需要根据风险程度决定投入风险管理的资源总量，以保证风险管理过程符合成本-收益标准。在实际的风险管理过程中，风险评价通常体现为风险的定级，也有学者将风险评价称为风险定级，即管理者按照一定标准将风险划归某一既定的风险等级。

公共风险评价承接公共风险分析的结果，指组织管理者在公共风险分析的基础上，按照规定的安全指标，将公共风险分析结果与预先设定的组织风险准则进行比较，或者在各种公共风险的分析结果之间进行比较，分析公共风险的可控性、确定公共风险等级以及影响公共风险水平的风险控制点的等级。公共风险评价对公共风险的严重程度进行确认，并对各种公共风险进行综合排序，衡量公共风险的程度以确定公共风险是否需要处理以及处理的程度以便进行公共风险应对决策。

公共风险评价可以决定是否采取风险治理措施、风险的应对优先次序、采取什么治理措施、采取措施的途径以及采取到什么程度等问题，能够为后续的决策提供可靠的依据。公共风险评价的主要内容见图 4-1。

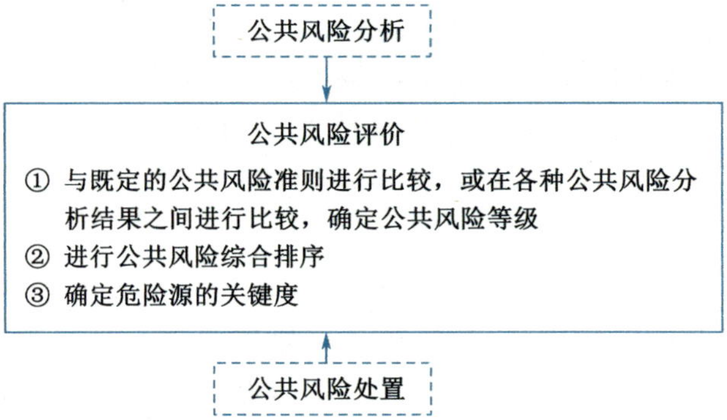

图 4-1　公共风险评价的主要内容

相较于公共风险评估中的前两个环节，公共风险评价的过程更侧重于分析与评估风险管理活动的效果与效率。组织进行风险治理的目的是降低可能承受的损失，风险意味着组织运行的额外成本。风险治理本身是有成本的，风险治理者需要在风险确定、风险评估、风险控制等各治理环节投入相当的资源。因此，对于有效的风险治理过程而言，风险治理所消耗的成本应该小于风险所造成的额外成本，即风险治理的成本小于风险治理的收益。风险评价过程的目的是考查风险治理的成本和收益、以便为风险治理者调整与更新治理措施提供依据。

二、公共风险评价的基本原理

风险评价也称风险定级，是将风险分析的结果与风险准则进行比较，或者在各种风险的分析结果之间进行比较，确定风险等级，以便作出风险应对决策。

在可能和适当的情况下，可采取以下步骤进行风险评价：一是在风险分析的基础上，对风险进行不同维度的排序，包括风险事件发生可能性的高低、后果严重程度的大小以及社会敏感度的高低，以明确风险对利益相关者的影响程度；二是在风险水平排序的基础上，对照风险准则，对风险进行分级，具体等级划分层次可以根据实际情况设定；三是在风险排序和分级的基础上，根据管理需要，进一步确定需要重点关注和优先应对的风险。公共风险评价同样遵循上述风险评价的步骤。考虑公共政策、公共决策、公共活动、公共事务等的公共特性，党政部门的公共安全风险定级标准可能更为多元化，除了考虑安全、经济、管理等方面外，还需要考虑合法性、合理性、科学性、可行性甚至习俗、责任、道德等一系列的社会指标，较为复杂。

三、公共风险评价的实践趋势

（一）公共风险的动态定级和趋势预测

公共风险等级随着内外部环境等因素的变化而变化，基于此，应重视并科学开展公共风险的动态定级，进行趋势预测。以线上和线下联动的社会稳定风险为例，社会稳定风险在舆情的作用下，因其所具备的关注社会动向、动员公众等特征，其风险逐渐从虚拟走向现实：一方面，舆情风险可能从“网络集群”发展到“实地集会”，网民在网络中对热点事件和话题的讨论可能随着事态发展不断变化，不满的观念态度可能发展为现实的抗议示威；另一方面，舆情风险可能从“虚拟无序”演变为“现实违法”，网民在通过网络来汇聚民意、形成舆论施压、造成虚拟无序的同时，可能在现实中产生极端犯罪、恶意报复等违法违规行为。基于此，应做好舆情风险的升级预测。社会稳定风险的动态定级和趋势预测见表 4-1。

表 4-1　社会稳定风险的动态定级和趋势预测

<table>
<tr><th>风险行为预测</th><th>风险升级</th><th>预测类型</th></tr>
<tr><td>（1）现场集体的极端行为</td><td rowspan="3">高危</td><td rowspan="4">现场实地风险预测</td></tr>
<tr><td>（2）现场个体的极端行为</td></tr>
<tr><td>（3）现场集体的行为艺术</td></tr>
<tr><td>（4）现场个体的行为艺术</td><td rowspan="3">中危</td></tr>
<tr><td>（5）网上召集现场</td><td rowspan="4">虚拟空间风险预测</td></tr>
<tr><td>（6）网上大规模关注和讨论</td></tr>
<tr><td>（7）网上一定范围内的讨论</td><td rowspan="2">低危</td></tr>
<tr><td>（8）个体网上发帖</td></tr>
</table>

注：表中内容根据近年来国内外典型案例总结，为不完全概况，具有相应误差。

（二）公共风险定级的可视化管理

公共风险定级后，可通过风险分布图的形式，对公共风险定级结果、高中低危风险分布状况等，进行可视化呈现和管理。《中共中央 国务院关于推进安全生产领域改革发展的意见》和中共中央办公厅、国务院办公厅印发的《关于推进城市安全发展的意见》提出，对城市安全风险进行全面辨识评估，建立城市安全风险信息管理平台，绘制红、橙、黄、蓝四色等级安全风险空间分布图。在具体实施中，应按照企业安全风险四色分布图、行业安全风险分布图、区域整体安全风险分布图三类安全风险分布图，利用信息化手段形成电子地图。

第一类是企业安全风险四色分布图。企业要全面开展安全风险辨识，科学评定安全风险等级，从高到低划分为重大风险、较大风险、一般风险和低风险，分别用红、橙、黄、蓝四种颜色标示，将生产设施、作业场所等区域存在的不同等级风险使用四种颜色标示在总平面布置图或地理坐标图中，绘制企业红、橙、黄、蓝安全风险四色分布图。当风险标注位置重叠时，除应标注颜色外，还应用简洁的文字予以说明；若技术可行，企业也可用空间立体布置图进行标示。对于重要评估单元或区域，可根据风险管控的需要，绘制单独的风险分级分布图。

第二类是行业安全风险分布图。企业中的部分作业活动、生产工序和关键任务以及各地的不同行业领域，由于其风险等级难以在平面布置图中标示，要利用统计分析的方法、根据采用定性、定量评估等方法评估得出的各行业的整体风险值，计算各行业重大风险的比例，结合行业特点及事故发生的规律和影响特点，对行业风险进行合理排序，绘制行业安全风险分布图。可以采用柱状图、曲线图或饼状图等形式，将不同行业的风险按照从高到低的顺序标示出来，突出工作重心。

第三类是区域整体安全风险分布图。对于一个地区、一个城市，要组织对公共区域内的安全风险进行全面辨识和评估，根据风险分布情况和可能造成的危害程度，确定区域安全风险等级，并结合企业报告的重大安全风险情况，绘制出区域整体安全风险分布图。

上述三类安全风险分布图，均可应用信息化手段，结合数字城市模型技术，形成电子地图，将各类各级风险分布展现在电子地图上。电子地图应能显示各地区、各行业分别存在的重大风险区域及相应的重大风险，显示企业存在的重大风险点及相应的风险情况、具体位置、风险影响范围、所对应的应急预案和周边情况。

（三）公共风险的分级管控

根据公共风险定级结果，开展不同等级风险的分级管控。实施公共风险分级管控的基本原则是:风险越大,管控级别越高;上级负责管控的风险,下级必须负责管控,并逐级落实具体措施。现以安全生产风险分级管控为例予以说明。安全生产风险等级从高到低依次划分为重大风险、较大风险、一般风险和低风险,可视化呈现中分别用红色、橙色、黄色、蓝色予以标示。企业应根据风险评估结果,按照风险不同级别、所需管控资源、管控能力、管控措施复杂及难易程度等因素,确定不同管控层级的风险管控方式,明确各等级安全生产风险相对应的企业、车间、班组和岗位人员分级管控的范围和责任,形成企业安全生产风险分级实施管控清单(见表 4-2)。

表 4-2 企业安全生产风险分级实施管控清单

序号	岗位(设备、设施、作业活动)单元	危险有害因素	风险等级	管控措施	责任部门	负责人
1						
2						
3						
……						

对于重大风险,各类企业应实施多级联合管控,并针对存在重大风险的生产系统、生产区域、岗位等编制作业指导书或制定专项风险管控方案。对可接受的风险,各类企业应持续保持相应的风险管控措施,并做好监测和测量,防止风险加剧或失控。

各类企业应在醒目位置和重点区域分别设置安全风险公告栏,标明环节或部位、危险有害因素、事故(事件)类型、产生后果、影响范围、风险等级、管控措施、责任人、有效期、报告电话等内容。企业安全生产风险公告栏示例见表 4-3。

对存在重大风险的工作场所和岗位,按《工作场所职业病危害警示标识》《高毒物品作业岗位职业病危害告知规范》《安全色》《安全标志及其使用导则》《道路交通标志和标线 第 1 部分:总则》《工业管道的基本识别色、识别符号和安全标识》《消防安全标志 第 1 部分:标志》等规定,设置明显的安全标志标识,并开展监测和预警;同时,要制作重点岗位安全风险告知卡,标明岗位安全操作要点、主要安全风险、可能引发的事故(事件)类型、管控措施等内容。企业安全生产风险告知卡示例见表 4-4。

表 4-3　企业安全生产风险公告栏示例

有效期：　　　　　　报告电话：

序号	环节或部位	危险有害因素	事故(事件)类型	产生后果	影响范围	风险等级	管控措施	责任人
1								
2								
……								

表 4-4　企业安全生产风险告知卡示例

<table>
<tr><td>工作内容</td><td></td><td>工作场所</td><td colspan="3"></td></tr>
<tr><td>安全操作要点</td><td></td><td rowspan="2">可能引起的事故(事件)类型</td><td rowspan="2"></td><td rowspan="2">管控措施</td><td rowspan="2"></td></tr>
<tr><td>主要安全风险</td><td></td></tr>
</table>

各类企业应对全体员工进行安全风险教育和安全技能培训，提高员工预防风险、规避风险、控制风险的能力。各类企业在变更安全风险等级及其管控措施前，应对变更过程及变更后可能产生的新的安全风险进行分析，制定控制措施，并告知和培训相关从业人员。各类企业员工进入作业岗位后，应按照风险分级实施管控清单，对岗位的风险状况和各项管控措施进行安全确认。对岗位临时生产活动或出现的异常情况，应立即进行现场风险分析，制定相应对策措施，在管控措施落实后方可进行后续相关活动。

各类企业应对安全风险管控效果进行跟踪验证，并在日常安全管理中通过查阅相关记录、抽样检查、现场考核(试)等方式，检查检验相关单位和责任人对安全风险管控认知、岗位风险识别、管控措施落实等方面的能力表现，并填写检查记录。

■ 第二节　公共风险评价的准则

一、风险可接受准则

在风险治理中，仅仅知道风险水平是不够的，因为在缺乏参照物的情况下，无法知道风险水平是否安全。风险可接受准则是组织用于评价风险容忍度的标准。风险可接受准则可以为风险判断提供参照，从而判断风险是否可容忍。因此，风险可接受准则是衡量风险重要程度的依据标准，要体现公共管理组织对风险治理的目标、价值观、资源、偏好和承受度。风险可接受准则应在风险治理过程开始前制定，并应持续更新完善。

确定风险可接受准则时主要需要考虑以下因素：① 本部门、本事务开展风险治理的范围、对象以及风险的分类；② 相关风险事件发生的可能性、影响程度以及风险的度量方法；③ 风险等级的划分标准；④ 利益相关者可接受的风险或可容忍的风险等级；⑤ 重大风险的确定原则。

在国外，风险可接受准则在很多领域都得到了应用。例如，英国建立了一套涉及死亡和伤害容忍度的风险准则，用来指导铁路、核装置区域以及重大危险场所的公共安全规定。美国采用了一个关于伤害可能性的风险准则来指导食品和药品安全方面的决策。风险可接受准则包括了不可容忍线和审查线。当风险水平超过不可容忍线时，风险是不可容忍的，风险管理部门应不计成本地采取措施降低风险；当风险水平处在不可容忍线和审查线之间时，可认为是危险的，需要风险管理部门在成本效益分析的基础上尽可能降低风险；当风险水平处在审查线以下时，风险是可接受的，风险管理部门无须进一步降低风险，但必须进行风险监视。

二、风险可接受水平

风险可接受水平是对风险可容忍度的一个表述，是评价风险重要性的依据。对于风险分析评价的结果，人们往往认为风险越小越好。实际上这是一个错误的概念，减小风险是要付出代价的。无论是减少风险发生的概率，还是采取防范措施使发生风险造成的损失降到最小，都要投入资金、技术和劳动力。通常的做法是将风险限定在一个合理的、可接受的水平上，根据风险影响因素，经过优化，寻求出最佳方案。风险与利益间要取得平衡、接受合理的风险均是风险接受的准则。风险可接受水平对于不同行业、不同系统、不同事物有着不同的准则。

自从美国社会学家斯塔尔提出了“多安全才够安全?”的问题之后，社会风险科学已经认识到，风险的可接受性不只是自然科学或纯技术问题，也与人们的价值观念和价值判断密切相关。英国最早系统研究了可接受风险，提出了最低合理可行原则（见图 4-2）。风险治理标准首先是风险能被公众所接受，其次才是完成预定功能，只有当公众认为某个风险可接受时，才称为可接受风险。其实，人们客观上自觉或不自觉地接受了某一风险水平，说明只有被接受的风险才被视为安全的。由图 4-2 可知，不能容忍线和可忽略线将风险分为不能容忍区、最低合理可行区和广泛可接受区。不能容忍区和最低合理可行区是风险辨识的重点所在，风险辨识时必须尽可能地找出该区域所有的风险，该风险除特殊情况外无论如何不能被接受。如果风险在可忽略线之下，则落入广泛可接受区，此时的风险可以被接受，应采取措施保证风险处于该风险区域。如果风险在可忽略线和不可接受线之间，则处于最低合理可行区，在该区域的风险水平符合最低合理可行原则，此时需要进行安全措施投资成本分析，证明进一步增加安全措施投资对工业系统的风险水平降低贡献不大，风险是可接受的，即可以允许该风险的存在。风险可接受水平主要分为个人风险可接受水平和社会风险可接受水平。

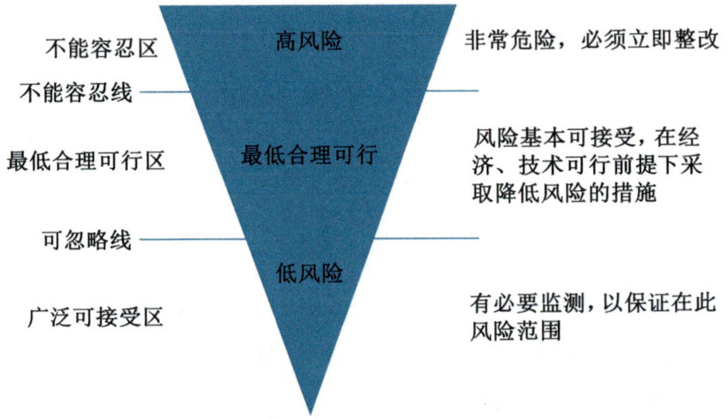

图 4-2　最低合理可行原则①

个人风险指单位时间内公共场所内某一点，一个未采取任何保护措施的个体发生事故而导致死亡的概率。个人风险的大小只取决于所取点的位置，与所取点的人口密度无关。个人风险的确定受到很多因素的影响，比如个人意愿。当事者、旁观者、公众对于同一风险的接受程度不相同。收益越高，个人可接受的风险水平一般也越高。不同行业、不同区域，个人风险标

① 高扬，雒旭峰. 基于 Bowtie 模型的机场安全风险分析[J]. 中国安全生产科学技术，2009，5(5)：83-87.

准应该不同。

社会风险指单位时间内发生的所有事故中死亡人数等于或大于 N 的事故发生的概率。社会风险的确定和所取点的人口密度有关。社会风险描述可以用 $F-N$(累计频率—死亡人数)曲线表征。社会风险标准常用来作为个人风险标准的增补标准。

三、可接受风险界定方法分析

英国健康与安全执行局认为,可接受风险是指任何被风险影响的人为了生活或工作,在风险控制机制不变的条件下,准备接受的风险。联合国国际减灾战略将灾害背景下可接受风险定义为:一个社会或社区在现有社会、经济、政治和环境条件下可以接受的潜在损失。

(一) 技术决定的可接受性风险

风险研究最初源于自然灾害的预报以及工程的技术安全分析。通过例行的风险分析技术得出结论以此指导政府决策。有学者采用显示偏好法得出了不同风险的社会可接受性度量,认为足够充分的历史资料可以揭示人们在一定时期相对稳定的生活方式与观念。一般认为,可接受性水平与自身利益的驱动呈相关关系,并且人们倾向于接受由于自愿行为带来的风险,不乐意接受因非自愿行为带来的风险。需要注意的是,显示偏好法不能成功地预测风险的社会接受。

风险比较分析法是一种较为直接的方法,也应用得较为广泛。风险比较分析法通过比较估算各种灾害的年度死亡,得到各种灾害的死亡风险。英国皇家环境污染委员会通过对一定年份的致死率进行比较分析得出了风险的可接受水平与不可接受水平的列表。致死率小于 10 的被认为是可接受的,大于 1/103 的被认为是不可接受的,介于二者之间的风险需要发出警告或采取其他相应措施。只采用致死率对风险进行排序同样存在以下问题:① 计算的精度可疑;② 建立个人或社会优先权时,并非所有死亡的相关性都相等;③ 死亡可能性只是风险可接受性包含的其中一个因素;④ 缩小了“公认的风险”和“可接受风险”间的区别;⑤ 未提出受影响个人期望的风险接受的累积性影响。

(二) 公众参与确定风险水平

随着决策处理信息方法的发展,人们开始从多维定性角度研究风险可接受性。风险的可接受性带有很大的主观因素，专家通过经验判定或者模型模拟(例如启发性模型)等数学方法得出的风险水平排序虽然比较客观，但是由于专家与公众对风险的理解方式不同而使排序结果有所不同。一般情况下，专家倾向于考虑年死亡率，公众则更加倾向于考虑日常生活的各个方面，且只有在关系到个人切身利益时公众才更加关心风险的发生及其造成的各种可能后果。

(三) 可接受性风险的政治因素

随着 20 世纪 80 年代可接受性风险研究不断深入，原有的技术风险概念逐渐扩大。风险概念的重心开始向社会的或政治问题倾斜。进行风险治理时，人们开始把社会的、政治的以及经济的因素统统考虑到风险分析技术中去。有学者强调理解风险的可接受性时要考虑实际社会背景的多样性，也有学者主张不同群体中个人对风险的认识是基于特殊的文化背景的。对风险除了进行技术评估以外，还要对其进行社会科学领域的研究，这一观念的改变丰富了风险理论与风险技术。同时，这也为政府职能部门进行科学的风险治理提供了一种新的思路。

第三节　公共风险评价的程序和方法

一、公共风险评价的程序

(一) 风险排序

在风险分析的基础上，对风险进行不同维度的排序、包括风险事件发生可能性的高低、后果严重程度的大小以及社会敏感度的高低，以明确风险对利益相关者的影响程度。数据充足时，将计算出的风险水平与风险准则进行比较，确定风险等级，风险等级宜划分为低风险、中风险、高风险、极高风险等四个级别。数据不足时，根据风险分析过程中推断出的事件发生可能性以及后果严重性，采用风险矩阵法、作业条件危险性分析法确定风险等级。风险等级矩阵见表 4-5。

(二) 判定风险结果

在风险水平排序的基础上，对照风险准则可以对风险进行分级，具体等级划分层次可以根据实际情况设定。低风险、中风险、高风险、极高风险可根据实际情况对应可容许、不可容许两个层次。评估方根据自身实际情况判定风险是否可容许。当风险可容许时，应保持已有的安全措施；当风险不可容许时，应采取安全措施以降低、控制或转移风险。

表 4-5 风险等级矩阵

风险等级		后果严重度				
		很小	一般	较大	重大	特别重大
可能性	基本不可能	低	低	低	中	中
	较不可能	低	低	中	中	高
	可能	低	中	中	高	极高
	很可能	中	中	高	高	极高
	几乎肯定	中	高	高	极高	极高

图例：□低风险 □中风险 □高风险 □极高风险

(三) 确定风险处置优先级

在风险排序和分级的基础上，根据管理需要，可以进一步确定需要重点关注和优先应对的风险。宜综合考虑风险等级和可控性类别，确定风险处置优先级。风险可控性类别包括可消除风险、可降低风险和不可控风险。

公共政策、公共决策、公共活动、公共事务等公共特性决定了党政部门的风险定级标准可能更为多元化，除了考虑安全、经济、管理等方面外，还需要考虑合法性、合理性、科学性、可行性甚至习俗、责任、道德等一系列社会指标。应将风险分析过程中得出的风险水平与预先设定的风险评价准则进行比较，确定风险等级，并对各种风险进行综合排序，为进一步的风险分析提供依据，优先对高风险的灾害进行管理。

(四) 确定风险关键控制点

关键控制点是指通过采取防控手段能有效消除、减少、降低风险发生的可能性或显著危害的点位、环节、程序、措施、制度等。确定关键控制点时，应运用系统思维，综合分析各类风险影响因素的具体特性，并把握以下原则：采取控制措施后，能够及时阻断风险的发生、传导及演化，或系统增强风险控制与承受能力，有效降低危害；能够高效地保证核心目标安全或利益；关键控制点不宜设置太多，防止失去控制的重点。根据风险评价结果，形成风险评估结果清单(见表 4-6)。

表 4-6　风险评估结果清单

所属专项(区域):　　　　　　评估时间:

填表单位:

序号	风险名称	描述	风险等级	可能性等级	后果等级	可控性分类	风险关键控制点	风险类型
1								
2								
3								
4								
5								
6								

填表人:　　　　联系方式:

填表说明:1. 可能性等级分为几乎肯定发生、很可能发生、可能发生、较不可能发生、基本不可能发生等五级。
2. 后果等级分为特别重大、重大、较大、一般、很小等五级。
3. 风险等级分为极高、高、中、低等四级。
4. 可控性分为可消除(规避)、可降低、不可控三级。

二、公共风险区划

风险区划是按照风险评估结果对其空间范围进行区域划分的过程,包括单一类别风险区划、综合风险区划等。科学划定风险区,可以明确重点风险区,为风险防范工作提供依据。对于技术条件成熟、数据充分的行业领域,应开展风险区划工作。

(一) 公共风险区划的方法

根据风险综合研判和管理决策的需要,借鉴自然灾害风险区划方法,对可能发生的不同类型的风险及造成的后果进行评定和估计,从历史灾害特征、致灾因子现状、承灾体脆弱性和暴露度水平、防灾减灾能力等方面分析,完成单一类别风险和综合风险水平量化评估工作。

(二) 公共风险区划的表述

利用风险管理信息化系统平台、地理信息系统制图分析工具等,从风险类比、风险关联、风险叠加等角度,绘制隐患分布图集、减灾能力分布图集、承灾体脆弱性和暴露度图集、专项风险对比图、区域风险雷达图、专项风险区划图、综合风险区划图以及防治区划图等。

（三）公共风险区划的作用

基于风险区划结果，为规划、设计、建设、运行、管理、发展提供参考；发现风险管理漏洞和缺陷，指导风险防控工作，为预案编制、力量配备、培训演练、物资储备、标准规范完善等工作提供依据。

三、公共风险评价常用模型和方法

（一）公共风险评价常用模型

风险治理往往需要对点位风险评价的结果在系统、领域、行业、地区层面进行综合性风险评价，可考虑采用综合性风险评价模型并采取以下几种综合性评价方法。

1. 分层级综合评价

按照风险分类管理、分级负责的要求，各层级评估主体可根据评估范围内的点位风险、专项风险、区域风险等所涵盖的风险集合特性（包括风险类型、等级、数量等），运用层次分析法等方法思路，从风险因素、风险承受能力、风险控制能力等方面构建指标体系进行分层级综合评价。

2. 风险关联性综合评价

从客观传导因素、共同影响因素等多个维度，综合评价风险之间的密切程度，密切程度越高，风险关联发生的可能性越高。从关联风险的类型与等级、关联风险的复杂程度等多个维度，综合评价风险关联的影响程度，影响程度越高，风险关联的后果越严重。

3. 其他风险特征综合评价

（1）频率与危险度综合评价。从发生频率和危险度两个维度，综合评价风险的发生频率、分布情况以及后果严重性，将风险划分为高频高危、高频低危、低频高危、低频低危等四类。在风险防控工作中，既要关注具有潜在后果严重的风险，同时也要关注高频低危风险的累积效应或长期效应。

（2）认知度与危险性综合评价。从认知度和危险性两个维度，综合评价不同群体对风险的主观感知和风险客观存在的危险性，将风险划分为感知度高危险性高、感知度高危险性低、感知度低危险性高、感知度低危险性低等四类。

（二）公共风险评价常用方法

公共风险评价方法主要有定性评价、定量评价和半定量评价。定性评价主要有头脑风暴法、德尔菲法、主观打分法、概率与影响矩阵法等；定量评价主要有敏感性分析法、压力测试法等；半定量评价主要有风险矩阵法、作业条件危险性分析法等。

1. 定性评价方法

（1）头脑风暴法

头脑风暴法是一种激发思维的方法。这种方法可以充分利用参与人员的丰富经验，对公共事务活动可能面临的风险作出直观的判断，是公共风险治理者进行风险治理之初最常用的方法。该方法存在以下问题：一方面，需要对参与人员结构进行合理设计，否则容易导致结论出现一致性偏差，给公共风险治理者以误导信息；另一方面，公共风险治理者需要对专家意见进行一致性检验，并对统计结果的剔除和筛选进行仔细甄别。

（2）德尔菲法

采用德尔菲法确定调查目标，拟订调查提纲，拟订出要求专家回答问题的详细提纲，并同时向专家提供有关背景材料，包括预测目的、期限、调查表填写方法及其他要求等。① 选择一批领域内专家，一般 20 人以上，包括理论和实践等各方面的专家。② 向各位选定专家发出调查表，征询意见。③ 对返回的意见进行归纳，定量统计分析后再寄给有关专家，每个专家会收到一份问卷结果。④ 看过结果后，再次请专家提出方案。第一轮的结果常常是激发出新的方案或改变一些原有观点。⑤ 重复上述步骤直到取得大体上一致的意见。德尔菲法的优点主要是简便易行，具有一定的科学性和实用性。该方法的缺点是决策主要依靠专家，归根到底仍属于专家的集体主观判断。

在公共事务活动风险评估中，德尔菲法已得到广泛应用，并有许多成功的实践案例。例如，2008 年北京奥运会公共卫生事件的风险评估等。德尔菲法应用的基本过程是综合专家的意见，统计出公共事务活动风险发生的可能性及其影响后果。该方法邀请不同背景的专家对风险进行多轮反复评估，为了得到客观、公正与合理的结论，既需要考虑专家的应答效率，也需要分析专家意见的权威性与一致性，即专家对问题作出判断的依据与专家对问题的熟悉程度，此外，还需要进行多个专家对不同指标评估意见的一致性进行检验。

(3) 主观打分法

主观打分法(或专家评价法)是在定量和定性分析的基础上，以打分等方式作出定量评价。主观打分法最大的优点在于，能够在缺乏足够统计数据和原始资料的情况下，作出定量评价。首先，根据评价对象的具体情况选定评价指标，确定每个评价指标的评价等级，每个评价等级的标准用分值表示。例如："1"表示影响轻微，"2"表示影响较小，"3"表示影响中等，"4"表示影响较大，"5"表示影响重大。其次，以评价等级为基准，由专家对评价对象进行分析和评价，确定各个评价指标的分值。再次，确定专家在评价过程中所占的权重，例如在项目投标评估过程中，专家权重分别为技术领域专家占40%，商务领域专家占40%，合同法务领域专家占20%。最后，在确定好评价指标的分值与专家权重的基础上，采用加权平均评分法求出评价对象的总分值，从而得到评价结果。

主观打分法与头脑风暴法相似，一方面，参与人员构成的不科学可能导致结论的一致偏差，给风险治理者以误导；另一方面，风险治理者需要对专家意见进行一致性检验，并对统计结果的剔除和筛选进行仔细甄别。评价过程中专家所占权重的科学合理确定会对风险评估结论产生直接影响。

(4) 概率与影响矩阵法

① 概率与影响矩阵构建

风险影响程度指如果风险发生将带来的后果的大小。与风险发生的可能性一样，风险影响程度高低的评价方法有定性和定量两种。风险影响程度评价可以根据风险偏好程度设定为线性或非线性。表4-7列出了风险可能性评价标准。

② 风险等级排序

绘制风险矩阵的目的在于对多项风险进行直观比较，从而确定各风险治理的优先顺序和策略，也是对风险可能造成后果的分析过程。例如，某企业绘制了风险治理示意图(见图4-3)。该图划分为A、B、C三个区域，企业决定承担A区域中的各项风险且不再增加控制措施；严格控制B区域中的各项风险且专门补充制定各项控制措施；确保规避和转移C区域中的各项风险且优先安排实施各项控制措施。

表 4-7 风险可能性评价标准

评价方法	评价标准					
定量方法	评分	1	2	3	4	5
	发生概率	10%及以下	11%～30%	31%～70%	71%～90%	91%及以上
定性方法	文字描述一	极低	低	中等	高	极高
	文字描述二	一般情况下不会发生	极少情况下才发生	某些情况下发生	较多情况下发生	经常会发生
	文字描述三	今后 10 年内发生的可能少于 1 次	今后 6～10 年内可能发生 1 次	今后 2～5 年内可能发生 1 次	今后 1 年内可能发生 1 次	今后 1 年内至少发生 1 次

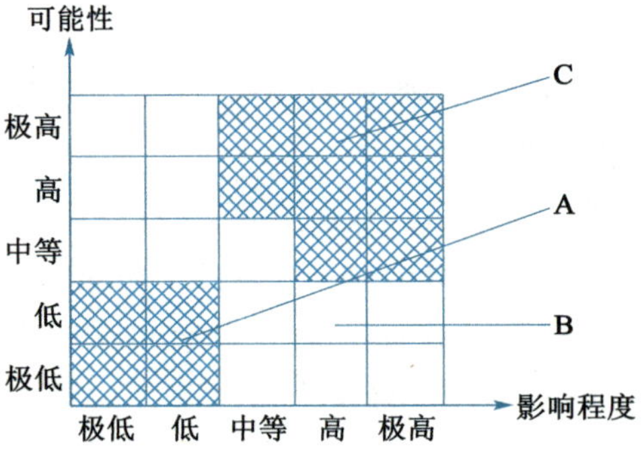

图 4-3 风险治理示意图

概率影响矩阵法是常用的一种定性风险评价方法，广泛应用在企业经营与公共事务活动风险评价中。与前面几种方法相似，在专家评价风险发生的可能性与影响程度的时候，需要对专家意见的权威性与一致性进行检验，不同专家可设定不同的权重等。鉴于公共事务活动风险评价目标的多元性，针对不同的风险评价目标应构建不同的概率影响矩阵来评价公共事务活动风险。

2. 定量评价方法

(1) 敏感性分析法

敏感性分析法是一种动态不确定性的分析方法，用以分析项目效益指标对各不确定性因素的敏感程度，找出敏感性因素及其最大变动幅度，据此判断项目承担风险的能力。① 确定敏感性分析指标。敏感性分析的对象是具体的技术方案及其反映的经济效益。因此，技术方案的某些经济效益评价指标，例如息税前利润、投资回收期、投资收益率、净现值、内部收益率等都可以作为敏感性分析指标。② 计算技术方案的目标值。一般将在正常状态下的经济效益评价指标数值作为目标值。③ 选取不确定因素。在进行敏感性分析时，并不需要对所有的不确定因素都考虑和计算，而应视方案的具体情况选取几个变化可能性较大，并对经济效益目标值影响作用较大的因素。例如产品售价变动、产量规模变动、投资额变化等；或是建设期缩短、生产期延长等，这些都会对方案的经济效益大小产生影响。④ 计算不确定因素变动时对分析指标的影响程度。在进行单因素敏感性分析时，应在固定其他因素的条件下，先变动其中一个不确定因素再变动另一个因素（仍然保持其他因素不变），以此求出某个不确定因素本身对方案效益指标目标值的影响程度。⑤ 找出敏感因素，进行分析和采取措施，以提高技术方案的抗风险能力。敏感性分析法计算简单且便于理解，在市场风险分析中得到了广泛应用。敏感性法分析存在一定的局限性，主要表现在对于较复杂的金融工具或资产组合，无法计量其收益或经济价值相对市场风险要素的非线性变化。因此，在使用敏感性分析法时要注意适用范围，并在必要时辅以其他市场风险分析方法。与项目、企业风险治理相似，公共事务活动风险评价需要识别出对目标非常敏感的风险，针对这些风险制定科学合理的管控措施。例如，在评价社会稳定性时，需要识别出对社会稳定的影响较大的风险。

（2）压力测试法

压力测试法是指在极端情景下，分析评价风险治理模型或内控流程的有效性，发现问题并制定改进措施的方法，防止出现重大损失事件。① 针对某一风险治理模型或内控流程，假设可能会发生哪些极端情景。极端情景是指在非正常情况下，发生概率虽小，但一旦发生后果十分严重的情景。假设极端情景发生时，不仅要考虑本组织或与本组织类似的其他组织出现过的历史教训，还要考虑历史上不曾出现，但将来可能会出现的情景。② 评价极端情景发生时，该风险治理模型或内控流程是否有效，并分析对目标可能造成的损失。③ 制定相应措施，进一步修改和完善风险治理模型或内控流程。压力测试法可应用在公共事务财务风险分析中，用来分析极端事件对公共事务财务的极端影响，例如公共投资建设的基础设施项目等。

3. 半定量评价法

(1) 风险矩阵法

风险矩阵法是将决定危险事件风险的两种因素：危险严重性和危险可能性，按其特点划分为相对的等级，形成风险评价矩阵，并赋以一定的加权值来定性地衡量风险大小的风险评价方法。

风险矩阵法是一个简单灵活的分析工具，是一种评价风险水平和确定风险是否可承受的简单方法。可以根据系统层次按次序揭示系统、子系统和设备中的危险，做到不漏项，并按风险的可能性和严重性分类，以便分别按轻重缓急采取安全措施。

在进行风险评价时，将风险后果的严重性(S)相对定性地分为若干级，将风险事件发生的可能性(L)也相对定性地分为若干级，以事件后果的严重性为列(行)，以可能性为行(列)，以矩阵的方式对风险进行研判。风险 $R=L\times S$，根据风险等级，采取相应控制措施。风险矩阵分析步骤为：确定风险发生的可能性(概率 L)(见表 4-8)；确定风险后果的严重程度(S)(见表 4-9)；确定风险程度(R)及应采取的控制措施(见表 4-10)。

表 4-8 风险发生的可能性一览表

等级	风险概率/%	说明
1	0～10	非常不可能发生
2	11～40	不可能发生
3	41～60	可能发生
4	61～90	较大可能发生
5	91～100	极可能发生

表 4-9 风险后果的严重程度一览表

等级	严重程度	说明
1	可忽略	发生后对安全、质量可忽略的风险
2	轻微	发生后对安全、质量基本无影响的风险
3	一般	发生后对安全、质量有影响的风险
4	严重	发生后直接影响安全、质量管理体系的风险
5	非常严重	发生后可能产生经济纠纷、安全或者违反法律、法规的风险

表 4-10 风险程度及应采取的控制措施一览表

级别	程度描述	应采取的控制措施
Ⅰ(<4)	可忽略的风险	不需要采取措施
Ⅱ(5~8)	可接受的风险	维持现有质量管理体系规定,可考虑不额外增加成本的改进措施,应定期监控
Ⅲ(9~12)	中等风险	应努力降低风险,必要时修订质量体系文件,采取限定成本措施,加强人员培训和风险监控
Ⅳ(13~16)	重大风险	对尚未进行的工作,不宜开展,直至风险降低为止。对正在进行的工作,应同时采取应急或预防措施。应投入成本和资源降低风险,修订质量体系文件,加强人员培训,加大监控力度和评价频率
Ⅴ(17~25)	不可接受的风险	不宜开始工作或继续工作,直至风险降低为止。应实施纠正或预防措施,对措施效果进行评价。如果投入巨大资源也无法降低风险,则应暂停工作

(2) 作业条件危险性评分析法

作业条件危险性分析法采用与系统风险率相关的 3 个指标(L、E 和 C)值之积来评价系统中人员伤亡的风险大小。L 为事故发生的可能性大小,E 为人体暴露在危险环境中的频繁程度,C 为一旦发生事故会造成的后果。风险值 $D=L\times E\times C$。D 值越大,说明系统危险性越大,需要增强安全措施,或改变发生事故的可能性,或减少人体暴露于危险环境中的频繁程度,或减轻事故损失,直至风险值调整到允许范围内才能进行施工。

第四节 应用场景及案例

本节选取上海世界博览会(简称世博会)期间黄浦区公共卫生风险分析和评价①案例阐述公共风险评价的应用场景。

一、评价背景

2010 年 5—10 月在上海市举行了世博会,参展国家、地区和国际组织超过 200 个,国内外参观人数超过 7 000 万人次。黄浦区既是 2010 年上海世

① 高晓红,崔艳武.公共事务活动风险管理[M].北京:中国质检出版社,2014.

博会展馆区域之一，又是上海市的中心，安全保障工作极其关键和重要。公共卫生安全是保证世博会成功运行的重要影响因素之一，黄浦区疾病预防控制中心通过对世博会期间辖区内可能发生突发公共卫生事件的风险进行分析评估，在此基础上制定了相应的应对措施，提出了切实可行的工作整改建议，实现了规范、全面、有效及实时监控和重点防治，确保了世博会的公共卫生安全。

二、评价对象

在系统收集黄浦区近5年饮用水、公共场所、X射线装置、职业病、集中中央空调等相关危险因素监测数据及疾病资料的基础上，考虑到世博会的举行时间、参观人数情况，经专家组充分讨论，将世博会期间可能发生的突发公共卫生事件列为风险评价对象。

三、风险评价

1. 数据采集

10名评价专家来自黄浦区疾病预防控制中心，在公共卫生领域工作多年，对黄浦区区情十分了解。采用专家咨询法向每位专家发出问卷10份，均有效收回，有效应答率均为100%。这说明评价专家对此次调查内容很感兴趣，认为该研究很有必要，评价积极性很高。

2. 可能性评价

风险发生的可能性评分标准为：1表示发生频率(预期)＜0.03次/年、2表示发生频率(预期)≥0.03次/年且＜0.1次/年、3表示发生频率(预期)≥0.1次/年且＜0.3次/年、4表示发生频率(预期)≥0.3次/年且＜1次/年、5表示发生频率(预期)≥1次/年。

3. 影响评价

风险的影响评分标准见表4-11。最终风险评分为5类影响标准评分分值的平均数。

四、评价结果

通过此次风险评价，选出了世博会期间该区10种最可能发生的公共卫生事件，并对其风险程度进行评价和排名(见表4-12)。在工作中可以将主要精力投入防范和处理风险较大的公共卫生事件，应该根据世博会活动的情况变化时刻关注有可能出现的新的公共卫生事件。

表 4-11　风险的影响评分标准

潜在影响标准	影响程度		评分
事件发生地的范围	无	无	0
	有限	上海市部分地区	1
	市级	上海市	2
	省级	上海市及其他地区	3
	国家级	整个国家	4
事件发生地公众健康受影响的比例	无	占总人口比例为零	0
	低	占总人口的 25%	1
	中	占总人口的 26%～50%	2
	高	占总人口的 51%～75%	3
	非常高	占总人口的 76%～100%	4
受影响人群中可能发生伤亡的人数	无	未发生人员伤亡	0
	低	小于 4 人	1
	中	4～9 人	2
	高	10～50 人	3
	非常高	大于 50 人	4
对于重要基础设施或生态环境系统的潜在性破坏程度	无	不太可能发生严重的破坏	0
	有限	上海市部分地区	1
	市级	上海市	2
	省级	上海市及其他地区	3
	国家级	整个国家	4
对政府或社区声誉的潜在破坏程度	无	无显著的媒体关注	0
	小	少数当地媒体负面报道或投诉	1
	中	媒体关注或当地社区群众关注	2
	多	全国媒体的显著负面报道或群众投诉	3
	严重	严重的群众投诉或国际关注	4

表 4-12　风险矩阵评估

风险矩阵						
概率(*P*)	5	0	5(*R*10)	10	15	20
	4	0	4	8	12(*R*9)	16(*R*4)
	3	0(*R*1)	3	6(*R*7)	9	12(*R*6)
	2	0	2(*R*2)	4	6(*R*3)	8
	1	0(*R*8)	1	2	3	4(*R*5)
		0	1	2	3	4
		影响(*I*)				

注：*R*1——用品污染导致的疾病传播；*R*2——空调系统污染；*R*3——公共场所的群体性不适；*R*4——高温中暑；*R*5——室内空气污染；*R*6——化学中毒；*R*7——交通工具内群体性不适；*R*8——行李包检查系统射线泄漏；*R*9——饮用水污染；*R*10——游泳池内水污染。

由表 4-12 可知，此次风险评价中，排名前 3 位的分别为高温中暑、化学中毒和饮用水污染。高温中暑是严重影响生命健康和劳动效率的一种夏季常见病，一般分为热痉挛、热衰竭和热射病 3 种类型。其中，热射病是中暑最严重的一种类型，对机体有广泛的损伤作用，可累及很多器官系统，导致功能和形态学上的改变，如得不到及时妥善的救治，死亡率较高。随着近年来夏季高温天气的增加，高温中暑在黄浦区时有发生。世博会期间黄浦区发生的公共卫生突发事件主要是高温中暑事件，根据事先制定的应急预案，黄浦区疾病预防控制中心对事件进行了及时有效的处置。化学中毒事件是指由化学危险品导致的、突然发生的、造成或者可能造成公众健康严重损害的事件，具有突发性、紧急性、高度不确定性以及社会影响性等特点，对此类公共卫生事件应制定完备的预案并快速处理，将事件影响降到最低。水是人类生命和健康的三大要素之一。饮用水安全直接关系到广大群众的健康，特别在城市，集中供水系统若受到污染，后果将十分严重。在世博会期间应加强对出厂水和管网水的水质监控，应能够快速对水质状况进行分析，并给出相应对策。

五、小结

此次针对黄浦区公共卫生的风险分析和评价参考了澳大利亚和新西兰相关风险治理标准。该标准的优点在于能够被广泛接受且简单易用，缺点在于起草该标准的委员会中缺乏公共卫生的代表，因此没有包含公共卫生领域一些特有的元素。此次评价根据风险分值进行排序，由相关领域的专家根据风险单因素（影响、可能性）分析结果和综合评分（风险分值）来估计风险水平，考虑潜在利益和有害结果间的权重，决定哪些风险需要处置、需要采取的行动以及处置的优先程度。

思考题

1. 请简述公共风险评价的定义？
2. 请谈谈你对公共风险可接受准则的理解。
3. 简要介绍一下风险矩阵法在风险评价中的应用。

5

第五章

公共风险监测

学习目标

1. 掌握公共风险监测的具体概念、类型作用及目标原则。
2. 理解公共风险监测识别的内涵、步骤和方法。
3. 了解公共风险监测的手段及发展特点。

很多时候人们会引用“扁鹊三兄弟”的故事来诠释风险监测之于风险治理。魏文王问扁鹊：“你们家兄弟三人，都精于医术，到底哪一位医术最好呢？”扁鹊回答说：“大哥最好，二哥次之，我最差。”魏文王再问：“那么为什么你最出名呢？”扁鹊回答说：“大哥治病，是治病于病情发作之前。由于一般人不知道他事先能铲除病因，所以他的名气无法传出去，只有我们家里的人才知道。二哥治病，是治病于病情刚刚发作之时。一般人以为他只能治轻微的小病，所以小有名气。而我治病，是治病于病情严重之时，所以人们以为我的医术最高明。”这个故事寓意深刻，正所谓事后处置不如事中控制，事中控制不如事前监测。

第一节　公共风险监测的概念

党的二十大报告指出，要健全国家安全体系，完善国家安全风险监测预警体系，把其作为推进国家安全体系和能力现代化，坚决维护国家安全和社会稳定的重要内容。可见，构建风险监测预警体系已经成为国家的重大战略，是保障国家安全社会稳定的关键所在。

一、公共风险监测的含义

监测是指长时间对同一物体进行实时的监视检测，并掌握其变化规律，监测具有一定的时效性。公共风险监测是指国家相关部门通过设立各种监测网点，根据突发事件的性质和类型，长期、连续地收集、核对、分析监测目标的动态分布，对可能引发突发事件的各种因素和发生前的各种征兆进行观察、捕捉和预测，并将信息及时上报和反馈的活动。[①] 风险是随着内部外部环境的变化而变化的，其在整个事件推进过程中可能会增大或者衰退乃

① 唐钧.应急管理与风险治理[M].北京：应急管理出版社，2021.

至消失，也可能由于环境的变化又生成新的风险。公共风险监测对于突发事件的预防和应对具有至关重要的作用，旨在提前发现突发事件的征兆，对突发事件的发生及发生程度进行预测和评估。在公共风险监测的过程中，信息具有重要的基础性作用。因此，建立突发事件信息系统是开展公共风险监测的基础性工作，确保信息在收集、加工、传递、发布等各个环节具备及时性、全面性、有效性、准确性，使获取到的信息最大限度发挥作用，从而确保监测的准确性、及时性、科学性。

公共风险监测的主体一般为政府部门和专业的监测机构。另外，一般的企事业单位和广大人民群众作为群测群防群治体系的重要力量，逐渐成为公共风险监测网络中的重要组成部分；公共风险监测点主要是各类风险源（自然灾害、事故灾难、公共卫生、社会安全等的具体领域、部位、节点），要实现各监测点、监测中心的互联互通，形成严密的监测网。公共风险监测点的选取布点主要是：人口稠密区域，工业企业商业密布区域，交通枢纽和重要部位节点，山体、水体、空气、土地、森林、草原、湿地等脆弱、危险区域。公共风险监测点选取的原则是：有代表性、方便监测、排除扰动、整体覆盖、便于多方位比较等。通过公共风险监测，辨别可能发生的风险事件有哪些，发生的可能性有多大，为危机的预警和预防提供依据。

（1）公共危机事件形成的环境条件。虽然公共危机事件的发生是突然的，但其发生肯定有一定的前期原因和内外条件。原因不断累积，并触及一定的导火线，例如公众对某些政策及其执行不满意、经济运行上出现失控或滞胀、发生安全生产事故、出现极端自然或气候现象等均会导致公共危机事件突然爆发。

（2）公共危机事件出现的可能性。在明确环境条件后，应根据一定的确定程序初步判定危机出现的概率究竟有多大，以便进一步进行及时预警。

（3）可能出现的公共危机事件种类。可能出现的公共危机事件种类可归纳为政治危机、经济危机、文化危机、社会危机、环境危机、安全危机等。

（4）公共危机事件可能涉及的利害人。公共危机事件所涉及的利害关系往往比较广泛，首先可能影响基层社区或狭小地域，但如果不加以控制则会进一步向更大的地域或领域范围蔓延。因此，公共危机事件涉及的利害人与一般危机相比更广泛，应视危机发展与处理的地域与进程来判断。

（5）公共危机事件造成的灾难性后果和程度。公共危机事件造成的灾难性后果和程度是判定公共危机事件可能直接、间接造成的财产与生命损失以及对政府管理与国家及公共安全可能造成的长期影响等。

二、公共风险监测的类型

监测预警是一项需要持之以恒、常备不懈的工作。公共风险是动态演进、瞬息万变的,必须进行持续性的动态跟踪。因此,不仅需要在事前对公共风险进行监测,事中、事后也需要时刻跟踪并及时分析、研判。按照不同的分类标准,公共风险监测可以分为不同的类型。

(1)根据监测方式可分为常规监测、特殊监测、随机监测、应急监测。常规监测是指一般、定期、日常性的风险收集和监测。特殊监测是指在特定突发事件的临近期或发生期,对其载体或危险源进行非常规监测。随机监测是指根据现实需要对某些可能发生的突发事件随机进行抽样监测。应急监测是指突发事件发生后针对重点区域、场所、对象开展的实时动态观测,及时为危机决策和应急处置提供信息支撑、分析判断、预测预报。

(2)根据监测时间先后顺序可分为早期监测、中期监测和后期监测。早期监测是指在风险尚未或刚被感知和发现时对指定对象和承载体进行监测。中期监测是指风险发展到一定阶段后、特征逐步显露且发展方向相对清晰固定时而进行的进一步监测。后期监测是当突发事件已经发生并可能造成一定破坏、为了实时掌握突发事件发展变化的趋势而进行的监测。

(3)根据监测手段的性质可分为定量监测和定性监测。定量监测是对突发事件及其承载体、环境的相关参数或量化数据进行观察、测量、记录、采集、分析、整理,从而描述和分析特征规律、风险水平、发展趋势的监测。定性监测是对不可量化的状况进行风险监测和综合研判,例如某些社会公共安全事件的发展态势和危机监测等一般属于定性监测。[①]

三、公共风险监测的作用

从表面上看,突发事件的发生有一定的偶然性,实际上这种偶然性中潜藏着必然性,几乎所有的突发事件在爆发前都有程度不同的预兆,只不过有的预兆比较隐蔽,需要通过专业的仪器设备才能测试出来。突发事件的发生会经历一个酝酿、发生、发展和爆发的过程,在这个过程中,要想将危害降到最低或者是杜绝突发事件的发生,要尽可能在其爆发之前发现,随后发出

---

① 唐钧.应急管理与风险治理[M].北京:应急管理出版社,2021.

信号，尽快采取应对方式。公共风险监测是公共风险预防的关键环节，在公共风险预防处置整个过程中具有至关重要的作用。

(1) 对致灾因子进行监测，可以及时发现突发事件信息，发现暴露的和隐蔽的风险因素并对这些因素引发突发事件的可能性作出准确的判断。

(2) 突发事件已不可避免时，即确保突发事件可能爆发时，通过监测提前获取信息，迅速发出预警信号，采取紧急措施，尽可能把突发事件消灭在萌芽状态。即使不可能把突发事件消灭在萌芽状态，也尽可能降低突发事件的危险程度，缓解突发事件带来的危害，避免突发事件的扩大和升级。

(3) 在一定程度上可以预防爆发新的风险。环境变幻莫测，影响致灾因子及其变化的因素纷繁复杂，既有内部因素，又有外部因素，这些因素的运动变化又有可能引发新的风险。监测系统是一个开放的系统，应随着环境的变化改变监测手段方法，这在一定程度上可以预防新的突发事件发生。

(4) 监测为有效的预警打下基础。监测是突发事件应急的关口前移，旨在提前发现突发事件的征兆。预警是突发事件应急的及时触发，旨在提醒应急响应和危机应对。只有在监测环节发现征兆，才能进行有效的预警，才能及时采取恰当的措施应对。

由于突发事件具有紧急性、突发性和高度的不确定性，加之突发事件的预兆可能并不明显，很容易被忽略，因此，监测工作难度很大。有时候，突发事件预兆出现的频率很高，致使人们不再相信会发生突发事件，未能引起足够的重视；有时候从预兆出现到突发事件爆发的时间很短，有关部门来不及反应，未能及时发出预警信号。因此，能够准确、及时捕捉到突发事件的预兆，并从预兆中预测到突发事件可能发生，迅速采取相应预控措施。同时，按照法定程序对公众或者对特殊群体发布突发事件的有关信息，引起公众的警觉，是应对突发事件的关键。

四、公共风险监测识别

(一) 公共风险监测识别的步骤

公共风险监测识别是通过对各种潜在风险因素的持续监测和分析，及时发现可能导致事故、损失或问题发生的迹象和警示信号。公共风险监测识别在整个公共风险监测过程中非常重要。

1. 监测环境，收集资料

信息是预测的依据。危机预测质量的高低在很大程度上取决于对外部环境的监测情况、资料收集的多少和对资料了解的深浅程度。监测点越多、监测面越广、监测连续性越强，收集的相关资料就越多，从相关资料中收集有用信息的机会也就越多。不同资料的综合性越高，识别危机的机会就越大，形成的定性或定量认知就越科学。

2. 整理资料，凝聚信息

对收集到的资料进行去伪存真、去粗取精的分析、加工、整理、存储、检索和传输，从中确定可能发生危机事件的相关信息，进行定性处理和定量处理。

定性处理是对收集到的信息进行定性分析，从而得出倾向性的结论，一般可按以下程序进行：对已收集到的资料进行原始分类；从各类资料中归纳总结信息，但不进行取舍，只把意见相近的条目归并在一起；向决策层或有关部门提出处理的要求与目的；聘请有一定实践经验和理论水平的人员参与信息处理工作；分送任务书，聘请专家指导；根据专家处理意见，进行汇总与协调，得出倾向性结论，发现存在的主要问题及隐藏在问题表象背后的本质原因。

定量处理是将收集到的、可以通过数据或者转换成数据来表达的信息进行处理，并以此给出定量结果的信息分类、分析、加工、贮存和传输的过程。定量处理的目的是对信息作出准确的评价，为决策者和有关部门提供可靠的依据。

3. 分析诊断，识别危机源

对危机信息的分析和评估，要重点考虑可能性，即现存危机形势进一步恶化或失控的概率有多大。影响的伤害程度，即下一步可能失控的危机局势会在多大程度上影响政府及其他组织的正常运转、降低政府在公众中的形象。需要注意的是，各种不同类型的危机具有不同的诱发原因和形态特点，可能造成的严重程度不一样，应对的策略和措施也不尽相同。决策者应集思广益，及时、综合判断危机的远因、近因、内因、外因，分析正在形成的各种趋势、征兆、苗头，正确判定所诊断的是一般事件，还是真正的危机事件，并根据鉴定结果采取相应的应对措施。

4. 编写危机监测或识别报告

危机监测或识别报告的编写，常常要借鉴日常建立的事故及隐患鉴定等报告形式，这些鉴定报告应当列出本领域、本地区或相关组织曾经发生过的，或者将来有可能发生的各种危机事件，这就要求公共危机管理者对各类危机事件进行综合、归纳、整理，以便下次发生类似危机事件的时候作为预案和样板供危机管理者借鉴、参考。①

（二）公共风险监测识别的方法

1. 相关性分析

联系是普遍客观的，任何危机的发生都不可能是孤立的，总会与外界产生某种联系，最终发生的危机与社会生活中的一些异常现象具有相关性。在分析信息时，可以与事件的前兆、涉及范围、目前影响相联系，预测可能进一步发展的方向、程度和后果。

2. 相似性分析

同一种类、性质的危机发生的时间、地点、范围等可能不同，但其发生的特征、征兆、规律、性质极为相似。因此，可以通过对历史上和现实中各类危机发生规律的认识来捕捉未来可能出现的征兆和发展趋势，对危机进行相似性识别并采取针对性预防措施。

3. 统计分析

虽然危机的发生具有不确定性和随机性，但是在较长的一个历史时期内，不同类型的危机发生具有一定的规律可循，可以通过概率论和数理统计的方法，找出规律，对收集的信息进行分析，找出目前可能发生的危机。

■ 第二节　公共风险监测的目标及原则

公共风险在发生之前有一个孕育的过程，且都表现出一定的征兆或迹象，如果能在公共危机萌芽状态或初起时及时发现这些征兆，对公共危机的发生、发展作出准确的预测和判断，及时采取有针对性的措施，或能防止公共风险的发生和升级，有效地控制事态发展；或能提高应对的针对性和有效性，减轻应对压力，减少损失。公共风险监测是公共危机管理的前期基础也是重要环节，对保障公共危机管理工作的顺利开展、减少公共危机对人民群众生命财产的影响程度、维护社会安全稳定等均具有重要意义。

---

① 蔺雪春.公共危机管理：简明原理与实务[M].成都：西南交通大学出版社，2013.

一、公共风险监测的目标

公共风险监测的目标是通过对潜在危机和风险进行持续的监测和评估，提前预警并采取必要措施，保障公众安全和健康，同时支持决策者制定有效的应对策略和措施。

（1）预警和预防。监测公共风险的目的之一是提前发现潜在的危机和风险，以便及时采取预防措施。从监测社会、环境、经济等方面所获得的数据可以识别可能导致危机或灾难的迹象，并采取措施来减轻影响。

（2）保护公众安全和健康。公共风险监测致力于保护公众免受各种潜在危害的影响，包括自然灾害、公共卫生威胁、环境污染等。这种监测可以帮助政府和组织采取必要的行动来保护公众的健康和安全。

（3）决策支持。监测公共风险有助于政府、企业和社区作出基于事实和数据的决策。这种监测提供了关于不同领域的趋势和变化的信息，帮助决策者更好地理解形势，制定应对策略并作出适当的应对调整。

（4）资源分配和危机管理。通过监测公共风险，可以更有效地分配资源，包括物资、人力、资金等资源的合理利用和部署，以便在危机发生时能够迅速响应并进行危机管理。

（5）社会稳定和公共秩序。监测公共风险有助于维护社会稳定和公共秩序。对于潜在的社会、政治或经济方面的问题，及早监测和干预可以减少潜在的动荡和混乱。

二、公共风险监测的原则

公共风险监测需要遵循一定的原则，这有助于确保监测的有效性和可靠性，从而有效地管理和应对各种风险。突发事件监测应坚持以下五个原则。

（1）依法性原则。我国有相关突发事件监测法律、法规、规章、制度、标准，开展监测工作时应依法进行。

（2）客观性原则。环境复杂，风险隐患不断变化，要根据实际情况不断调整监测标准，客观记录相关信息并进行分析预测，反映突发事件趋势变化。

（3）保密性原则。对属于保密性的监测信息，任何机构及其工作人员不得外传泄露。

（4）重点性原则。影响突发事件的因素众多，有的因素影响较大，有的因素影响较小。实际开展工作时，应对那些影响大、危害大、出现频率高的隐患实施重点监测。

（5）专业监测与简单监测相结合的原则。公众以及企事业单位在整个公共风险监测过程中发挥着愈发重要的作用。因此，在开展专业监测的同时，不能忽视社会面的力量，要采取专业监测和社会监测相结合的方式，构建全方位、立体式的“群察群测体系”。

在公共风险监测过程中，需要遵循以上原则，实现精准监测，提高预警能力。随着时代的发展，科学技术特别是信息技术在公共风险事件监测预警中发挥着越来越重要的作用。风险治理对监测预警的时效性、准确性提出了很高的要求，现代科技手段的应用为其提供便利，除此之外，公众的经验也不容忽视。只有对发生时间敏感、发生地点敏感、性质敏感的事件进行重点监测，全方位收集相关信息，及时进行信息研判，才能及时发布预警，为抢灾救险提供宝贵时间。

三、公共风险监测的要求

（一）监测网络要专兼结合

要做到监测网络的专兼结合，需要在掌握专业知识的基础上，不断地学习、了解新的技术，保持对各类风险领域的持续关注，以便及时应对各种安全挑战。

《管子·九守》云：“目贵明，耳贵聪，心贵智。以天下之目视，则无不见也；以天下之耳听，则无不闻也；以天下之心虑，则无不知也。辐凑（辏）并进，则明不可塞矣。”在公共风险监测的过程中，要做到目明、耳聪、心智，及时掌握相关情况，并对信息进行研判。根据《中华人民共和国突发事件应对法》的相关规定，县级以上人民政府及其有关部门应当根据自然灾害、事故灾难和公共卫生事件的种类和特点，建立健全基础信息数据库，完善监测网络，划分监测区域，确定监测点，明确监测项目，提供必要的设备、设施，配备专职或者兼职人员，对可能发生的突发事件进行监测。突发事件监测网络由专业监测体系和社会监测体系组成。

专业监测体系由相关职能部门的监测系统构成，包括气象、水文、地震、地质、海洋和环境等自然灾害监测网，危险源、危险区域实时监控系统和危险品跨区域流动动态监控系统，传染病和不明原因疾病、动植物疫情、植物病虫害和食品药品安全等公共卫生事件监测系统，网上舆情监测和社会安全稳定监测系统以及重要设施监测系统、境外安全监测系统等。我国相关法律、法规规定，专业监测要加大监测设施、设备建设，配备专职或兼职监测人员，提高监测密度，做到精准监测。例如，按照《突发公共卫生事件应急条例》的规定，县级以上地方人民政府应当建立和完善突发事件监测与预警系统，县级以上各级人民政府卫生行政主管部门，应当指定机构负责开展突发事件的日常监测，并确保监测与预警系统的正常运行。这说明国家十分重视监测与预警系统建设。

社会监测体系由各基层组织、企事业单位、信息员、公民个人等社会力量和市场力量构成。社会监测是专业监测的重要补充，是监测网络的重要组成部分。风险隐患发生在基层一线，处在基层一线的人员通常是首先发现和报告危险的人员。做好突发事件监测，必须坚持群防群控。

（二）监测手段要“土洋结合”

很多突发事件具有复杂性。《尚书·舜典》云：“明四目，达四聪。”精准监测必须根据突发事件的特点，采用“土洋结合”的手段，多管齐下，才能做到耳聪目明，确保在第一时间准确察觉各种险情。“土办法”，是指通过眼看、耳听、鼻嗅、手摸等最原始的办法，及时发现险情。例如，判断是否有滑坡地质灾害的办法之一是看沟里的水涨了没有，看坡上的树歪了没有——如果水涨了、树歪了，就可能会有滑坡。“洋办法”是指要向现代科技借智借力，通过“天上看”“地下探”“模型算”等方法，让“电子眼”上天入地，成为最得力的“情报员”。唐代诗人刘禹锡在《天论中》云：“以目而视，得形之粗者也，以智而视，得形之微者也。”科技让生活更美好，也让突发事件事态监测更精准。“天上看”是指通过卫星、无人机等多载荷、多尺度、多角度对地观测数据；“地下探”是指运用三维空间模型等技术手段，对隐藏的情况实时感知；“模型算”是指用好历史灾害灾情大数据，精确算出可能的险情范围和程度。

（三）信息研判要多维动态

公共风险监测获得的基础信息，往往需要经过进一步的加工才能成为更有价值的决策信息，其中信息加工的过程实际上是风险研判的过程。信息收集是识别潜在风险因素的第一步，通过收集各种来源的信息，例如气象数据、地质数据、人口统计数据等，可以识别可能存在的风险因素。信息是评估风险严重性和可能性的基础，监测到的数据可以用于分析风险的概率、潜在影响以及可能的扩散路径，帮助决策者更好地理解风险的性质和程度。信息可以用于预警和预测可能发生的风险事件，通过分析监测数据，及时发现风险信号并发出预警，帮助减少风险造成的损失，保护公众的生命和财产安全信息。信息可以用于评估风险监测措施的效果，通过分析监测数据，了解监测措施的有效性和改进空间，为未来的风险管理提供经验和教训。

在公共风险监测过程中，拓宽信息收集渠道，能够保证信息获取的充分性。全面和准确的信息可以更好地识别、评估和应对潜在风险。应避免依赖于单一信息来源，善于利用多种信息渠道，多源信息可以提供不同视角和角度，减少信息偏差，保证信息获取的充分性、有效性。应及时核实信息，确保信息的有效性和客观真实性。确保风险研判中信息的有效性和客观真实性至关重要，基于不准确或主观信息作出的决策可能导致严重的后果。信息应来自多个独立的信息源有助于验证信息的准确性，比较信息与已知的事实和数据有助于验证信息的真实性。信息具有时效性，及时获取和处理信息可以帮助决策者及时采取行动应对潜在的风险。

在公共风险监测过程中，信息研判应多维动态，信息的收集、分析和评估需要考虑多个方面，并随着时间和情况的变化进行不断更新和调整。应对事件原因、性质、影响和后果等进行深入分析，做到有情况、有分析、有研判、有建议、有措施，根据情况的变化随时报告最新进展、采取的措施和需要解决的问题等，便于上级部门和相关领导科学决策。

第三节　公共风险监测的手段

公共风险监测包括明确警源、分析预兆、预报警度三个阶段。明确警源是指在突发事件预兆出现之前对运行状态进行监测。分析预兆是指突发事件预兆出现后，发现信息、处理信息、确认信息。预报警度是指根据分析预兆的结果，向有关部门和人员发布信息，以做好应对突发事件相关准备的过程。对突发事件的预控是指发现和确认突发事件预兆后所采取的旨在迅速化解突发事件，避免突发事件扩大和升级，避免造成重大伤亡和损失的实质性措施。

一、公共风险监测的主要手段

公共风险监测的主要手段有专业的技术监测和群众简单监测两种。专业的技术监测通常使用遥感技术、地理信息系统、全球定位系统等监测技术，对目标对象的运动变化及其安全状况进行实时监测，快速采集各种信息、参数及目标对象的变化趋势，对目标对象进行风险评估，发出预警信息。群众简单监测一般是发动广大人民群众和各类企事业单位，尤其是可能的受灾个体或群体，采用简单的仪器设备或者利用群众积累的生活经验进行突发事件的简单监测。例如，在自然灾害频发的农村地区，村民对其地形地势、环境更加了解，发动村民利用其丰富的生活经验，对潜在的地质灾害、气象灾害以及生物灾害进行简单监测，并及时收集上报相关信息。

二、公共风险监测手段的发展

（一）科学化、智能化的监测技术与手段创新

科技支撑是应急管理发展的必然方向，在应急监测领域应加强基础理论研究和关键技术研发，综合利用“天地空”观测技术创新，推进“互联网＋”、大数据、物联网、云计算、地理信息、移动通信、高效数值模拟等新理念新技术新方法的应用，提高灾害模拟仿真、分析预测、信息获取、应急通信与保障能力，实现监测手段现代化、预测方法科学化和信息传输实时化，不断提升监测预测预警的准确性和时效性。实际运行中，需要结合实际积极开发应用科学化、智能化的监测技术平台。

（二）一体化、全覆盖的大数据应用平台

根据《国务院安委会办公室 国家减灾委办公室 应急管理部关于加强应急基础信息管理的通知》相关要求，应急管理部根据全国应急管理一盘棋一张网的要求，按照国家政务服务平台“互联网＋监管”系统建设方案，规划和建设全国应急管理大数据应用平台，依托国家数据共享交换平台体系，充分利用大数据、云计算、物联网等技术，实现重大风险和隐患在线监测、超前预警预报和灾害事故高效处置，各地区、各有关部门、各行业企业要在加强自身信息化建设、健全完善相关系统的基础上，将本地区、本部门掌握的安全生产、自然灾害防治领域的风险和隐患信息以及灾害事故信息逐步接入，形成纵向贯通、横向集成、安全可靠、覆盖安全生产和自然灾害防治全部行业

领域的全国应急管理大数据应用平台。各地区、各有关部门根据自身职责权限使用全国应急管理大数据应用平台，协同做好灾害事故的防范处置工作，全面提升应急管理能力水平。

应急管理部成立后，规划促进应急通信网络的发展，依托“天地一体化信息网络”，在充分整合消防救援、地震、森林消防等单位存量通信网络资源的基础上，实现“全面融合、全程贯通、随遇接入、按需服务”，向抢险救灾机构、指挥人员提供全天时、全天候、高精度的信息支援，为应急救援指挥提供统一高效的通信保障。

（三）跨地域、跨部门的信息共享机制平台

目前具有应急管理职责要求的相关部门虽均已建立了本业务领域的专业数据库和信息库，但主要采用本系统的标准和规范建设，各系统缺乏联系，部门间无法实现数据资源共享。因此，应把收集上来的应急管理相关数据采用国家的统一标准分门别类，科学储存。信息共享机制平台的建立是应急管理的一项基础性工作，可以服务于应急管理的各个环节和相关部门。

基于信息共享机制平台建设，广泛汇聚信息资源，构建共享服务体系，推动跨部门、跨层级、跨区域的互联互通、信息共享和业务协同。《应急管理信息化发展战略规划框架(2018—2022年)》中的“数据治理”部分，从数据接入系统和数据交换系统对信息共享给出解决技术问题的方案。其中，数据接入系统是指利用数据抽取、消息服务、文件上传、填报采集等技术手段，以人工导出、前置抽取等方式，实现多源异构数据的跨网络、跨地域的统一引接。数据交换系统是提供跨应用、跨业务、跨部门的信息共享，通过应急通信网络为各级应急管理部门提供监督管理、监测预警、指挥救援、政务管理等全业务领域数据；通过电子政务外网与国家共享交换平台对接获取其他部委应急管理业务相关数据，分类接入气象、自然资源、水利、交通运输、海洋、森林等外部单位信息资源，不断扩大信息获取范围。

（四）多灾种、灾害链的监测基础设施建设

公共风险监测的基础设施建设主要包括监测站点、线、网及其相关设施设备的建设与管理。加强监测基础设施建设主要包括扩大监测网络，增加监测点密度，改进监测手段等。多灾种、灾害链的综合监测是监测基础设施和监测网络体系的发展方向。中共中央政治局于2019年11月就我国应急管理体系和能力建设进行第十九次集体学习，习近平总书记在会上强调，要

加强风险评估和监测预警，加强对危化品、矿山、道路交通、消防等重点行业领域的安全风险排查，提升多灾种和灾害链综合监测、风险早期识别和预报预警能力。《国家综合防灾减灾规划（2016—2020 年）》提出“加快气象、水文、地震、地质、测绘地理信息、农业、林业、海洋、草原、野生动物疫病疫源等灾害地面监测站网和国家民用空间基础设施建设，构建防灾减灾卫星星座，加强多灾种和灾害链综合监测，提高自然灾害早期识别能力”。

第四节　应用场景及案例

本节主要介绍眉山山体滑坡的风险监测，从事件回放、应对举措、评价反思方面阐述公共风险监测的应用场景。①

一、事件回放

2010 年 8 月 21 日凌晨，四川省眉山市洪雅县境内开始下雨，不久就转为大暴雨。总岗山脉雨势更大，当日汉王乡地质灾害监测站点降雨量达 118 毫米。8 月 21 日上午 11 时，洪雅县境内大雨如注，全县启动四级应急预案。

汉王乡各监测点开始每隔 10 分钟上报一次情况，8 月 21 日 15 时 30 分联合村监测点水泥路有晃动的监测消息报告到汉王乡党委和政府后，汉王乡党委和政府在上报的同时，迅速启动了应急预案，果断决定快速撤离群众，并安排力量做好抢险准备。

联合村地质灾害点下方的乐雅高速公路 10 标段的 30 名工人在项目经理的指挥下，开始向山体滑坡左侧公路安全地带撤离。“山要垮了！大家快点朝安全地方跑！”联合村地质灾害点下方的 5 户、16 位农民一边互相高呼，一边在村组干部的有序组织下开始向山体滑坡左侧公路安全地带撤离。与此同时，联合村地质灾害点上方的 5 户、21 位农民按指定路线快速有序撤离。“轰……”的一声闷响，联合村 1 组“牟底下”山体上方裂开了一道 200 多米的口子，山坡体向下整体位移 50 多米，厚度平均 30 米，滑坡向下移动最远达到 200 米，山体滑坡方量达到 30 万立方米。近 300 米的盘山水泥路变形、挪位、断裂，公路两侧的电杆、电线倾倒。受到山体滑坡直接威胁的 37 位村民和 30 名工人，在洪雅县乡两级党委和政府强有力的组织指挥下，成

① 桂维民. 应急百例警示录[M]. 北京：中共中央党校出版社，2012.

功撤离，无一伤亡。

8月21日17时，汉王乡通过协调、引导村民采取投靠亲友、邻居的办法，全部妥善安排好了67位群众，同时继续安排专职人员加强监测。洪雅县公安、水务等部门加强各重点区域的执勤，确保村民安全度过地质灾害危险期。

二、应对举措

与一些灾害发生后被追问“为何没有监测，为何没有发布预警”相反，四川省眉山市依靠成功的监测预警为67位群众在山体滑坡灾害中赢得了关键的5分钟逃生时间。

（一）重视监测，预警严防

“牟底下”一直是洪雅县一级地质灾害监测点。从2004年开始，洪雅县一直安排有专人负责该处的监测与上报。特别是在汛期的监测和防御更是成了当地政府和群众的首要安全大事。这次滑坡前，接到暴雨预报后，汉王乡党委政府立即召开全乡紧急会议，进一步对监测人员进行监测指导，并对8个关键地质灾害监测点加派了人员力量，增加巡查班次，每个点由3至4名镇村干部蹲点时刻巡查。洪雅县小雨转为大暴雨后，汉王乡各监测点每隔10分钟上报一次情况。当发现监测点水泥路有晃动时，汉王乡迅速启动了应急预案。

（二）果断决策，及时撤离

当联合村监测点出现新的明显裂缝，估计山体要塌方时，汉王乡党委书记赶赴现场果断决定组织群众撤离。洪雅县相关部门接到报告后立即奔赴联合村滑坡现场抢险，快速组织群众撤离。这一决定，为群众逃生赢得了关键的5分钟。

（三）抢险救灾，积极善后

山体滑坡发生后，尽快妥善安置撤离群众，安抚群众的情绪成为抢险工作的重中之重。眉山市国土资源局局长、洪雅县委书记迅速赶赴受灾现场看望遇险群众，指挥抢险救灾。洪雅县县长连夜主持召开会议，专题研究进一步防治地质灾害和防汛工作，对联合村山体滑坡灾害的防治工作以及全县的地质灾害防治与应急工作进行了深入部署。对撤离出的群众，由汉王乡出面协调，通过投亲靠友、邻居帮助、村里救助等途径，全部予以妥善安置。有关部门安排专人继续加强监测和重点区域的执勤，确保受灾群众生命财产安全。

三、评价反思

汶川大地震后，四川省始终把加强灾害预防作为灾后恢复重建的一个重点，不留死角抓排查，及时准确抓研判，锲而不舍抓化解，及时把极端天气气候事件和地质灾害预警防范结合起来，通过一系列监测预警手段，在暴雨洪灾诱发的地质灾害中最大限度减少了生命财产损失。

（一）监测点发出第一信号

气象预警信息应该在防灾减灾中发挥“消息树”和“发令枪”的作用。许多自然灾害起因于天气事件，极端天气气候事件往往影响交通、电力、通信、农业等各行各业。一旦出现暴雨或连续强降雨天气，常常会直接诱发地质灾害。“牟底下”一直是洪雅县一级地质灾害监测点。接到暴雨预报后，洪雅县汉王乡立即对 8 个关键地质灾害监测点加派人员。监测点报告出现新的明显裂缝时，当地决定：“组织撤离！”在电话通知和高声呐喊下，所有涉险人员开始按指定的路线撤离。汉王乡联合村 1 组“牟底下”发生 30 万立方米的山体滑坡，受到山体滑坡直接威胁的 37 位村民和 30 名工人，在县乡两级党委和政府强有力组织指挥下，5 分钟内安全撤离、成功逃生创造了灾害预防的奇迹。

（二）齐心协力跑赢“泥石流”

面对灾难，只要有充分的责任心，日常充分做好监测工作，及时发出预警信号，成功避险并不是那么困难。此次四川省眉山市山体滑坡预警成功的关键因素在于构建了群测群防的联动机制，不仅依靠专门监测人员的技术监测，也依靠群众的丰富经验助力。

（三）依靠科技减灾避险

成功避险，不仅要依靠责任和齐心协力，更要依靠科技手段和方法。充分利用现代技术手段，在已获取的大量气象探测和灾害性天气监测信息的基础上，对信息进行存储、处理和分析，建立灾害预警预报服务平台和流程，根据决策服务的要求，提供连续无缝隙的灾害预警预报信息。目前，在气象部门的协助下，许多地方的国土资源部门相继建立了地质灾害预警预报系统。气象监测（特别是雨量监测）系统和基于地理信息系统的地质灾害预警系统组成的地质灾害预警预报平台，在突发性地质灾害的预测和防范中起到了关键性作用。建立一个具有科学性、综合性、前瞻的信息库，对协调区域性的灾害预警机制网络具有重要的意义。

思考题

1. 结合所学知识，举例说明公共风险监测的重要作用。
2. 结合公共风险监测的手段，举例身边的成功监测事件。
3. 我国公共风险监测存在的不足及未来发展方向是什么？

6

第六章

公共风险预警

学习目标

1. 掌握公共风险预警的具体内涵及功能作用。
2. 理解公共风险预警的程序方法和预警机制。
3. 了解公共风险应急响应的内涵特点、功能作用及一般原则。

根据突发事件相关法律规定，可以预警的自然灾害、事故灾难或者公共卫生事件即将发生或者发生的可能性增大时，县级以上地方人民政府应当根据有关法律、行政法规和国务院规定的权限和程序，发布相应级别的警报，决定并宣布有关地区进入预警期，同时向上一级人民政府报告，必要时可以越级上报；具备条件的，应当进行网络直报或者自动速报；同时向当地驻军和可能受到危害的毗邻或者相关地区的人民政府通报。

第一节　公共风险预警的概念

一、公共风险预警的概念

预警最早源于军事，中国古代的烽火①是一种典型的预警制度。烽火，通过预警提前发现、分析和判断敌人的进攻信号，并把这种进攻信号的威胁程度报告给指挥部门，以便提前采取应对措施。随着社会发展与技术进步，预警一词逐步被应用到政治、经济、社会、自然等多个领域，并演变成为一个广义的概念。

公共风险预警是指公共事件管理的主体根据有关事件现象过去和现在的数据、情报和资料，运用逻辑推理和科学预测的方法、技术，对某些风险事件出现的约束条件、未来发展趋势和演变规律等作出科学的估计与推断，并发出确切的警示信号，使政府和公众提前了解事件发展状态，以便及时采取相应策略，防止或消除不利后果的活动。②

从内容上来看，公共风险预警主要包括预（预测）和警（警示）两个组成

---

① 烽火，是中国古代的一项非常重要的军事警备与通信方面的制度与设施。古代凡边陲、要隘、道路等处，常常设置固定的亭燧线路，在行军作战时也必派出游弋的斥候四处侦察。一旦发生敌情，烽燧和斥候即刻举烽报警，飞速地传递信息。

② 张成福，谢一帆. 危机管理新思路[M]. 北京：国家行政学院出版社，2015.

部分。其中,“预”是指特定部门以先进的信息技术平台,通过预测和仿真等技术收集、整合、处理相关信息,预测某一类事件的发展动态。从信息流程来看,“预”以由外而内为主,间有互动,作用对象主要为特定的部门机构。“警”是指根据预测结果,通过公共媒体、政府内部信息渠道等,及时对特定的目标人群发布预警信息,使危机可能造成的损失降至最低。“预”和“警”之间相互联系、协调配合,形成一个完整的运作流程,从而有效发挥风险预警的应有功能。

二、公共风险预警的主体与客体

(一)公共风险预警的主体

公共风险预警主体是指发出预警的主体。公共风险预警主体是事件发生前的公共风险治理主体。一般而言,这个主体即政府,或政府授权、委托的风险治理部门。公共风险预警主体向公共风险预警客体发出预警的过程要经由有效的预警系统或警报系统来进行。

警报系统的功能是向风险治理小组成员和潜在受害者发出明确无误的警报,使他们采取正确的措施。警报系统要告诉相关人员危机即将来临,这就要求警报系统能与风险治理小组成员和潜在受害者进行有效沟通。

首先,警报系统要根据风险治理小组成员和潜在受害者的特点选择合适的警报,使风险治理小组成员和潜在受害者迅速、清楚地得知警报信息。为此,要重点考虑两个因素。一是风险治理小组成员和潜在受害者的分布状况。如果风险治理小组成员和潜在受害者的分布局限在某个部分,可以采取针对局部的风险警报,以避免警报的范围过广而使不是潜在风险的受影响者感到恐慌或作出不必要的反应。二是风险治理小组成员和潜在受害者要能理解警报的内容,根据风险治理小组成员和潜在受害者的文化水平和心理特点决定所要采取的警报,使警报能被受众清楚地理解。警报一般要简单明了,具有较强的感官刺激效应。

其次,应对风险治理小组成员和潜在受害者进行教育或培训使其理解警报的内容。在大多数情况下,风险治理小组成员和潜在受害者,尤其是潜在受害者对警报所代表的含义只有大概的了解,这会导致对危机反应的迟钝。因此,需要对风险治理小组成员和潜在受害者进行培训,使其准确理解危机警报的含义。比如,从当今世界的预警实务来看,各国普遍以不同的颜色来标示不同的危险级别。在必要时,甚至可要求进行适当的全民危机教育或知识宣传。

(二) 公共风险预警的客体

公共风险预警的目的是使政府和公众提前了解事态发展的状态,以便及时采取相应策略防止或消除不利后果。这种目的以及公共风险治理的公共性决定了公共风险预警的对象是遭受风险的政府部门以及分布于各区域、行业企业、社区的公众。

1. 政府部门

政府及其风险治理部门通过科学的估计与推断后,向相关政府部门发出确切的警示信号,以便政府部门采取相应措施。预警发出方向可以是上级政府向下级政府发出,也可以是政府向其职能部门发出,还可以是某一政府向同级政府发出。因此,政府既是公共风险预警的主体又是公共风险预警的客体。政府既要加强公共风险预警机制建设,又要接收公共风险预警,同时还要按照分级预警的原则承担相应的责任。

2. 城市社区或农村社区等基层自治组织

基层自治组织负责公众的自我教育、自我管理、自我服务。在接到公共风险预警主体发出的预警后,基层自治组织应该及时制定相关措施,并迅速将预警传达给公众,带领公众做好应对工作。

3. 行业企业

行业企业承担着社会物资生产、加工、流通等基本职能。发生危机时,要对领域内可能受影响的行业企业尤其是重点行业企业发出预警,促使或帮助其提前预防,转移重要生产经营设施。

4. 社会组织

伴随社会组织的成长与壮大,社会组织参与公共问题、解决公共问题的能力在不断增强。鉴于社会组织本身对社会公共问题的关注度较高,各区域性或行业性社会组织对特定问题的了解全面且深入,故社会组织在了解公共风险、掌握紧急避险知识等方面拥有政府无法比拟的优势。通过向社会组织发出预警,可以充分利用社会组织在社会中的广泛影响将预警传达给公众,调动社会全体力量应对可能发生的危机。

5. 新闻媒体

新闻媒体是信息沟通和传达的重要渠道。新闻媒体的舆论引导,对于风险信息传递、促使公众形成合力以及化危机为转机方面具有不可替代的作用。因此，在突发事件中，应充分发挥新闻媒体的传播作用和宣传作用，使危机现状尽可能更快、更准确、更全面地被传达给公众。同时，新闻预警可以有效地指导和警示公众行为，消除公众恐慌心理，减少灾害损失，让处在风险之中的公众能够在第一时间获取最新的信息，组织自救和互救，以减少灾害可能造成的损失与伤害。

综合而言，应建立政府部门、社区组织、行业企业、社会组织、新闻媒体等多元主体共同参与的公共风险预警组织网络，通过政府权威主导、社会积极协作，发挥风险预警应有的作用。

三、公共风险预警的功能

联合国的《有效预警的指导原则》指出，预警的目标是赋予受灾害及致灾因子威胁的个人及社区以力量，使其能够有充足的时间、以适当的方式采取行动，减少个人伤害、生命损失、财产或周边脆弱环境受到破坏的可能性。预警是突发事件事发前的一个重要环节，处于风险管理的“前哨”地位。

公共风险预警属于整个公共风险治理过程的事前阶段。通过预警，可以对可能发生的危机有一个事先估计，提前做好应急准备，选择一个最佳应对方案，以最大限度减少危机带来的损失。公共风险治理的原则是“重于预防，而不在于耗费大量资源善后”，因而危机预警更为重要且有意义。公共风险预警的主要功能在于：预测可能发生的危机及其危害程度，督促公众做好应急准备，启动应急响应行动，最大限度降低危机所导致的损失，为有效应对危机赢得宝贵时间。

第一，预见功能。通过对政治、经济、社会、自然领域的一系列指标进行监测，及时发现异常变化及其变化特征，事先对危机发生的可能性及严重程度进行分析、判断。预见功能是公共风险预警的首要功能。

第二，警示功能。当监测分析到指标突破一定的阈值时，相关部门人员向特定的受众发出警报，引导人们采取相应的响应措施来加以应对，发挥导向作用。

第三，早期干预功能。许多突发事件的损害程度和规模之所以最终到达难以收场的地步，很大程度上是由于没有认识到早期干预的重要性。如果在一些突发事件处于萌芽状态时就采取干预措施，尽可能地利用已存在和潜在的条件来尽力减缓、延缓其发展的速度，就可以减少突发事件所带来的损失，避免突发事件的扩大和升级。

第四，消解功能。在公共风险治理中，一方面，有效的预警可以抑制风险和危机的升级和扩大，避免风险演变为危机、一般危机演变为重大危机；另一方面，有效的预警可以减轻危机造成的损失，减缓危机带来的震荡。消解功能是预警最为重要和现实的目标。

第五，教育功能。预警可以培养人的忧患意识和风险意识，有利于社会居安思危，塑造公共安全文化，具有一定的教化作用。

长期以来，公众对于预警的功能存在着三种错误的认知。一是“大众恐慌”的神话，即认为预警向公众披露可能发生风险的危害性和严重程度，这将引起公众的恐慌。其实，如果危机的发生存在着较大的可能性，公众在接收不到信息或信息不充分的情况下，才容易产生恐慌。相反，公众对于确知的威胁则有很强的适应能力，往往能够理性地面对。二是“狼来了”的神话，即认为如果预警的信息没有被证实，公众将会对将来的警报听而不闻。发出不准确的警报是不可避免的，这主要是因为可能诱发危机的风险具有很强的不确定性，往往只在危机发生前的最后时刻才变得确定和明晰，而预警需要有一定的时间提前量。只要警报未能准确发出的原因是风险固有的不确定性，而非人为因素导致，那么，“狼来了”的效应就不会产生。三是“信息过度”的神话，即认为频繁的预警将使公众对有关风险的信息倦怠、麻木。事实证明，公众总希望获得与自身安全直接相关的信息，特别是在面对不确定性极强的事件时，公众更需要获得充足的信息加以应对，增强行为的可预期性。

■ 第二节　公共风险预警的程序与方法

一、公共风险预警的程序

公共风险预警可以有效地帮助政府对可能发生的各种形式的风险事件事先有一个充分的估计，并选择最佳策略，做好应急准备，以便使用少量的资源去预防，而不是等风险转变为危机事件以后，造成了损害，再耗费大量的资源去治疗。因此，公共风险预警虽然不能阻止突发事件的发生，但是可以最大限度地减轻风险可能造成的损害。

(一) 建立预警系统

政府部门应将日常生活中所有可能对公众活动造成潜在威胁的事件列举出来,并加以细化分类,例如气象灾害、社会公共危机、经济危机、恐怖活动等,确定哪些具体风险需要建立预警系统,然后考虑其可能造成的后果,以不同的应对等级或标示为主线建立预警系统。

(二) 收集并初步处理预警信息

根据风险源存在的范围来确定风险预警信息的收集范围,确定并收集全面详尽的信息后,对信息进行加工处理。首先,收集到模糊信息后,系统需要对信息进行整理和归类,使信息可识别化、条理化,为从整体上把握信息奠定基础。其次,对于收集到的信息要做好识别工作,以排除虚假信息和干扰信息,保证信息的准确性,为高效识别风险打好基础。

(三) 对风险信息进行评估

对风险信息进行评估,确定相应的风险级别。将收集整理后的信息放入已有的预警系统中,与先前制定的各项等级指标或标示系统相比较,然后得出结论,来确定是否发出风险警报,并确定风险警报的级别。在确定风险警报的级别时要注意风险警报各风险级别的临界点,即各风险级别的边界值。

(四) 确定风险警报级别,发布警报

根据确定的风险警报级别,向相应的风险治理小组和潜在的影响人群发出明确无误的警报,使其能够采取正确的措施来应对风险,提高组织和公众在接到预警信息后对危机的应对能力。①

二、公共风险预警的方法

(一) 分级预警

当前国际上的一个主要预警趋势是:对可能发生的风险事件的范围、影响程度进行科学分级,制定分级预案。进行分级预防和应急处理时,可通过依法规范和宣传突发事件的级别,科学应对危机。依据突发事件可能造成的危害程度、紧急程度和发展势态,一般将预警级别划分为Ⅰ级(特别严

① 蔺雪春.公共危机管理:简明原理与实务[M].成都:西南交通大学出版社,2013.

重)、Ⅱ级(严重)、Ⅲ级(较重)和Ⅳ级(一般)等四级,并依次用红色、橙色、黄色和蓝色表示(见表 6-1)。

表 6-1　我国突发事件分级预警

危害程度	表示颜色	确认与响应
特别严重(Ⅰ级)	红色	规模极大,后果极其严重,影响超出本省范围,需要动用全省的力量甚至请求中央政府增援和协助方可控制,其应急处置工作由发生地省级政府统一领导和协调,必要时(超出地方处理能力范围或者影响全国的)由国务院统一领导和协调应急处置工作
严重(Ⅱ级)	橙色	规模大,后果特别严重,发生在一市以内或是波及两个市以上,需要动用省级有关部门力量方可控制
较重(Ⅲ级)	黄色	后果严重,影响范围大,发生在一县以内或是波及两个县以上,超出县级政府应对能力,需要动用市有关部门力量方可控制
一般(Ⅳ级)	蓝色	影响局限在基层范围,可被县级政府所控制

(二)预警信息发布

在信息收集与分析的基础上,对得到的风险信息进行鉴别和分类,全面清晰地预测各种风险情况,捕捉先兆,对未来可能发生的风险类型、涉及范围及其危害程度进行估计,必要时向公共风险预警客体发出风险警报,并启动应急响应程序。公共风险预警能否真正发挥作用,不仅取决于所传递信息的准确性和有效性,也取决于传播速度的快慢。

1. 预警信息

编制预警信息时,要充分考虑公众的特定需要,以公众为导向。公众个体存在差异,例如不同的民族身份与信仰、不同的语言背景、不同的教育背景、不同的经济背景、不同的成长经历等,因而预警发布过程中要特别关注这些内容。

预警使用的语言必须简洁、清晰、易懂,避免冗长、晦涩的专业性语言。预警的内容一定要清楚传递可能发生的危机以及可能带来的威胁和影响。预警能基于公众的价值判断与利益选择,给公众提出有针对性的响应措施及建议。预警发布的范围仅限于可能受到风险影响的区域,以避免预警扰民现象的发生。

2. 预警手段

预警手段必须是有效的,应当具备多样性、全覆盖性、互动性三个特征。

一是多样性。预警传播媒体既应包括报纸、广播、电视、网络等大众传媒，也应包括口口相传、奔走相告等人际传播方式，还应灵活综合运用多种手段。具体手段的采用，要根据不同的风险预警情境以及不同的群体来选择。二是全覆盖性。预警的传播要确保可能受到风险影响的所有公众都能知晓预警信息。因此，相关应急部门应保持对特定公众发布预警信息的稳定性和经常性，使受影响公众能够密切关注预警信息。三是互动性。预警信息的传递不是自上而下的单一线性，而是应该具有交互性。只有这样，应急部门才能更好地了解公众的状况，以便为风险警报的实时更新做好准备，公众也可以更好地了解预警状况。

3. 预警信息传递

预警信息传递是由公众所信赖的权威机构完成，例如地震部门发布地震灾害预报，气象部门发布天气灾害预报，卫生部门发布公共卫生事件预警等。同时，很多非营利性的社会组织在接受专业化培训之后，因其本身所具有的非官方性、亲和度高的特点，在预警信息传递过程中也可以发挥重要作用。

风险情境不断发生变化，警报也要进行相应的调整。我国突发事件相关法律规定：发布突发事件警报的人民政府应当根据事态的发展，按照有关规定适时调整预警级别并重新发布。有事实证明不可能发生突发事件或者危险已经解除的，发布预警的人民政府应当立即宣布解除预警，终止预警期，并解除已经采取的有关措施。

三、公共风险预警过程中应注意的问题

（一）评估公共风险预警系统的可靠性

建立一个完善有效的公共风险预警系统是公共风险预警的核心，公共风险预警系统本身存在的缺陷常常会导致预警失灵或预警不当，进而使公众受到损失。为避免出现此类问题，一是要根据风险事件发生的实际情况，或根据不断的试验模拟，随时纠正预警系统设计中存在的问题，避免因设计不完善而引发预警系统反应迟缓或反应过激；二是要加强对预警系统的日常维护，避免出现系统故障，应建立预警系统的定期检查制度，并为预警系统维护做好必要的物资和知识技能准备。

2004 年发生的印度洋海啸，因为预警系统失灵没有及时发出警报，造成

大量的人员伤亡和财产损失。这场海啸后,印度尼西亚着手更新海啸预警系统,由德国提供资金和技术支持,于2008年建成。这套海啸预警系统借助浮标监控海面高度变化,所获得的数据经电脑分析,预测是否会发生海啸。2009年,工作人员对海啸预警系统例行检查时发现问题,整个系统失灵,原因可能是操作失误。工作人员反映,自己本身不掌握专业知识,缺乏专业人员,导致系统无法发挥应有效用。这个缺陷使海啸预警系统没有发挥正常作用,2010年印度尼西亚发生地震引发海啸时造成巨大损失。

(二)确保信息传递过程畅通

信息传递是风险预警的一个重要环节,通过风险信息的准确与高效传递,各有关职能部门和人员才能紧密联系起来。围绕风险信息的传递,风险应对系统才能开始发挥作用。风险信息经过层层传递阶段的过滤,往往会出现不同程度的失真和衰减,使风险信息的价值大打折扣。另外,风险信息的传递过程有时会因为组织层次过多以及官僚主义等因素,导致信息不能及时、有效传达,从而延误最佳风险处理时间。保持风险信息传递渠道畅通是有效促进风险预警的关键因素之一。为保证风险信息传递渠道畅通,首先应保障风险信息来源的可靠性,其次传递渠道要简单、直接,尽可能减少信息传递的环节和时间,最后要采取必要措施补偿或纠正各传递渠道中风险信息的歪曲和损耗,确保信息的准确性和完整性。

(三)提高预警的精确性

相关机构如果经常发出错误警报,就会大大降低警报的可信度,使预警者失去权威性,人们就会对其今后发出的正确警报产生怀疑。因此,防止发出错误的警报,对于保证预警功效至关重要。导致发出错误警报的原因有很多,例如预警系统本身的问题、系统没有根据环境的变化及时更新、人员懈怠等。为此要在平时就重视系统的维护与信息的广泛收集和分析,要有效激励与风险预警有关的工作人员,从而使其保持工作的积极性,以确保预警及时准确有效;要在出现错误预警时及时对预警系统及至整个预警机制加以检查,发现问题及时纠正。

(四)预警信号应明确简明

导致预警失灵的一个重要因素是预警信号不够明确。模糊的预警信号往往容易引发混乱(人们在面对模糊的预警信号时或者会无动于衷,或者会反应过激),因此发出的预警信号应言简意赅、直截了当、信息确凿。要尽量避免使用精确的“行话”和专业的术语，应多用简单、朴实、明确的大众语言。预警信号要传达以下内容：消息来源、时间、紧急区域所在地、威胁的性质、威胁可能造成的危害、威胁可能持续的时间、威胁冲击的程度、在可能的危险区域需要采取的基本措施等。这些内容要不断重复，让信息接收者都能注意到每个细节，了解其确切的含义。

（五）提高个人对预警信号的接收能力

由于危机的发生带有偶然性，人们大部分时间生活在正常状态下，因此在预警信号发出后，人们即使没有经常接收到错误的预警信号，也常常会怀疑预警信号的可信度，并等待更多的预警信号以证实风险，从而耽误了预防风险的最佳时机，导致预警失灵，造成重大损失。由此，在平时应增强人们的突发事件防范意识，培养人们迅速反应、应对风险的能力。

（六）完善新闻发言人制度

新闻发言人应当成为风险治理小组的成员之一，应参与风险治理的全过程，这样才可以保证风险预警信息的权威性，从而最大限度缓解公众的恐慌心理。公共风险预警的最基本经验可用九个字概括：讲真话，立刻说，说清楚。[①]

第三节　公共风险的预警机制

一、公共风险预警机制的构建目标和构建原则

（一）构建目标

公共风险预警机制的构建目标包括：① 确保能够采集到预警所需要的有效信息；② 预警必须准确，不能发出错误的信号，既要防止出现“狼来了”的悲剧，又要做到不忽视任何危险的征兆；③ 确保预警信息及时发布，且能够被目标接收者及时接收到，不能延误预警；④ 预警信号必须简洁、清晰、明确，便于接收者理解；⑤ 要有效地避免各种预警信号之间的相互干扰，避免导致预警信息失真；⑥ 预警机制的构建、使用和维护要做到科学、合理。

---

① 蔺雪春. 公共危机管理：简明原理与实务[M]. 成都：西南交通大学出版社，2013.

（二）构建原则

1. 以人为本

任何时候都应把人的生命放在第一位，以确保人的生命安全为基本前提，保障人合法的基本权益。面对风险事件，政府在设计预警机制时，必须谨慎而行，充分考虑到是否会危及人的生命安全。

2. 分级预警

要广泛借鉴经验，总结教训，依据对风险事件危机情况的科学判断，进行科学的预警级别划定，制定完备的分级预案。同时，针对不同层次的预警对象进行分级预防和应急管理，做到从容应对。

3. 经济实效

预警机制的构建应做到既经济又有实效。要充分考虑政府的治理能力和公众的承受能力以及大众传媒的反应能力等诸多因素。

4. 公众参与

公共治理的基本理论观点强调公众参与。政府的治理能力是有限的，尤其是在危机情境下。通过广泛的公众参与，既让公众的知情权和参与权得到了实现，又做到了信息的透明公开、程序的公正，同时还发挥了公众的积极性和创造力。

5. 稳定持续

由于风险社会下突发事件常有发生，因此应建立常设的风险治理机构，而非临时性的协调机构，且必须确保这一机构的相对稳定性。此外，风险事件预警机制的建立和完善是一个长期持续性的过程，尤其是预警指标的设计必须根据现实情况的变化作出及时的动态调整和持续改进。①

二、我国公共风险预警机制的现状与问题

近些年来，新冠疫情、河南暴雨等公共危机事件对我国政府和社会应对突发公共风险事件的能力进行了全方位的考验，暴露了公共风险应对机制方面的不足。虽然，目前在公共风险预警方面，各级政府都基本制定了应急预案，也开展了一些应急预案演练活动，但是依然存在很多亟待解决的

---

① 王宏伟. 公共危机管理概论[M]. 2 版. 北京：中国人民大学出版社，2021.

问题。

(一)法治体系不够完善,预警机制缺乏相应的法律支撑和保障

法治建设是制度建设中最强硬的组成部分,是社会发展中不可或缺的一种资源。公共风险预警机制的首要特征是具有完备的法律支撑体系。各相关法律相互补充、统筹兼顾,有效应对公共风险。我国在公共危机治理方面的法治体系尚不够完善,还有待加强。

(二)信息管理系统不够完备,管理体制及相关流程不够完善

信息管理系统对突发事件的处理起着极为重要的作用。目前,我国各级政府虽然设立了专门的风险治理机构(委员会),对风险信息报告的标准、程序、时限和责任等也都有相应的规定,但是现行的体制在发生灾害及各类风险事件时,均以部门为单位逐级汇报,缺乏快捷、有效的沟通渠道。信息管理系统存在的问题并不是信息量不够大、传递不够及时,而是信息分散和部门垄断,无法在紧急时刻统一调集、快速汇总。各级政府虽然有信息收集制度和措施,但是由于缺乏统一的信息收集网络,无法实现信息共享,又没有专门的机构对信息进行分析处理,从而无法转化为预报,发挥应有的作用,造成了各级政府普遍缺乏有效的风险预警机制。例如,在资讯业高度发达的今天,尚未把新闻媒体作为政府风险治理的重要合作者,尚未建立完善的信息披露机制,使其在信息收集中发挥应有的作用。

(三)公共风险预警设备不够先进,预警网络不够健全

目前,我国公共风险事件的应急预警工作仅在组织机构等方面比较成熟,还缺乏相关高科技监测设备或系统预警网络支撑。我国虽然在灾害天气等方面建立了预警系统,但受技术条件的限制,依然无法实现准确预测。为提高政府的公共风险预警能力,使公共风险预警工作高效进行,发达国家对预警设备的配置非常重视。例如,在日本,公共危机预警部门的信息化设备比较先进,很多大城市都配备了不易受干扰和较为先进的情报通信设备,设有互联网、地图数据终端、气象信息终端等设备,能召开电视会议,能传送图像、地图信息等数据,此外,还设置了中央防灾无线网的情报通信网络。在美国,覆盖全国的纵向垂直协调管理、横向相互沟通交流、信息资源和各种社会资源(例如志愿者组织、私人机构、国际资源等)充分共享、指挥协调有效的危机预警网络已基本形成。

(四) 公共危机方面的宣传教育不足，应急技能培训缺乏

发达国家重视对公众危机意识和安全文化素质的培养，对公众进行经常性的公共危机意识教育和危机应对技能的培训，注重广泛应用各种现代化的手段和设施提高宣传教育的水平。发达国家在公共危机方面的宣传教育工作针对性和操作性比较强。例如，统计可能爆发危机的地址并印发给各级政府部门、各类社会组织和公众；电视节目设有专门的教育系列片，宣传一些基本危机常识和自救技能等；互联网上设有专门的网站，用于登录危机预警、应急知识等；电台中设有专门的紧急信号，用于发布危机警报信号，并随时通知灾害情况；等等。这些宣传教育工作的实施有效提高了公众的危机意识和危机应对技能，大大降低了危机的破坏程度。我国可科学借鉴上述做法，加强公共危机方面的宣传教育，强化应急技能培训。

三、建立健全我国风险预警机制

风险预警机制是指一套应对风险事件的预警系统。通过这个系统，能够对风险事件发生的主要领域、可能性大小以及可能引发的危机进行连续的监测、分析诊断、及时发布相关预警信息，为政府及相关部门的决策提供科学依据和服务，帮助应对主体事先做好各种周密的预防、准备工作，做到“为之于未有，治之于未乱”。

(一) 完善风险治理法律体系

风险治理方面的法律体系应符合两个标准。一是法律体系应包括国家安全、新闻舆论等宏观领域的风险立法以及具体管理环节的微观实施细则。二是法律体系的协调统一。宪法、部门法、地方性法规等法律条文不得相互矛盾和冲突，发生问题能及时纠错和补救。此外，针对危机发生地域、种类、行业不同，还需要根据紧急状态法的一般原则出台一些具有法律效力的规范性文件，形成一个以紧急状态法为基础，各领域各行业的专业性、技术性应急法规为补充的紧急状态法律、法规体系。通过法律体系建设，我国公共危机预警机制建设逐步走上法治化、规范化的轨道。

(二) 设置综合性预警监测协调中心

我国尚无突发事件信息监测和情报处理方面的综合性部门，实行的是职能分割的行业主管模式。例如，地震灾害的监测由地震部门负责，地震灾害的救援由民政部门负责；卫生系统突发事件的监测与处理由卫生部门负

责;生产领域的重大安全事故由安全生产管理部门负责等。这样的设置虽然有利于专业分工,但是面对复杂综合性的风险事件时,这种体制在系统协调以及预警管理的系统功能发挥方面则略显不足。因此,面对层出不穷的风险事件,建立监测风险事件的专业机构是非常有必要的。这一综合性的预警监测处理中心将成为整个风险事件预警系统的中枢,发挥协调各专业或行业预警管理工作的作用。一方面,汇总来自整个系统网络的信息,进行总体识别、综合评价、科学预测;另一方面,在分析某些指标接近或超过警戒线时,适时、适当地向有关国家机构及整个社会发出预警,并在预警过程中为有关国家机构迅速准备应对措施提供专业的指导。

(三)建立中枢指挥系统

中枢指挥系统包括参谋系统和决策中枢机构。在国家面临重大危机威胁时,风险中枢指挥系统将全面负责危机预警、应急救治工作,是应对风险战略的制定者、风险预警的核心决策者和指挥者。通过公共风险预警中枢指挥系统建设,实现政府各部门间顺畅的联络和协调,保证各部门协同作战,建立起纵向垂直协调管理和横向沟通、信息资源、各种社会资源充分共享,覆盖全国的多元化、立体化与网络化的风险预警网络,提升我国政府的风险预警能力。

(四)健全风险预警网络

目前,部分发达国家在公共风险预警方面配备了先进的信息化设备,对风险反应迅捷、快速,处置公共风险预警的效率很高,能够有效保证信息传递不受干扰,确保信息安全,提高管理者对风险信息判断的正确率。面对我国突发事件的规模、数量不断扩大的趋势,必须提高风险预警能力,使突发事件的预警机制高效运行。我国要高度重视提高预警设备的科技含量和实用性能,不断健全风险预警网络,科学借鉴其他国家相关经验。

(五)提高公众风险应对能力

突发事件的发生有一定的客观必然性,降低突发事件社会危害的途径之一是提高公众的防范和应对能力。现阶段我国公众的风险意识还不够强,防范能力较低,突发事件发生时缺乏必要的物质和心理准备。因此,必须走出单纯建立应急预案的认识误区,大力加强风险预警方面的宣传教育,组织自救能力提升培训,强化公众的应急防范意识,使公众了解各种突发事件发生的过程,掌握自我保护方法,增强公众应对突发事件的能力。加快风险管理人才培养，为高水平的教学、持续不断的训练和战术演习培养研究人员和教练员。只有建立公众和政府的预警和安全保障基础，才能达到较高的风险管理水平。①

第四节　公共风险的应急响应

公共风险的应急响应是指在风险转变为危机事件之后，对事件性质作出迅速判断，对事件形势作出正确分析，采取一系列有效措施，尽快控制事态发展，减少损失，从而尽快进入恢复重建阶段。应急响应是在危机的事态趋于稳定前所采取的一系列紧急处置措施，具体目的有三个：保护公众、减轻原生灾害的损失、最大限度减轻二次灾害的损失。公共风险的应急响应不仅要解决迫在眉睫的问题，例如开展急救、搜索与救援、提供应急避难场所，而且要为解决这些问题进行协调与支持行动。此外，关键基础设施的快速恢复也属于应急响应的范畴，例如打通交通干线、恢复供电与通信等。

一、应急响应的功能

应急响应的功能包括四个方面：应急评估、影响处置、安全保护、调度资源。应急评估是指应急响应要在对可能受到的威胁进行探查的基础上，预测潜在影响，决定如何进行应对。影响处置是指应急响应要采取适当的行动，限制灾害影响的范围，避免危机的扩大、升级。安全保护是指应急响应要采取保护性措施，最大限度避免人员的伤亡。调度资源是指动员、调度各种资源，对危机进行处置。

（一）应急评估

应急评估主要包括灾情评估和需求评估两类。灾情评估又称损失评估，主要显示危机的影响结果。应急评估的内容主要有影响范围，影响人数，伤亡人数，伤病类型，影响特征与条件，医疗、健康、营养、水、卫生情况，风险源影响，基础设施与关键设施的损坏程度，住宅及商业建筑的损失，农业及食物配送系统的损失，受灾公众的脆弱性，正在进行的响应行动，等等。

需求评估主要表现为应对危机所需要的服务与资源。需求评估的主要

① 汪大海.公共危机管理实务[M].北京：中国人事出版社，2013.

方法包括：收集内部信息；观察，包括使用卫星图像、航拍、驱车巡视等手段；抽样调查，访谈受灾公众代表；监测，某些灾害特征或预警信号预示着更大的风险；持续访谈，指定专人不断收集支撑评估的数据；采访信息员，一些受灾公众可以提供有关灾情和需求的信息，可以充当信息员，其职责是经常报告掌握的最新情况。

经过灾情评估和需求评估，决策者可以对危机的情势有准确的把握，从而作出清晰的判断和公共危机决策。对于决策者而言，正确响应比快速响应更加重要。所以，风险管理应根据评估结果，不断调整行动方向。例如，2013年4月20日，雅安市芦山县发生7.0级强震。雅安地震发生后，党中央、国务院要求抓紧时间查清灾情，在此基础上科学施救。从总体上看，雅安地震救援科学有序。但是，灾情评估工作还有待进一步完善。雅安地震灾区多低矮建筑，垮塌后伤人较多，没有形成汶川大地震那样的大面积城市废墟，在道路交通不畅的情况下，医疗救援力量应优先进入灾区，而大型救援设备需求较少。但是，地震发生后，一些企业将大型救灾设备开往灾区，不仅加剧了道路拥堵，而且不利于医疗施救的开展。

（二）影响处置

影响处置是指对危险源的影响进行处置。一般来说，危险源的影响可分为三类：在响应活动开展前，影响已经结束，例如地震；影响持续，但响应活动不能限制或消除影响，例如寒潮或热浪；影响持续，但响应活动可以对其进行限制或消除，影响处置是指应对此类影响。

（三）安全保护

在风险的应急响应中，人们采取的保护性措施主要包括以下五个方面。一是选择采取何种类型的保护性行动。例如，在危机发生时，确定不同地区的居民应该原地避险，还是转移；向可能受到影响的公众发出警报；确保信息源的权威性、传播渠道的多样性和信息的简洁性、通俗性。二是实施保护性行动。对危险区域进行封锁、控制，主要目的是防止危机影响扩大，并为顺利处置创造有利环境。三是开展搜救行动，为了避免发生次生灾害，搜救应由专业人员携带专业装备进行。接收、照顾灾民，解决灾民的食物、饮水、衣服、住宿、医疗问题，保证有饭吃、有水喝、有衣穿、有地方住、有病能看医生。四是远离危险源，公众与应急响应人员要尽量远离危险源，采取防护措施，避免产生更大的损失。五是减轻环境影响，确保环境污染得到消除，防止公众健康受到损害。

(四) 调度资源

应急响应需要多个部门之间的协调,动员外部资源,形成合力。因而,应急资源的动员与调度非常重要。调度资源的主要活动包括通知与动员相关的机构,动员有关应急装备和设施,沟通、分析与规划,内部指挥与控制,公共信息发布,财务保障,后勤,外部协调等。

调度资源的流程如下所述。① 接收信息,查明情况。危机信息来源渠道多样,最先得到信息的部门应核实消息,进一步查明情况,包括危机的事发地点、损害程度、危险源、死伤人数、被困人数、应急服务需求等。② 通知主要响应部门,启动应急预案。接到报警的部门在初步核实风险情况后,应立即通知相应部门,采取行动,避免影响范围进一步扩大。有关部门应对危机现场采取封控措施,疏导交通,确保响应部门及早进入现场。③ 建立现场指挥部。现场指挥部应靠近危机现场,但要远离危险地带、位置明显,且不会造成交通拥堵。公共危机管理人员应佩戴明显的标志。④ 现场指挥部应根据现有信息,评估危机情势,制定现场处置方案,包括任务安排、安全须知、后勤保障、通信联络等。⑤ 现场指挥部向后方应急指挥中心及参与应急响应部门的指挥人员通报现场处置计划。⑥ 对危机现场进行管理。设计响应队伍的进出路线,对现场进出进行控制,设计车辆调度及集中区域,设计检伤分类区域及救护车装载区域,设计休息、就餐区域,建立与媒体的联系,撰写突发事件日志。⑦ 宣布响应结束之前,组织相关人员对事件进行总结。⑧ 应急响应人员撤离现场。⑨ 进行应急调查与评估,撰写报告。

二、应急响应的一般原则

公共风险发生后,公共风险治理者需要根据事件的发展变化来调整处置措施。公共风险治理者在发挥创造力、进行临机决断的同时必须遵循一定的处置原则。

(一) 以人为本,减轻危害

《论语 · 乡党》中描述了这样一个情景:“厩焚。子退朝,曰:‘伤人乎?’不问马。”这段话体现了孔子以人为本的思想,被广为传颂。公共风险会产生多种威胁,造成多种损失,因此,应急处置可能会面临多重价值目标的选择。我们要坚持“先救人,后救物”的原则,把挽救生命与保障人们的基本生存条件放在首要位置,而不是舍本逐末。同时,危机现场安全情势很不稳定,必须高度关注救援人员的人身安全,有效保护应急响应者,避免次生、衍生灾害的发生,这也是风险处置以人为本的要求。

(二)统一领导,分级负责

公共风险应急处置工作需要跨部门,甚至跨地域调动资源,因而必须形成高度集中、统一领导与指挥的公共风险治理指挥系统,实现资源整合,避免各自为战,确保政令畅通。统一领导与指挥的关键是要在各级党委的领导下,发挥政府的主导作用,调动全社会的力量,形成公共危机应对的合力。在我国,党管干部的原则和党的网络化组织是应对公共风险的法宝。同时,应急处置要坚持分级负责的原则,按照公共风险的分级,依据各级各类应急预案要求,由相应级别的应急指挥机构果断决策并进行处置。

(三)社会动员,协调联动

危机往往因涉及范围广、社会影响大,会超出某个政府部门,甚至某级地方政府的控制能力,因此需要开展社会动员,实现协调联动。一是整合政府、企业和第三部门的力量,形成共同治理危机的网状化格局,发挥整体效能;二是危机发生地政府同周边地区政府建立应急互助伙伴关系,统筹调动人力、物力、财力资源;三是充分发挥武装力量在救援中的突击队作用,体现军民结合、平战结合的精神。

(四)属地先期处置

在公共风险发生时,属地政府要及时地开展先期处置,以防止事态进一步扩大、升级,尽可能地减少风险事件给公众生命、财产和健康带来的损失。这是因为属地是风险的事发地,属地政府最熟悉当地的周围情况,可以在第一时间赶赴事发现场,有助于把危机消灭在萌芽状态。在先期处置的同时,属地政府应边处置、边报告,以便在事态扩大升级时,获得外部救援资源的支持。为配合外部救援力量到达现场,属地政府应做好道路引导员的工作。当外部救援力量到达现场后,属地政府应做好情况说明员、秩序维护员、后勤保障员的工作。

(五)依靠科学,专业处置

在公共风险处置过程中,应充分利用和借鉴各种高科技成果,发挥专家的决策智力支撑作用,避免蛮干。同时,应充分利用专业人员的专业装备、专业知识、专业能力，实现公共风险的专业处置。公共风险的救援可以是综合性的，但处置必须尊重科学，体现专业处置的原则，否则危机就有可能进一步扩大，甚至伤及应急救援者。坚车能历险，渡河不如舟，科学调配资源，用其所长，就能够发挥事半功倍的作用。否则，不尊重科学就有可能引发二次灾害，造成不必要的损失。应落实依靠科学、专业处置的原则，充分发挥应急专家“外脑”的作用，使公共风险处置依法、科学、有序进行，进而减少不必要的生命、财产损失。专家的作用在谋，决断权属于公共风险治理者。

（六）鼓励创新，迅速高效

《吕氏春秋·察今》中说：“世易时移，变法宜矣。譬之若良医，病万变，药亦万变。病变而药不变，向之寿民，今为殇子矣。”医治病患如此，处置公共风险何尝不是如此？风险的演化瞬息万变、不确定性强，这要求公共风险治理者根据实际需要，打破常规，大胆创新，务求应急处置的迅速和高效。在危急关头，公共风险治理者要行使行政紧急权，在紧急状态下特事特办，简化应急处置程序，控制事态发展，最大限度减少风险事件带来的损失，挽救更多人的生命和财产。当然，在应急处置的过程中，既应维护公共秩序、保证公共安全，也应维护公民权利、保障基本人权，防止行政紧急权的滥用。此外，公共危机响应行动的速度与方向、适当响应与快速响应同样重要。适当有两层意义：一是行动方向正确，不犯南辕北辙的错误；二是适度响应，响应过度与不足都会不利于公共风险的处置。

第五节　应用场景及案例

一、凉山彝族自治州白鹤滩镇矮子沟泥石流灾害预警①

（一）案例介绍

2012年6月27日至6月28日，四川省凉山彝族自治州宁南县白鹤滩镇矮子沟遭受局部特大暴雨，降雨量高达236毫米，导致中国长江三峡集团有限公司（简称三峡集团）白鹤滩水电站前期工程施工区矮子沟处发生特大山洪泥石流灾害。这次灾害造成40人遇难。遇难者全部居住在矮子沟沟

① 王宏伟. 公共危机与应急管理：原理与案例[M]. 北京：中国人民大学出版社，2015.

口一栋三层楼——晏子酒家，为水电施工人员及家属和民工。令人惊讶的是，在此次灾害发生前的10多个小时，有关方面已经发出预警。矮子沟沿岸村民全部撤离，无一人死亡。

白鹤滩向来地质灾害多，事发两年前就发生过一次泥石流，距矮子沟只有数百米。2012年入夏后，持续一个月的降雨让白鹤滩镇政府干部产生了高度的警觉。6月26日，镇党委书记带领干部去山里查看，发现异常现象：土里在往外冒水，几个地方发生了小型塌方。于是，6月27日，宁南县国土资源局给各乡镇发出一条预警短信："据县气象局预报，我县未来24小时有中雨天气，局部地区有暴雨、强雷暴、冰雹，地质灾害为'可能性大的4级'"。白鹤滩镇干部立即通过短信、电话，告知各村干部、监测员，由村通知到组，由组通知到村民。

6月28日上午5时许，白鹤滩降雨突然加大并伴有电闪雷鸣。矮子沟沿线的和平村干部和监测员奔出家门，通过电话、敲锣打鼓、奔走相告等方式动员村民紧急撤离。6月28日上午6点刚过，巨大的泥石流呼啸而至。117户、557名村民全部按照一个月前演练的路线安全撤离。

但是，晏子酒家里的工人却没有疏散，原因是没有接到预警。6月27日下午6点半，白鹤滩镇镇长以镇政府名义，将宁南县国土资源局发送的预警短信转发给了白鹤滩工程建设筹备组的胡某某，还特别加上一句："请贵公司加强高线路和电站建设影响区的监控。"2012年5月15日至5月16日，镇政府组织联合检查组，对境内地质灾害隐患点及因工程建设新增的隐患点进行摸底排查，胡某某作为三峡集团白鹤滩工程建设筹备组代表参加。6月26日，白鹤滩镇发现地质险情后也请胡某某来实地查看。三峡集团设立了正规的筹备机构，下属的金沙江水文气象中心提供气象预警信息，传递给各建设管理单位负责人、部门负责人、施工承包商以及安全部门。6月27日晚至6月28日，金沙江水文气象中心曾8次发出预警短信。其中，在泥石流发生之前发出的有4次，最早一条预警短信的发出时间是6月28日凌晨3时许，都提到了"未来有大雨"。

（二）案例反思

白鹤滩水电站矮子沟泥石流灾害的教训是深刻的，反映出企业与地方在应急预警制度建设方面存在协调、沟通不够的问题。凉山彝族自治州的地质条件非常复杂，山洪、泥石流灾害频发。三峡集团对此并不了解或了解不够深入。企业与地方政府应该在公共风险治理方面建立无缝隙的伙伴关系。

白鹤滩地方政府履行应急属地管理职责，向水电施工方发布预警信息，但相关人员却未引起重视。这说明，企业防灾体系建设尚存在不足，相关责任有待进一步落实。此外，预警信息的编制存在问题，没有做到清晰传递完整信息，例如将会发生什么、影响如何、怎样避险。

三峡集团内部有短信预警，但短信预警的目的是促使相关人员疏散。短信预警应成为双向的交流，而不是单向的信息发布。在没有得到回复的情况下，预警部门无疑应该以电话等其他方式沟通，以得到及时反馈，确保预警信息被接收。

公众的公共安全教育是预警成功的基础。白鹤滩当地居民防灾意识较强，当地企业的防灾意识较弱，关注内部安全生产事故，却不够重视社会突发事件的影响，这也是白鹤滩矮子沟泥石流灾害促使人们应深刻反思之处。

二、鹤岗特大煤矿事故的教训①

（一）案例介绍

2009 年 11 月 21 日，黑龙江鹤岗新兴煤矿发生瓦斯突出爆炸。事故发生时，井下作业 528 人，紧急升井 389 人，139 人被困。经救援人员的不懈努力，仍有 108 人遇难。

新兴煤矿隶属黑龙江龙煤集团，是年产百万吨以上的国有大型煤矿。新兴煤矿在技术设备上一直处于领先地位。2009 年，新兴煤矿因安全生产和信息化建设基础良好，被选定为中韩合作“煤矿防灾三维信息系统”项目示范企业。此外，新兴煤矿还装备了先进的考勤系统，矿上有探头、便携、理研（气体检测器）三位一体的瓦斯探测装备。井下值班人员一旦发现瓦斯突出，就会切断电源，当班矿工自觉撤离。

（二）案例反思

根据现场的初步分析，新兴煤矿发生矿难的原因被认定为安全责任不落实，隐患排查不认真、不彻底，是一起明显的责任事故。具体而言，造成新兴矿难的原因如下。

---

① 王宏伟. 公共危机与应急管理：原理与案例[M]. 北京：中国人民大学出版社，2015.

第一,劳动组织管理混乱,违规作业严重。2006 年国家发布的《关于加强煤矿安全生产工作规范企业劳动定员管理的若干指导意见》要求:国有重点煤矿原则上每个采区同时作业的采、掘人员每小班不得超过 100 人。本次矿难发生时,新兴煤矿共有 3 000 人下井,发生爆炸的开采区有工人 528 名,作业管理严重违规,安全保障乏力,事故发生后井下工人逃生乏术。

第二,采掘布置不合理,井下系统复杂,隐患众多。新兴煤矿布置极不合理,井下施工的三水平探煤巷发生煤与瓦斯突出后,引起风流逆向,突出的大量瓦斯进入二水平进风系统,遇火发生瓦斯爆炸,波及全矿井。此外,该矿核定生产能力 145 万吨,但井下采掘作业地点却多达 30 个,且作业面分散,巷道多而长,最深处距离地面 3 000～4 000 米。事故发生后产生了大量的有毒气体,极不利于现场工人逃生。另外,爆炸发生后煤与瓦斯产生冲击波,部分巷道被堵塞,矿工逃跑被阻。

第三,安全意识淡薄,无视隐患酿成大祸。新兴煤矿装备有先进的安全生产防护设施。但是,该矿在瓦斯浓度达到 1%的超标条件下依旧作业,在瓦斯浓度超过安全标准时仍不让工人撤离,而是等瓦斯浓度降下来继续工作,漠视瓦斯事故警戒线。新兴煤矿自恃装备优良,安全记录良好,思想麻痹,安全意识淡薄,无视隐患,诸多先进装备形同虚设。

第四,有关部门监管不力。对于煤炭生产等高风险行业,政府相关部门必须严加监管,定期及不定期地通过各种形式进行隐患排查、风险评估。存在重大安全隐患的新兴煤矿在历次检查中均顺利过关,反映了相关部门监管工作的疏忽。

第五,煤炭需求旺盛,矿方盲目追求产量、无视生产安全。鹤岗市新兴煤矿矿井较深,属于高开采难度的矿井,比较容易发生事故。我国目前能源供应与安全生产之间存在着矛盾。煤炭需求日趋旺盛,企业为追求效益,无视生产安全,超能力、超强度、超定员“三超”生产现象存在,这是导致事故频发的主要原因。

许多人在谈到预警制度时,首先想到的是高科技产品。鹤岗市新兴煤矿配备了先进的预警技术产品,但仍然没有防止此次事故的发生。这说明,预警制度不等同于预警技术。在预警问题上,制度比技术更重要,因为技术只有在制度的框架下,才能发挥最大的作用。

思考题

1. 结合实例，谈谈你对公共风险预警功能的理解。
2. 你认为我国公共风险预警机制目前存在哪些问题？
3. 思考如何更好地构建我国公共风险预警机制。

7

第七章

公共风险处置

学习目标

1. 掌握公共风险处置的概念、具体流程和原则标准。
2. 掌握公共风险处置措施的选择与执行策略。
3. 了解公共风险处置的具体场景应用。

■ 第一节　公共风险处置概述

公共风险处置是指选择并实施合适的风险治理措施来处置风险。公共风险处置依据风险评估与分级结果、风险的可控性分类,分析存在的问题和薄弱环节,确定公共风险处置策略,提出有针对性的公共风险处置措施,以达到消除或减小风险、做好预防工作的目的。公共风险处置措施的确定可从降低风险发生的可能性、减小后果的严重性、加强风险承受力和控制力等方面提出相应的公共风险处置建议。

一、公共风险处置的含义

公共风险处置是一系列消减与降低风险具体行动的总和,是指公共风险治理者采取各种措施和方法,消灭和减少风险事件发生的各种可能性,或者减少风险事件发生时造成的损失。在灾害学研究中,风险往往与致灾因子、承灾体、暴露、脆弱性等要素联系在一起。致灾因子是导致各类灾害发生的直接原因,包括自然变异、人为因素以及人地关系失调等。承灾体即灾害受体,是风险区域暴露在灾害风险下的各种要素,包括人口、建筑、城市生命系统、交通基础设施、生产与生活构筑物、生态环境等。暴露是致灾因子和承灾体相互作用的结果,反映暴露于各类灾害风险下的承灾体数量。脆弱性是承灾体易于受到影响和破坏,并且缺乏抗拒干扰、恢复初始状态的能力。从理论上来说,致灾因子发生的可能性和不确定性,致使致灾风险造成的损失具有不确定性。人类社会通过对承灾体脆弱性程度的影响,能制约灾害可能造成损失的大小。①

科学、有效的风险决策与处置需要以客观、得当的风险评估为前提。其

① 尹占娥,许世远.城市自然灾害风险评估研究[M].北京:科学出版社,2012.

中，风险处置是与突发事件应急管理相衔接的一个环节。风险治理与应急管理有着天然紧密的联系，风险治理是推动应急管理工作“关口再前移”的基础，因此过程之间如何衔接、定位、互动非常重要。

作为风险治理各环节中内容最为丰富的一环，风险处置包括风险消除、风险置换、风险转移、风险隔离、风险分散、风险延缓、风险补偿等各种各样的具体行动。风险消除意味着从源头上遏止风险发生，实现零风险。风险置换意味着以相对较小的风险替代较大的风险，使风险降低到可接受水平以下。风险转移是指将全部或部分风险转移给其他主体承担。风险隔离致力于在风险及其承担主体之间制造“隔离带”“防火墙”。风险分散意味着通过扩大风险承担区域等方式避免破坏力集中于某一时间或某一地点，降低每个承担主体可能遭受的损失。风险延缓主要指拖延风险发生的时间，为采取应对措施赢得充裕时间。风险补偿意味着在无法避免或消减风险的情况下预先准备好补偿资源，以降低风险承担主体的实际损失。需要指出的是，风险处置方式的选择范围虽广，但并不存在最理想或最优，而是通常会依据有效性与实施成本选择较为适用的几种方式。

风险治理和风险处置在经济学领域中已经得到较为广泛的应用。特别是在全球金融创新和衍生品泛滥的情况下，为了减少和管控过度创新带来的风险损失，需要构建金融风险的防控与处置体制。这个体制既包括法律规范、政府政策，也包括机构监管、内部管理等内容。防控方式和手段应根据时代的变化不断调整和加强。

二、公共风险处置的流程

在进行公共风险评估之后，风险治理者要选择相应的风险治理措施进行应对处置。该过程主要是指公共管理组织围绕发展战略，根据自身条件以及外部环境，选择有效的风险治理工具，确定风险治理所需要的资源配置。公共风险处置的主要流程见图 7-1。

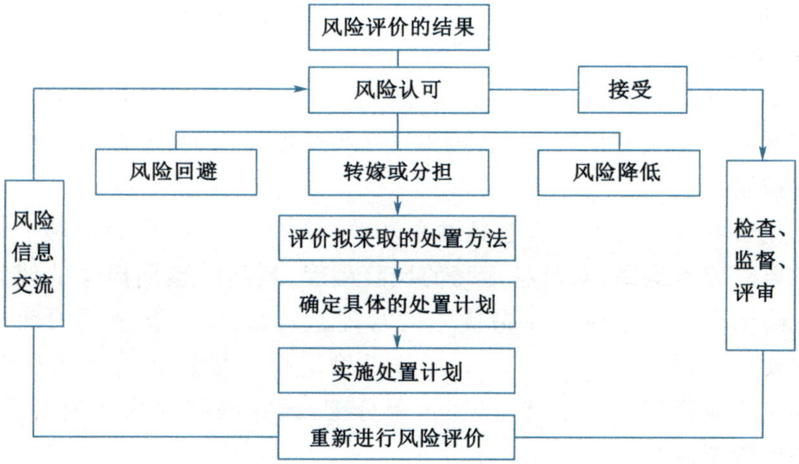

图 7-1 公共风险处置流程①

第二节 公共风险处置的原则

一、公共风险处置的基本原则

公共风险处置的基本原则包括可行性原则、有效性原则、针对性原则、综合性原则、及时性原则、责任明确原则、成本效益原则等。① 可行性原则是指所提风险处置建议应在资源及条件允许范围之内。② 有效性原则是指风险处置措施要能有效弥补安全漏洞，改进不足，从而降低风险发生的可能性，或减小风险可能产生不利后果的严重程度。③ 针对性原则是指针对不同风险的特点和等级，提出有针对性的风险处置措施。要把风险处置工作落实到每一个风险处置点，进行具体管理。④ 综合性原则是指要综合考虑风险的各个方面，跳出部门局限，不仅应对本部门相关工作提出建议，还应对其他相关领域和部门提出工作建议，并加强跨地区、跨部门的信息沟通与工作交流。⑤ 及时性原则是指要在开展风险评估的过程中边评估、边控制，及时发现问题、及时采取控制措施。⑥ 责任明确原则是指要明确监督管理责任和实施控制主体责任，确定风险处置工作的措施和完成时限，统筹协

① 唐钧. 公共安全风险治理[M]. 北京：中国人民大学出版社，2022.

调，持续推进。⑦ 成本效益原则是指并不是所有的风险都必须或能够完全消除，也不是所有的风险都必须花费巨大的成本进行降低，想要消除所有风险是不切实际的。要在一定的资源条件约束下，寻求最有效的措施。现有等级较低的一些风险是可以被接受的，可通过加强监测、做好应急准备等方式进行控制。

优化公共风险处置过程包括两个环节。第一个环节是确定哪个地区或部门的风险因素最高，对具备最高的风险程度、最高的预期损失的地区或部门在风险治理计划中应给予最优先的管理。当然，优先管理项的确定应符合法律要求与国家意志。第二个环节是确定哪些措施将最大限度缓解风险。确定相应管理对应措施后，在资源分配、预算编制和执行上给予侧重，优先考虑资源供给。

基于部门和决策者的客观条件与需求，选择优化公共风险的处置方法。不同领域、政府层级面临的风险类型、资源条件、环境差别很大，因而需要根据各自客观条件具体选择优化公共风险处置方法。

二、公共风险处置的具体原则

《中华人民共和国突发事件应对法》提出，有关人民政府及其部门采取的应对突发事件的措施，应当与突发事件可能造成的社会危害的性质、程度和范围相适应；有多种措施可供选择的，应当选择有利于最大限度保护公民、法人和其他组织权益的措施。基于此，公共安全应急风险处置应遵循以下六项具体原则。

第一，以人为本，生命为先。突发事件存在多种威胁，会造成多种损失。因此，应对处置时，要坚持以人为本的原则，先救人，后救物，把挽救生命与保障人们基本生存条件放在首要位置，而不是舍本逐末。同时，必须高度关注应急救援人员的人身安全，有效保护风险处置者，避免次生、衍生事件的发生，这是风险处置“以人为本”的当然表现。

第二，依法管理，科学处置。在风险处置过程中，要严格依照国家法律、法规、规章等规定采取风险处置措施。要充分利用和借鉴各种高科技成果，发挥专家的决策智力支持作用。同时，也要充分利用专业人员的专业装备、专业知识、专业能力，实现突发事件的专业处置，体现专业处置的原则，使突发事件处置能够依法、科学、有序地进行，进而减少不必要的生命、财产损失。

第三，速度第一，快速反应。风险处置应坚持以最快的速度到达现场并开展应急工作。速度第一，快速反应的原则具体表现为以下四个方面。① 到达现场的用时短、速度快。例如，最严格的消防灭火遵循“1 分钟出警”准则。② 现场处置及时高效，在最短时间内将灾害损害控制在最小范围。例如，我国大力推行微型消防站建设，旨在提高消防灭火现场处置的速度和效率。③ 适应恶劣环境，以提升救援速度。④ 短时间内并行处理多种救援任务，整体上提升风险处置和紧急救援速度。例如，航空救援具有快速高效、受地理空间限制较少的优势，能够适应大风大雨大雪等恶劣气候、人员密集的城市中心区或交通不便的荒郊山区等恶劣环境。

第四，专业处置，高效有序。风险处置开展专业处置，不断提升专业性。专业处置通过专业操作规范、专业负责机构、专业人员培养和专业技术设备来实现。① 风险处置的专业操作规范。风险处置有关的法律、法规、规章制度、应急预案、国家标准等规定了风险处置的专业措施和处置方案。② 风险处置的专业负责机构。风险处置的专业处置对应急人员的智能、技能、体能、意志等方面均有专业要求，因此对应急专业人员应进行专业教育。③ 风险处置的专业技术保障。应急专业处置需要配备与应急特点相适应的专业技术、设施、设备来提高应对突发事件的能力，应根据专业处置的不同性质和特点，提高应急专业技术，配备装备精良的应急救援设施，增加专业器材的数量和种类。

第五，统一领导，分级负责。风险处置工作通常需要跨部门、跨地域调动资源，因而必须具有高度集中、统一领导与指挥的应急管理指挥系统，实现资源的整合，避免各自为战，确保政令畅通。对于应急指挥来说，统一领导的关键是要在党委的集中领导下，发挥政府的主导作用，调动全社会的力量，形成应急合力。同时，风险处置要坚持分级负责的原则，按照突发事件的具体分级，依据各级各类应急预案要求，由相应级别的应急指挥机构作出决策，具体进行处置。

第六，属地兜底，先期处置。突发事件发生后，属地政府应及时开展先期处置，防止突发事件进一步扩大、升级，尽可能地减少突发事件造成的损失。这是因为属地政府是突发事件的事发地，较为熟悉当地的情况；属地政府及有关部门在第一时间内赶赴突发事件事发现场，有助于把突发事件消灭在萌芽状态。

第三节　公共风险处置的策略及措施

一、公共风险处置的策略

对任何风险因子的处置无外乎选取风险规避、风险转移、风险控制、风险自担等四种策略之一。参照图 7-2 的二维风险评价图，可以对不同的风险因子施行相应的处理策略。对于发生概率较小、但是危害性较大的风险，可以采取规避的方式；对于发生概率较大、但是危害性偏低的风险，可以采取控制的策略；对于危害性与可能性均小的风险，则可以采取自担的方式，因为对于这类风险进行规避或控制所付出的代价甚至高于风险真正发生所造成的损失。当然，现实中需要根据风险因子的具体情况灵活处置。

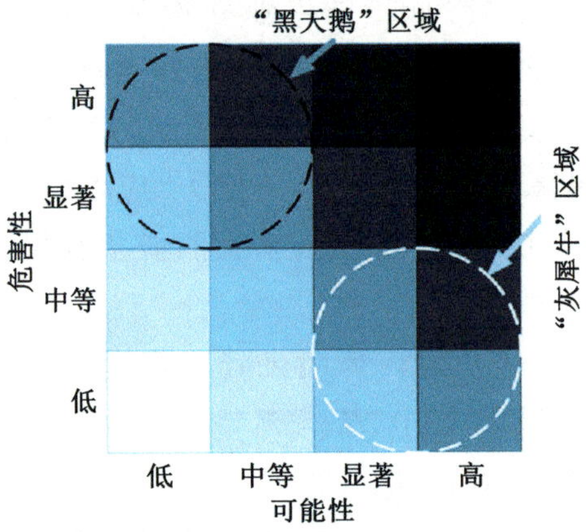

图 7-2　二维风险评价图①

（一）公共风险处置的一般手段

公共风险处置手段要么是用来降低风险发生的可能性、要么是用来减少损失，或者两者同时兼具。值得注意的是：公共风险处置手段必须被利益相关方所接受。同时，相关手段还有可能带来新的风险、新的利益相关方和

① 唐钧. 公共安全风险治理[M]. 北京：中国人民大学出版社，2022.

新的问题。整体而言，公共风险处置的手段一般包括承受风险（接受风险、保留风险）、控制风险（降低风险）、避免风险（规避风险）和转移风险（见图 7-3）。

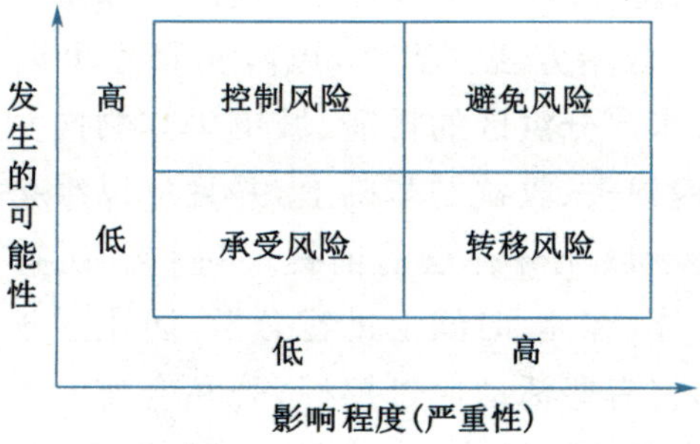

图 7-3 公共风险处置的一般手段①

第一，承受风险（接受风险、保留风险）。针对可允许范围之内的低风险，采取监控措施。此时，可维持现状，不必追加投入，也可以采取少量措施维持现状。

第二，控制风险（降低风险）。针对发生可能性大后果不太严重的风险，宜采取措施降低风险事件发生的可能性。降低风险事件发生的可能性，或者延缓风险到来的时间，以便赢得更多的主动权，或者在风险真正来临的时候，减缓风险对整个系统的冲击。可以通过强化硬件设施，以提高各个系统的安全系数；也可以通过为相关项目的开展和运行投保，提高未来风险的保障能力，同时可以聘请经验丰富的项目管理人员等进行策划和管理。

第三，避免风险（规避风险）。针对发生可能性大且后果严重的风险，宜通过放弃某些可能引致风险的行为，降低甚至消除可能性和（或）后果（严重性）。避免风险是风险治理的最终追求，主要手段是通过计划的变更来消除风险或风险发生的条件，保护目标免受风险影响。规避风险并不意味着完全消除风险，因为现在有许多系统是人工营造的，人口、财富、文化的积聚使得承灾体的价值难以估量，灾害造成的损失将是巨大的。系统的人为性，在很大程度上影响了系统的稳健性，有时候风险将变得难以避免，这就需要其他措施的配合。

---

① 周玲，朱琴，宿洁. 公共部门与风险治理[M]. 北京：北京大学出版社，2012.

第四，转移风险。针对发生可能性不大且后果严重的风险，宜通过法律、协议、保险或者其他途径，部分或全部转移责任或损失，其中保险是较常见的办法之一。一种途径是把部分风险转移到风险实体以外的机构或投资实体上去。例如，通过向保险公司投保，办理巨灾保险、再保险、风险基金等都是风险转移的一些常用方法。当然，风险转移也可以通过非商业化的方式运作，例如城市洪水向分洪区的排泄、城市爆炸物向荒山中的转移。这种分散应当建立在权衡损失、收益的基础上，并且应以维护最终被损害人的基本权益，并对其损失予以充分补偿的前提下进行。还有一种途径是分散风险，将风险在承担主体、客体、时间上进行分散，防止过于集中给系统带来毁灭性的冲击。例如，将有些活动通过招标、公私合作的方式进行，让政府、个人、企业共同分享利益和分担风险。通过各种机制，将城市人流向公共汽车、地铁、出租车等公共交通方式上分流是减少人流聚集可能带来的风险因素增加的方式之一。

（二）公共风险处置的具体策略

第一，避免对风险的暴露，由此降低损失发生的可能性。第二，降低损失发生的频率（例如，通过培训、持续监测、使用更高质量的材料等）。第三，降低损失带来的后果（例如，突发事件应急能力的提高、配备保护性的设备等）。第四，将多个风险暴露点分开（例如，在易燃物附近严禁吸烟、在运输过程中将有毒物品与食品分开、在化学存储罐与员工区域之间建设隔离墙、在危险设备附近严格控制土地的使用等）。第五，资源的备份，包括安全系统的备份（例如，计算机数据备份、将重要物资分处储藏、对关键物资的运输保持多个供应线、与其他组织达成备份能力的协约）。第六，通过协议，将控制损失的责任转移到其他主体。（例如，加拿大大多数化工厂之间达成了协议，在运输过程中，如果在一个化工厂管辖范围内发生突发事件，无论被运输的化学物质是否属于管辖地的化工厂，该化工厂都必须立刻采取应对措施。这样就能够迅速降低有毒物质可能带来的负面影响，从而增强化工厂整体应对突发事件的能力。又例如，购买商业保险方面，将突发事件的责任转移到保险人身上，降低被保险人的损失）。值得注意的是，这是转移风险策略，而不是降低风险策略。这种手段会使转移风险的组织获益，但利益相关者不一定能获得利益。

二、公共风险处置策略的选择

公共风险处置策略的选择是一种综合性的科学决策。决策时，既要针对实际的风险状况，又要考虑组织的资源配置状况、风险偏好、风险承受度等。

在实际的风险治理活动中，公共风险处置策略的选择与风险的几个特性有关，即风险发生的概率、风险发生时的损失、风险发生的可预测性、风险发生的可控性、风险发生的可转移性以及风险发生的应对成本。对风险的这 6 个特性进行估计与评价，可以初步确定该风险的处置策略类型。

第一，概率与损失。由于公共风险的特殊性，公共风险的损失不仅包括经济损失，还包括社会负面影响，对于一些发生概率虽低、但影响较大的公共风险，应主要采取风险规避策略。

第二，可预测性。风险的可预测性大小决定了能否事先对风险发生概率、损失进行估计。可预测性越大，就越适合采取减轻风险等预防控制型策略。

第三，可控制性。风险的可控制性大小决定了能否采取事后应急措施，因为可控制性决定了风险应急措施的有效性。可控制性越大的风险，通过应急措施越容易将其损失降到最低。

第四，可转移性。风险的可转移性主要和风险的性质以及国家、行业对该风险的管理法规有关，也与合同各方所签订的合同责任划分条款有关。风险的可转移性越好，可选择的应对措施范围越广。

第五，应对成本。应对成本的大小决定了能否采取某种应对措施。有些应对措施效果较好但应对成本较高，管理者放弃该措施而选择效果一般、成本低廉的措施。公共风险处置的实质是利用组织的人力、财力、物力等资源，通过管理活动减少风险带来的损失。因此，考虑应对成本在风险转移措施中显得尤为重要。

通过对各公共风险处置策略的特点、优点、局限性进行分析比较，可以确定处于各等级的风险所适合的公共风险处置策略（见表 7-1）。

表 7-1 公共风险处置策略选择表

公共风险发生可能性大小	公共风险影响程度大小	公共风险处置策略	
		主要策略	辅助策略
大	大	规避风险	预防、减轻风险
小	大	转移风险	减轻、预防风险
中	中	减轻风险	预防、转移风险
大	小	预防风险	减轻、自留、转移风险
小	小	自留风险	预防、减轻风险

三、公共风险处置措施的选择、执行与评审

公共风险处置措施是指公共风险处置策略下的具体方法。公共风险处置策略包括多种处置措施，组织通过实施公共风险处置措施来处置风险。在这一环节，风险控制、风险减缓、风险融资、风险沟通等策略将得以确定并实施，应填写风险控制列表（见表 7-2），同时还应评估决策过程的效率。

表 7-2 风险控制列表

所属专项： 评估时间： 填表单位：
填表人： 联系方式：

序号	风险名称	风险等级	总体风险控制措施	风险控制点	风险控制点分级	可控性分类	管理分级	主体责任单位	行业监管/综合监管部门	风险控制点控制措施	完成时限
1											
2											
3											
……											

（一）公共风险处置措施的选择

1. 工程技术措施

工程技术措施包括消除、降低或隔离风险和风险处置点的各种硬件设施改造、技术手段与工程措施等。第一，消除。采用本质安全设计和工程项目建设，从根本上消除风险。第二，预防。当消除风险存在困难时，宜采取

预防性技术措施，预防不期望事件的发生。第三，减弱。无法消除和预防的风险，应设法减弱风险后果的严重程度。第四，隔离。在无法消除、预防和减弱的情况下，应将受影响的对象与风险隔开等。

2. 管理措施

管理措施是指为降低或控制风险，制定与完善相关的管理制度、政策，以及选择放弃某些可能招致风险的活动和行为从而规避风险的决策等各种措施。管理措施具体包括建立完善的管理体系，建立健全责任制和管理规定，对可能发生的事件进行应急演练，建立涵盖政府、企业、公众三方的全社会快速风险处置的联动机制与体制，定期进行培训与宣传以增强风险意识并提高避险救助能力等。

3. 应急准备措施

应急准备措施是针对不可控风险，即确实难以消除，难以控制或防不胜防的风险而采取的特殊的风险处置措施。应急准备措施具体包括应急预案、演练、队伍、物资、资金、技术等各个方面的准备工作。

原则上，在公共风险处置措施实施前，应组织相关部门和专家对公共风险处置措施的有效性（是否能使风险降到可容许程度）、合理性、充分性和可操作性以及是否会引发新的风险等进行评审。

（二）公共风险处置措施的执行

在公共风险处置措施执行之前，需要制订执行计划。决策者既要考虑执行策略的技术性问题（例如，执行的事件、可用的资源、设置监测系统等），还要考虑与其他管理者进行交流的管理性决策（例如，培训需求、职工需求、工作轮换或新职位、财政需求等）。公共风险处置措施执行的主要特征有综合性、合作性、高效性、风险告知和对残余风险的控制等。

1. 综合性

有效的公共风险治理方案需要考虑来自自然、网络、社会、人为因素的影响。公共风险处置措施执行后，要考量长期、短期内产生的影响，应对手段的执行需要人员培训、软硬件的保障，以及公共风险治理计划的随时更新。

2. 合作性

由于风险本身的种类多种多样，即使一种风险可能影响的范围也十分广泛。这一客观现实要求部门之间、政府与社会之间要展开广泛的合作，信息及时共享,更好地应对风险。

3. 高效性

高效的公共风险治理计划要考虑"效率",即最小的资源投入,最大限度地治理风险和产出回报。达到这一要求必须满足以下条件:收集尽可能全的信息、有效的长期投资、解析公共风险治理过程中所涉及的个体背后的经济诱因、有效解决公共风险治理过程中的公共利益问题。

4. 风险告知

公共风险治理计划主要关注如何降低或缓解风险造成的损害,在公共风险治理过程应当及时测量、评价和反馈,相关部门在风险处置手段与措施执行之后应及时地评估风险,以展现风险的控制效果和残余风险的危害程度。

5. 对残余风险的控制

如果一项风险应对过后存在残余风险,则需要决定是否保留该风险,或是重新对该风险进行处理。值得注意的是,要始终避免风险产生连锁效应,以免带来巨大的威胁和挑战。

(三) 公共风险处置措施的评审

公共风险处置措施在实施前应接受评审。评审内容包括控制措施是否能使风险降到可容许水平,控制措施的合理性、充分性和可操作性,是否产生新的风险。

四、公共风险优先化管理

优先化管理在实现公共风险的有效治理过程中非常重要。这是因为一方面组织的资源、客观条件是有限的,需要发挥出有限资源的最大效用;另一方面优先化管理是实现科学、有效公共风险治理的客观要求。

公共风险治理涵盖范围较广,包括各级层面的国家、地区、部门的资产、系统、网络。这就要求在综合比较分析客体面临的风险,并结合客观实际条件作出最为高效的策略选择基础上,对风险的处置进行优先化排序。

确定公共风险治理优先次序的过程涉及对风险评估和分析结果的整合,以确定哪些资产、系统、网络、部门面对最高风险,为公共风险处置建立优先次序。公共风险的优先化管理是高效规划资源,科学决策的基础。

优先化管理过程包括两个必要环节。第一个环节是确定哪个地区、部门的资产、系统或网络的风险因素最高，即确定最高风险点；最高的风险程度、最高的预期损失的风险点在风险管理计划中应给予最优先的管理。当然，优先管理项的确定应符合法律要求与国家意志。第二个环节是确定哪些措施将能够最大限度缓解风险；确定相应管理措施后，在资源分配、预算编制和执行上给予侧重，优先考虑资源供给。

基于部门和决策者的客观条件与需求，选择优先化管理方法，不同领域、政府层级面临的风险类型、资源条件、环境差别很大，因而需要根据各自客观条件具体选择风险优先化管理方法。

■ 第四节　应用场景及案例

本节主要针对地方债风险分级负责、分类处置政策进行解读。[①] 2016年，国务院办公厅印发《地方政府性债务风险应急处置预案》，对地方政府性债务风险进行应急处置作出总体部署和系统性安排。财政部有关负责人就热点问题进行了详细解读。

一、地方债风险苗头须重视

《地方政府性债务风险应急处置预案》是落实预算法规定，进一步加强地方政府性债务管理的有力举措，也是防范财政金融风险的关键政策储备。财政部有关负责人表示，《地方政府性债务风险应急处置预案》对于规范地方政府举债行为，依法引导金融机构合理预期，确保债权人和债务人合法权益具有重要作用。

财政部有关负责人介绍，近年来，我国积极构建规范的地方政府举债融资机制，依法设置地方政府债务的“天花板”，将地方政府债务全部纳入预算等，使地方政府债务管理取得了积极成效，风险总体可控。同时，一些新问题随之出现，主要是局部地区偿债能力有所弱化，个别地区政府债务率超出警戒标准，违法违规融资担保现象时有发生，一些政府和社会资本合作项目存在不规范现象等，需要引起重视。

《地方政府性债务风险应急处置预案》指出，地方政府性债务风险事件

---

① 李丽辉．地方债风险 分级负责分类处置（政策解读）[EB/OL]．(2016-11-15)[2023-09-15]．http://politics.people.com.cn/n1/2016/1115/c1001-28860229.html.

是指地方政府已经或者可能无法按期支付政府债务本息，或者无力履行或有债务法定代偿责任，容易引发财政金融风险，需要采取应急处置措施予以应对的事件。

建立健全地方政府性债务风险应急处置工作机制，提前妥善做好政府债务风险事件应急政策储备，有利于提高地方政府动态监测、实时预警的能力，推进风险防控工作科学化、精细化，牢牢守住不发生区域性、系统性风险的底线。

二、四级风险事件分类应急处置

建立健全地方政府性债务风险应急处置工作机制，应遵循分级负责、及时应对、依法处置的原则。

建立分级响应机制是指按照风险事件性质、影响范围和危害程度等，将政府性债务风险事件划分为Ⅳ级（一般）、Ⅲ级（较大）、Ⅱ级（重大）、Ⅰ级（特大）等4个等级。以Ⅰ级债务风险事件为例，当省级或全省（区、市）15%以上的市县无法偿还债务本息，或是全省（区、市）地方政府债务本金违约金额占同期本地区地方政府债务应偿本金10%以上，或者利息违约金额占同期应付利息10%以上，只要一项指标异常，就可确定为Ⅰ级债务风险事件。对Ⅳ级、Ⅲ级债务风险，主要由市县政府立足自身化解；对Ⅱ级、Ⅰ级债务风险，除上述措施外，省级政府可依据市县政府申请予以适当救助。另外，当地方政府出现极大风险时，中央政府可适当指导。

另外，要在分级响应的基础上，实施分类应急处置。严格依据有关法律规定，区分不同债务类型，分类提出债务违约处置措施，明确地方政府偿债责任，实现债权人、债务人依法分担债务风险。第一，对地方政府债券，地方政府依法承担全部偿还责任。第二，对非政府债券形式的存量政府债务，债务人为地方政府及其部门的，必须在国务院规定的期限内置换成政府债券，地方政府承担全部偿还责任；债务人为企事业单位的，经地方政府、债权人、企事业单位等债务人协商一致，可按合同法规定分类处理，切实依法实现债权人的合法权益。第三，无论存量担保债务还是存量救助债务都不属于政府债务。除外国政府和国际经济组织贷款外，地方政府及其部门出具的担保合同无效，地方政府及其部门不承担偿债责任，仅依法承担适当民事赔偿责任，最多不应超过债务人不能清偿部分的50%；对可能承担一定救助责任的存量政府债务，地方政府视情况救助，但保留对债务人的追偿权。第四，对《地方政府性债务风险应急处置预案》实施后地方政府违法违规担保承诺的债务，参照存量担保债务依法处理。一旦风险事件发生后，将适时启动责任追究机制，对地方政府有关责任人进行行政问责和追究法律责任，对银行业金融机构相关负责人严格依法追责，增强地方政府和银行业金融机构领导干部的风险意识、责任意识，防范财政金融风险。

三、高风险地区实施财政重整

实施债务高风险地区财政重整，是地方政府债务应急处置的重要内容，也是世界各国普遍采用的做法。财政部有关负责人介绍，财政重整是指高风险地区通过实施一系列措施，包括增收、节支、资产处置等，使债务规模和偿债能力相一致，恢复财政收支平衡状态。

根据《地方政府性债务风险应急处置预案》，一旦发生Ⅳ级及以上风险事件，必要时可启动地方政府财政重整计划。《地方政府性债务风险应急处置预案》规定了财政重整的主要措施，主要包括：拓宽财源渠道；优化支出结构，财政重整期内，除必要的基本民生政策支出和政府有效运转支出外，视债务风险等级，本级政府其他财政支出应当保持“零增长”或者大力压减；处置政府资产；申请省级救助；加强预算审查；改进财政管理等。

财政部有关负责人强调，地方政府财政重整计划必须依法履行相关程序，保障必要的基本民生支出和政府有效运转支出，不得因为偿还债务本息影响政府基本公共服务的提供。

思考题

1. 简述公共风险处置的含义及流程。
2. 公共风险处置的原则有哪些？如何灵活理解这些原则？
3. 公共风险处置的策略有哪些？如何选择应用这些策略？

8

第八章

公共风险决策

学习目标

1. 掌握公共风险决策的概念特征以及标准原则。
2. 掌握公共风险决策的系统构成和具体决策过程。
3. 理解公共风险的决策模式及决策执行。

公共风险决策是公共风险治理的核心,公共风险决策的科学性和合理性直接影响公共风险治理的效果。公共风险决策的内容丰富,贯穿公共风险治理活动过程的始终。在进行公共风险治理时,应以公共风险治理目标作为公共风险决策的基础和前提,而且应该把公共风险治理的目标体现在决策方法和决策结果中。同时,由于公共风险的多样性和复杂性,选择最佳的公共风险处理手段往往不是对某一种手段的单一选择,许多情况下常常是对多种处理手段的组合选择①。

第一节　公共风险决策的概念

一、公共风险决策的含义

(一) 决策

决策,即作出决定。决策一词应用很广,各学科对此有不同的解释,甚至同一学科中的不同流派对其也有不同的理解。目前对决策的定义存在着两种不同的看法。狭义的定义把决策理解为在若干方案中进行选择。按照这种理解,决策是一种选择行动或行为。广义的定义把决策理解为社会组织成员为达到一定目的,从所处的具体环境出发,制定若干方案,并从这些方案中择其优者,用于解决问题,以此推动工作的发展。按照这种理解,决策是一个分析问题、制定方案、解决问题的过程,包括了许多环节,狭义的决策即选择行为也包含在广义的定义中。本书认为,决策是对未来实践的方向、目标以及实现这些方向、目标的原则和方法所做的分析和选择。决策至少要有以下五个要素:决策者、决策目标、决策备选方案、环境变量和决策后果。

① 王健康,徐沈新.风险管理原理与实务操作[M].2版.北京:电子工业出版社,2015.

第一，决策者，即作出决策的个人或集体。即使是决策集体或决策机构，也是由人们组成的具有智能和主观能动性的系统所作出的。

第二，决策目标，即决策者要达到的目的。决策目标有多种情况，有的可以明确地以数量形式表现，有的只能以抽象形式表述；有的可以公开表白，有的则深藏在某些决策者的心中；有的只有一个目标，有的同时要实现多个目标。

第三，决策备选方案。决策备选方案是达到目的的手段，是选择的对象。决策备选方案的制定是整个决策中极为重要的一个阶段。决策备选方案本身并不是行动，而是行动之前对行动的内容、程序、方式、方法等进行的设计与规划。对一个决策备选方案来说，首先应可以实现决策目标。决策目标是判断决策备选方案正确与否的首要因素。

第四，环境变量。环境变量是指决策者无法控制的但又对决策后果起重大影响的因素，可以是连续的某些变量，也可以是特定的几种可能状态。环境变量在决策学中也称为“自然状态”“客观状态”“状态变量”。由于环境变量影响决策后果，因此决策者应当充分了解。

第五，决策后果，即在某些环境变量的影响下选择特定决策方案后将达到的后果。决策只有通过这些后果才能实现决策目标。①

（二）风险管理决策②

任何一种管理活动实际上都是制定决策和实施决策的过程，决策的科学合理性对实现管理活动目标具有至关重要的作用。就风险管理而言，由于风险的复杂嬗变和环境的多种多样，某一种单一的风险管理方法都不可能达到风险管理的目的，必须由风险管理人员在可供使用的全部方法中作出选择。确切地说，风险管理决策是根据风险管理的目标，在风险识别和衡量的基础上，对各种风险管理方法进行合理选择和组合并制定出风险管理的总体方案。风险管理决策是整个管理活动的核心和指南，其意义不容忽视。

风险管理决策在整个风险管理过程中是重要的一环，是贯穿各个程序的一条主线。没有科学的风险管理决策，也就无法实现风险管理的目标。同时，前期工作例如风险识别和风险评估是风险管理决策的基础。

---

① 张成福，唐钧，谢一帆．公共危机管理：理论与实务[M]．北京：中国人民大学出版社，2009.

② 许谨良．风险管理[M]．4 版．北京：中国金融出版社，2011.

决策工作在风险管理中的关键作用可以从决策本身的内涵中得到体现。其一,风险管理决策取决于风险管理的宗旨,风险管理决策对应风险管理目标,是实现风险管理目标的保障和基础,必须确保所采取的风险管理决策能达到以最少的费用支出获得最大的安全保障这一管理目标。其二,风险管理决策是对各种风险管理方法的优化组合和综合运用,是从宏观的角度制定总体行动方案。风险管理计划的编制要依据风险管理目标,分析风险因素、风险程度,了解可供选择方法的利弊及成本,在综合评价后作出合理的选择和组合。

事实上,人们在面对风险时都在有意识或无意识地运用不同的风险管理方法,例如避免风险、转移风险、自留风险,采用防损技术或者综合运用各种方法。作为一门新兴学科的重要组成部分,风险管理决策着重强调的是如何更科学、更有效地将各种方法结合起来,把处置风险从无意识行为上升到有意识的组织行动,从盲目试探、碰运气转化为建立在科学基础上的合理选择。

(三)公共风险决策

公共风险决策行为广泛存在于现实社会中,随着风险社会和现代化、全球化观念在各国改革浪潮中的渗透,公共风险治理研究和实践有显著增加的趋势,如何准确地描述、合理地解释、精准地预测以及规范地引导实际公共风险决策行为成为学术界所关注的课题。①

对于政府风险管理的界定,一般是指在社会遭遇严重自然灾害、疫情或者出现大规模混乱、暴动、武装冲突、战争等风险,社会秩序遭受严重破坏,人民生命财产和国家安全遭受直接威胁的非正常状态下,政府运用政治、法律和经济的管理办法,对已经发生的或可能发生的风险事件进行信息收集、信息分析、问题决策、计划制定、措施实施和经验总结的系统管理过程。②

基于决策、风险决策等相关概念,本书将公共风险决策定义为在涉及公众利益和安全的情况下,政府、机构或组织通过评估潜在风险和利益,采取行动或制定政策的过程。公共风险决策通常涉及多个利益相关方的利益和观点,因此需要综合考虑各种因素,包括科学证据、社会影响、政治考量和公众参与等。公共风险决策的目标是最大限度地保障公众利益,同时尽量减

---

① 朱正威,刘泽照,张小明.国际风险治理:理论、模态与趋势[J].中国行政管理,2014(4):95-101.

② 刘钧.风险管理概论[M].3版.北京:清华大学出版社,2013.

少潜在的负面影响和损失。这种决策可能涉及应对自然灾害、公共卫生事件、环境污染、经济危机等各种类型的风险。

公共风险决策不仅要对现有风险提出有效控制的科学方案，还要对潜在风险进行评估预测，提出阻止风险升级或消除风险的方案，从而达到尽可能减少人、财损失和负面影响，保护人民群众生命财产安全的公共风险管理目标。

二、公共风险决策的特征

公共风险决策是根据公共风险治理总目标进行的决策，以公共风险可能造成的损失结果为对象，属于不确定情况下的决策，且公共风险决策的绩效在短期内难以实现，加上公共风险具有随机性、多变性以及不确定性等特点，其严重性只有在事件发生后才能清楚反映出来，因此，公共风险决策面临一系列挑战。①

（一）公共风险决策的环境复杂②

第一，公共风险决策面临复杂的外部环境。外部环境通常指在组织外部对组织直接或间接施加影响的因素，例如政治、经济、人口、生态等。相对于常规决策的外部环境，由于风险状态、演变发展、连锁反应、后果影响的突发性和不确定性，公共风险决策的外部环境具有高度的复杂性。

第二，公共风险决策面临复杂的内部环境。内部环境主要指组织内部的构成要素，例如人员、物资、成员间关系、组织文化等。由于风险具有不确定性、内部环境也在时刻发生着变化。与此同时，外部环境的复杂性和风险演变的不确定性也会对内部环境造成影响。

第三，公共风险决策者面临复杂的心理环境。由于内外部环境的复杂性以及受时间、条件等多方面因素的影响，决策者承受巨大的心理压力，面临复杂的心理环境。

（二）公共风险决策的信息不对称

公共风险的特性导致公共风险的相关信息易以模糊、散乱、混沌等形式存在，使决策主体所掌握的信息与真实信息之间存在着数量、质量、时效等

① 何叶荣，李慧宗．企业风险管理[M]．合肥：中国科学技术大学出版社，2015．

② 唐钧．应急管理与风险治理[M]．北京：应急管理出版社，2021．

方面的“不对称性”，进而对公共风险决策的准确程度产生负面影响。信息不对称主要表现为信息不及时、信息不完全、信息不准确。

第一，信息不及时。公共风险的发展变化较为迅速，且信息传递须经历一定的流程和环节，导致公共风险决策者掌握信息时存在难以完全避免的滞后性。

第二，信息不完全。公共风险发展本身存在随机性和不确定性，且紧急状态下具有一定的混乱性，导致公共风险决策者难以在有限的时间内掌握和控制所有的事态发展信息。

第三，信息不准确。公共风险的信息在传递、反馈、处理的过程中受到主客观因素的影响，尤其是小道消息和造谣传谣等“信息干扰”和“信息噪声”，易出现“信息失真”，进而损害信息的准确性和有效性。

（三）公共风险决策的条件受限

在危机状态下，公共风险决策过程面临信息、时间、人力、技术等多方面条件受限的局面，具体表现为合格决策者的不足、专业人员的缺乏、技术支持的稀缺等。

第一，合格决策者的不足。合格决策者对于风险决策来说至关重要，尤其是在紧急状态下，合格的公共风险决策者需要满足极高要求、具备高超水准。① 立足国家安全和公众利益之上的站位。② 果断决策、勇于担当、敢于担责的魄力。③ 善于抓住关键、看清本质、权衡利弊、区分轻重缓急的智慧。④ 乐于接纳先进技术、科学手段、他人建议的胸怀，能够灵活应变、团结内部、周旋外部的能力等。

第二，专业人员的缺乏。在自然灾害、事故灾难、公共卫生事件、社会安全事件的细分领域，进行公共风险决策时需要参考该领域的资深专家或专业技术人员的意见；但资深专家或专业技术人员在事发后的决策中易出现缺位问题，导致决策主体面临危机时缺乏专业意见的辅助决策。

第三，技术支持的稀缺。当前公共风险决策的技术设备、智能系统、支持平台等仍处于稀缺状态，且常态情况下多处于闲置状态，在危机状况下使用时可能出现失灵，对公共风险决策的帮助较小。某些关键设施和重要系统的专业技术设备可能出现被黑客攻击或遭遇电子干扰等问题，给公共风险决策带来阻碍。

三、公共风险决策的原则[①]

公共风险决策应遵循的原则可以分为两类：基本原则和特殊原则。基本原则是指任何决策都应普遍遵循的原则；特殊原则是指因具体决策的特点和要求不同而应遵循的、有个性、非普遍性的原则。

(一) 公共风险决策的基本原则

公共风险所具有的一些特性，例如客观存在性、偶然性和多变性使公共风险治理决策具有区别于其他一般治理决策的特点。为保证公共风险治理目标的实现，公共风险治理决策应坚持以下几个原则。[②]

1. 以人为本原则

坚持生命第一，把人民群众的生命安全放在第一位，最大限度地减少人员伤亡。以人为本原则是公共风险决策的首要原则。

2. 可行性原则

公共风险决策必须是切实可行的，这是化解公共风险的关键步骤，不具有可行性的公共风险决策只会恶化风险，是决策失当的突出表现。所以，公共风险决策必须是在公共风险状态下能迅速解决问题、化解矛盾。

3. 动态性原则

在公共风险决策情况下，可变因素很多，公共风险决策面对的是一个充满复杂性的不确定状态，而且公共风险状态是不断变化的。

4. 全面周到原则

经过调查分析，经济单位面临的风险具有多样性，公共风险治理的目标可细分为多个目标，例如损前目标、损后目标等。对不同风险的处置，要实现不同的目标，往往需要采用多种措施，每一种措施都有各自的适用范围和局限性。公共风险治理决策是要把所有可供选用的对策仔细分析，权衡比较，在全面周到的基础上寻找对策的最佳组合。

5. 量力而行原则

公共风险治理提供了一种与损失风险进行斗争的科学武器，但这个武器的应用是需要付出一定成本的。同样的成本对具有不同财务实力的经济

---

① 张永理. 公共危机管理[M]. 2 版. 武汉：武汉大学出版社，2015.

② 许谨良. 风险管理[M]. 4 版. 北京：中国金融出版社，2011.

单位的影响也是截然不同的，即使同一单位在不同发展时期对同样成本的反应也可能不一致。

对以营利为重要指标的企业而言，需要分析风险治理成本对企业营利的影响。一般情况是，风险治理成本从零开始增加时，企业的营利能力随之提高，但成本增加到某一点后，情况发生变化，即继续增加的成本将导致企业的营利能力下降。风险治理人员要尽可能找到这个转折点，准确决策。

6. 成本效益比较原则

随着风险治理成本的增加，所获得的安全保障程度一般也将提高，但高成本的风险治理决策未必是最好的决策，因为风险治理的总体目标是以最少的经济投入获取最大的安全保障。在决策过程中，要将成本效益比较原则作为权衡决策方案的依据。在实际运作中，比较可行的办法是在获取同样安全保障的前提下选择成本最小的决策方案。

（二）公共风险决策的特殊原则①

在危机状态下，公共风险决策应遵循的特殊原则包括：快速有效、符合比例、依法科学、责任追究。

一是快速有效。在危机状态下，公共风险决策是一种临场决策，面对公共风险状态，决策必须快速、及时和有效，不能延误时机而错失最佳处理机会。进行公共风险决策要做到“三快”：快速发现，快速报告；快速到位；快速展开，快速介入。抓住先机，争取主动，尽快控制危机局势，这是公共风险决策的首要任务。

二是符合比例。进行公共风险决策时所采取的具体措施从公共风险治理的成本上考虑，原则上不能大于公共风险所造成的损失，否则就会造成反应过度的情况。所以，公共风险治理决策中不能一出现公共风险状态就要求全社会“不惜一切代价”来应对公共风险。违背了符合比例这一原则的公共风险决策是不科学、不成功的公共风险治理决策。

三是依法科学。公共风险决策是政府在高度压力情景中所作出的，决策的时限程度要求很高。这种情况对以前缺乏公共风险应对经验的决策者来说容易出现仓促决策、随意决策的行为。缺乏公共风险应对经验的决策者常因忙乱和时间紧迫采取草率“拍板”的决策方式，最终因缺乏慎重性导

① 张永理．公共危机管理[M]．2版．武汉：武汉大学出版社，2015.

致决策失误。有的公共风险决策者在新型公共风险情况下仍然沿用原先固定的、经验式的个人决策方式来应对公共风险，造成决策质量低下和公共危机的持续恶化。有的公共风险决策者因为决策的时限性而独断专行，否定决策的法定程序，不遵循科学的操作程序和手段，公共风险决策缺乏科学性。所以，公共风险决策者即使处在公共风险状态下，仍然要坚持科学决策、依法决策，只有这样才能提高决策质量，实现决策科学化，尽可能避免决策失误。为此，公共风险决策者应该重视科学决策，在制度上完善以高质量决策为核心的现代决策体制。

四是责任追究。公共风险决策是对决策者综合素质的严峻考验，有的决策者因为害怕承担应有的责任而不愿或不敢作出决策，存在敷衍决策、互相推诿、扯皮和拖延决策等行为，对上述行为必须建立和完善责任追究制度，防止逃避责任。所以，应完善相关法律、法规，明确谁是决策主体和对决策结果负责。应按照“谁主管谁负责”“谁管辖谁处理”的原则，明确第一责任主体，追究相关责任。应从制度上防止和杜绝政策的随意性，从外部强化决策监督约束机制以提高决策水平。

■ 第二节　公共风险决策系统

针对公共风险决策而言，中枢系统、信息系统、咨询系统、制度系统相互交融，共同构成了公共风险决策的完整体系。其中，中枢系统是核心，信息系统和咨询系统是辅助，制度系统是保证。公共风险决策过程中的一切活动都要围绕公共风险决策各系统的有机结合来进行，公共风险决策各系统运作的效率直接决定公共风险治理的效率。[①]

一、公共风险决策中枢系统

公共风险决策中枢系统是指，按照一个国家或地区的有关法律，在风险状态下，拥有作出最终决定的权力并承担相应责任的决策者和决策机构。公共风险决策的中枢系统是公共风险决策系统运转的核心部门，也是一切公共风险决策活动的中心。公共风险决策者的主要任务是针对公共风险的发展状态作出判断，确认公共风险的性质，找出公共风险发生的原因及其症

① 杨钰.公共危机管理实训教程[M].西安：西安电子科技大学出版社，2017.

结所在，据此制定相应的对策，并不断监测公共风险进程，适时调整措施或制定新政策，全面指导整个公共风险治理。

公共风险决策者素质的高低是公共风险决策中枢系统的关键，决策者的群体结构包括群体知识能力结构、人际关系结构等。此外，公共风险决策者应该树立全局性、科学性、公开透明和效率至上的决策理念。

公共风险决策机构是决策方案的重要组织者、参与者、拟制者和执行者，它分为常设机构和非常设临时机构。常设机构是公共风险决策中枢所倚重的基本机构，是应对公共风险的专门机构。非常设临时机构是在现行法定体制之外的临时性机构，通常在常设机构难以有效应对即将或已经发生的重大风险时临时设立。与常设机构相比，非常设临时机构规模相对较小、层次高、反应快、保密性高。常设机构和非常设临时机构都是决策中枢运转的基本机构，主要职责包括预测风险、为决策中枢提供决策所需信息和专业咨询、制定决策执行方案并在执行中向决策中枢反馈执行信息。

二、公共风险决策信息系统

（一）公共风险决策的信息要求①

信息是决策的基础和依据，也是决策的先导和前提。信息的完备程度是影响决策者行为选择的关键变量之一，信息不对称是突发事件情景下决策者面临的基本约束条件。公共风险决策过程实质上可看作对相关信息的收集、整理、分析和运用过程。决策者最为重要的工作是依据既定的信息对问题进行界定，从而在准确研判的基础上迅速采取各种有效应急处置措施。

“快、真、准、全”的信息是危机状态下进行科学决策的重要前提。第一，“快”。公共风险决策信息应满足实时监测收集、及时传递报送的要求，以满足时间紧迫情况下公共风险决策所需要的信息。第二，“真”。公共风险决策信息应满足真实展现现状、符合实际情况的要求，淘汰和筛选无关、虚假的信息，并规避“信息噪声”给公共风险决策带来的干扰。第三，“准”。公共风险决策信息应精准有效，可用于定性和定级等直接公共风险决策，间接相关信息应放在次级优先的位置。第四，“全”。在满足“快、真、准”的前提下，公共风险决策的信息要尽可能全面，应包含风险定性定级、基本情况、就绪

① 唐钧. 应急管理与风险治理[M]. 北京：应急管理出版社，2021.

状况、应急能力等多个方面。

(二)公共风险决策信息来源

1. 内部行政系统的信息收集经验

公共风险决策的内部信息主要包括应急管理部门内部环境的相关信息和通过内部人员和专业手段获取的信息。在具体操作中,应急管理相关部门要建立健全突发事件监测和内部情报系统,完善监测网络,划分监测区域,确定监测点,明确监测目的,提供必要的设备、设施,配备专职或者兼职人员,对可能发生的突发事件进行监测并获取信息。

2. 外部社会力量的信息收集经验

公共风险决策的外部信息主要包括应急管理部门外部环境的相关信息和通过外部人员和社会途径获取的信息。具体操作中,应急管理部门要加强信息收集的社会动员,建立健全突发事件信息外部收集的信息报告制度;在基层建立专职或者兼职信息报告员制度;获悉突发事件信息的公民、法人或者其他组织,应当立即向所在地人民政府、有关主管部门或者指定的专业机构报告,通过积极发动社会监督和公众举报,扩大信息收集的覆盖面。

我国通过建立群防群治模式和志愿者队伍,充分发展壮大平安志愿者、社区工作者、群防群治工作的机制和模式,来加强情报信息收集的社会动员工作,形成外部信息网络。具体而言,通过落实举报奖励制度,对提供重大线索、帮助破获重大案件或者有效制止违法犯罪活动、协助抓获犯罪分子的给予重奖。例如,北京市在治安防控工作中建立起了以社区治安志愿者队伍为主要载体的“朝阳群众”“西城大妈”“海淀网友”“丰台劝导队”等志愿者队伍,配合公安机关随时发现违法犯罪的新线索。以“朝阳群众”为例,“朝阳群众”主要由治安志愿者、党员巡逻队、专职巡逻队、义务巡逻员、治保积极分子等五部分人组成,每月向警方提供线索,集中反映涉及盗销电动自行车、街头诈骗、反恐、公共安全、涉毒等线索,朝阳区财政每月对治安志愿积极分子给予补贴。在安保执勤工作期间发生意外的志愿者,不仅可以获得保险理赔,还可以得到朝阳区治安支援基金补助。

3. 公共风险信息源的动态更新

公共风险状态的动态变化对公共风险决策信息系统提出动态更新的要求,全面整合信息来源和收集途径,利用技术手段和管理手段,实现对公共风险决策相关数据和信息的实时监控、动态更新、集成展现。

技术手段的应用主要通过立体化实时监控来实现。具体操作中，一般表现为摄像头的视频监控。在此基础上，互联网、手机通信、物联网、无人机等高新技术的应用，能够有效提升实时监控的精准度和高效化。

管理手段的应用主要通过信息员实时汇报制度来实现。具体操作中，灾害信息员、气象信息员、群测群防员、食品药品安全联络员、网格员等负责收集风险事件相关信息，并及时向值班领导和有关领导报告风险的时间、地点、信息来源、可能导致的伤亡情况、影响范围、发展趋势、已采取的措施和其他需要上报的有关事项等。

（三）信息系统的职能

完备的信息系统对于及时获取准确、全面的信息起着十分关键的作用。公共风险决策信息系统包括信息收集与处理、信息传播与发布等基本职能。应建立信息收集与处理机制。公共风险决策者应当着重收集以下信息：一是反映公共风险性质和状况的信息；二是反映公共风险后果和影响的信息；三是公共风险涉及公众对象的相关信息。公共风险信息事关公众的生命财产安全，甚至国家安全。因此，收集信息不仅要及时，更要真实。应建立有效的信息传播机制并及时发布信息。这样可以保障公民的知情权，以免造成恐慌；有利于树立权威的信息来源形象和设立权威的信息传播途径，减少流言和谣言传播及其负面影响，避免出现不利的舆论导向。信息发布的组织保障一般是建立媒体中心，设立新闻发言人。

三、公共风险决策咨询系统

公共风险决策咨询系统又称智囊团、脑库、思想库、思想工厂或智囊系统，其主体是专家学者、社会组织或特设的机构。公共风险决策咨询系统是为决策中枢系统服务的辅助工作机构，是广泛开发智力，集思广益，协助公共风险决策中枢系统进行决策的组织形式。同时，公共风险决策咨询系统独立于公共风险决策中枢系统。公共风险决策咨询系统的成员构成既要考虑专业需要，又要打破部门界限；既要考虑德高望重的资深专家，也要考虑一些作出卓越贡献的中青年人才，还要吸收有关部门和地方的代表以及有关各类不同意见的代表，使智囊团成员具有广泛代表性。

现代社会公共风险的科技含量和专业背景，要求公共风险治理尤其是公共风险决策必须借助专家力量，以提高决策的科学化、专业化水平。由于公共风险条件下政府面临着信息不对称和有限理性的制约，为弥补政府在知识、能力与信息等方面的局限，保证公共风险决策的质量，应建立专家咨询系统，发挥智囊机构的作用。智囊机构一般是指由一些具有专门知识的专家、学者按照一定的目标或方式组成的专门输出智力成果的机构。智囊机构包括风险治理的各种信息、参谋咨询组织体系等。

智囊机构的主要功能有：第一，收集信息，进行科学预测，充当决策者的"望远镜"；第二，拟订方案，进行综合分析和评价，充当决策者的"外脑"；第三，跟踪检查，提供信息反馈速度，充当决策者的"耳目"；第四，培训、储备和交流人才，充当决策者的"蓄水池"。例如，兰德公司、布鲁金斯学会、麦肯锡咨询公司等都是智囊机构。一方面，由于工作性质的缘故，智囊机构对分析和处理同类问题已积累一定的经验和方法，相对更为专业；另一方面，由于旁观者的独立地位，智囊机构能够不受任何势力和既定思维的约束，更为客观地提供咨询意见。

智囊机构要在危机情境下充分发挥作用，就必须在平时做好各项研究工作，厘清应对思路，在公共风险发生前做好风险预警准备工作。这样，危机爆发时就能有的放矢，忙而不乱。公共风险治理组织应在平时着手建立专家库，邀请或聘请相关专家智囊入库，并定期咨询，以加强事前防范，而非亡羊补牢。

四、公共风险决策制度系统

公共风险决策制度系统是用来保障公共风险决策机制平稳高效运行的法律、政策、原则、规定、程序等要素的总和，是公共风险决策机制运行的基本依据。缺乏公共风险决策制度系统或制度系统不完备，公共风险决策机制就会缺乏动力、活力与强制力，发生系统混乱和偏转。公共风险决策制度系统主要包括以下四个部分。

（一）公共风险决策运行制度

公共风险决策运行制度是保障公共风险决策正确制定的法律、法规的总称，是公共风险决策的基础。我国颁布了一系列与公共风险、公共危机管理有关的法律、法规，各地方也颁布了适用于本地区的地方法规，从而初步建立了一个从中央到地方的法律规范体系。《中华人民共和国突发事件应对法》进一步完善了公共风险和公共危机管理法律规范体系，对突发事件的决策和应对行为进行了严格规范，对公民权利以及在突发公共事件与紧急状态时期政府可以享有的紧急权力和可以采取的紧急措施进行了详细规定。

（二）公共风险决策绩效管理制度

公共风险决策绩效是指决策者和决策机构在公共风险决策中的业绩、效果、效益及其决策工作中的效率和效能，是决策者在行使职能的过程中体现出的管理能力。因此，建立科学的公共风险决策绩效管理制度与适当的奖惩制度，使政府明晰权责，协调合作以作出“满意的”公共风险决策，这样才能切实落实政府为人民服务的宗旨，实现高效办事的目标。

（三）公共风险决策监督制度

任何没有监督的决策都伴随着危险和风险，政府通过将专门机关监督、政协民主监督、民主党派监督、司法监督、群众监督、舆论监督等很好地结合起来，形成监督合力，提高监督效果。对于强化公共风险决策的监督制度，应该以法律制度形式为公共风险决策监督扫清路障。通过制度化的监督，为决策者提供发现并解决问题的能力，从而提高政府的公共风险决策水平。

（四）公共风险决策问责制度

问责应该贯穿行政管理过程始终。公共风险决策问责是否完善，直接关系到政府问责的成败，关系到广大人民群众的利益是否得到维护和实现。因此，在公共风险决策中大力推行问责制有着更大的实践意义。公共风险决策问责制主要从道德责任、政治责任、法律责任三个方面追究决策者的责任。

五、公共风险决策辅助系统①

公共风险决策辅助系统以有效性为主要目标，对决策者发挥辅助作用，支持决策的全过程。对于危机决策这类非程序性决策问题，可以发挥公共风险决策辅助系统在处理半结构化和非结构化问题上的优势，既能增强危机决策的有效性，也能提高危机决策的效率。例如，可在交通管理、资源管理、卫生保健、政府规划与预测等众多部门和领域广泛应用不同层次、不同类型的决策支持系统。这些系统可为政府部门提供多种决策分析和方案，

---

① 张成福，唐钧，谢一帆. 公共危机管理：理论与实务[M]. 北京：中国人民大学出版社，2009.

是政府决策的重要助手。

（一）预案支持系统

预案是针对未来可能发生危机的构想，预先制定的应对或处置方案。这种预先策略来源于人们对过去发生危机的认识和成功应对。预案具有针对性、体系性、科学性、灵活性、可操作性等特点。当识别到了公共风险的苗头，或者危机已经爆发时，可以迅速启动预案，以最快的速度控制危机的蔓延，将风险可能造成的损失降至最低。

预案支持系统是事先制定各种公共风险预案，辅助决策者将决策目标与预案相匹配，从而得到执行方案的一整套系统。在该系统中，决策者不需要在危机状态下从头开始设计方案，只需要结合决策目标在预案库中匹配相应的预案，从而大大提高了决策的程序化。应对同一风险，可能有多个预案与之相匹配，被匹配的预案升级为备选方案。当在预案库中找不到与决策问题相匹配的预案时，则需要在人工干预的条件下，对预案进行修改和调整。

建立和利用预案支持系统是实现危机决策科学化的一个有效途径，其优点主要体现在三个方面。第一，缩短了风险决策时间。决策者通过对风险特征的识别，直接选择可行方案，把危机状态下的方案设计时间缩短为零，把方案设计前移到危机发生前进行。第二，增强了风险决策的科学性。预案是风险发生前预先制定的，有充分的时间进行优化和调整，包含了过去成功应对风险的知识和经验。第三，减小了决策者的心理压力。有预案为支撑，可以大大减小决策者的心理压力，避免压力过大造成决策失误。

当然，预案支持系统也存在着预案数量有限、决策者过于依赖预案而导致的思维僵化等缺点。因此，在对预案支持系统不断优化的基础上，也应有选择地加以应用。

（二）案例支持系统

案例支持系统，即建立风险治理案例库，以发挥先前案例对风险决策的借鉴和辅助作用。在案例支持系统数据库中存储了各种类型的风险案例，它们是对过去发生的各种风险的情境、解决方案、实施结果与评价的完整而真实的描述，其中以环境特征和状态指标描述为主。关于案例的解决方案既有成功的经验，也有失败的教训。这有助于决策者在新的情况下，吸取正反两方面的知识，对危机信息作出更合理的判断，进而制定更有效的决策。

当出现的风险超出了案例库的范围时，要进行人工干预，充分发挥人的主观能动性和创造性思维，在人工参与下直接拟订备选方案。

建立案例库时，要充分注重案例的多样性和跨学科性，为复杂风险情境中的风险决策提供更多参考。此外，还要加强对案例库的日常维护和管理，案例库中的案例要保证定期添加和更新，以确保案例支持的效果。

第三节 公共风险决策过程

一、公共风险决策的步骤①

(一) 确定风险治理目标

以最小的成本获得最大的安全保障是公共风险治理的总目标，也是公共风险决策必须遵循的根本原则。在进行公共风险治理决策时，首先应根据实际的状况，在风险分析的基础上，依照其所面临的风险损失及其程度确定组织的损失后目标与损失前目标。

(二) 进行风险源识别

风险源识别是指在收集相关资料基础上，运用特定方法，系统识别影响公共风险治理目标的各类风险，并加以判断、归类、鉴定的过程。例如，在建设工程招投标中，针对建设工程招投标风险识别而言，就是对影响建设工程招投标目标进而导致无法顺利实施项目、达到预期经济社会收益的各种风险进行判断、归类、鉴定。

(三) 拟订风险处理方案

风险处理方案是指所选择的风险处理手段的有机结合。可供选择的风险处理手段总体上可分为风险控制手段和风险财务手段。在处理风险的众多手段中，风险控制具有独特的地位和作用，尤其是在风险自留困难很大、避免风险和投保又不可能的情况下，就显得更为重要。风险控制是由风险的投机性决定的，这也是区别于一般风险治理的地方。

(四) 选择风险处理最佳方案

在公共风险决策中，不仅要针对公共风险的特定情况和政府的经济状

① 何叶荣，李慧宗. 企业风险管理[M]. 合肥：中国科学技术大学出版社，2015.

况拟订公共风险处理方案。更重要的是通过比较分析,明确哪些是主要的公共风险处理手段,哪些是次要的和起补充作用的处理手段以及每一种手段的特点和运用程序,从中选出最佳方案和达到各种处理手段的最佳组合。

(五)方案实施

风险治理方案选定之后,必须付诸实施。实施风险治理方案时,可以在政府内部组织人员来进行运作。人员可选自风险治理部门或是其他部门,也可以跨部门选用,进行统一协调等。

(六)方案实施效果评价

风险治理实施效果评价的任务是客观评价风险治理决策方案,分析风险治理决策所导致的失误偏差的程度,这不仅可以提高风险决策的有效性,充分有效地利用资源,而且可以防止或减少风险事故的发生。风险治理实施效果评价包括:评价风险治理决策的效果、评价风险治理决策的科学性、评价风险治理者的管理水平、评价风险治理决策的执行情况等。

1. 评价风险治理决策的效果

风险治理决策效果评价主要评价风险治理措施是否降低了风险事故发生的频率,是否降低了风险事故造成的损失程度,这是风险治理决策效果评价的首要任务。如果已经采取的风险治理措施对于防止、减少损失发挥了很大的作用,则采取的风险治理措施是可行的;反之,则是不可行的。

2. 评价风险治理决策的科学性

风险治理决策是否可行,需要风险治理的实践来检验。如果风险治理决策有助于降低风险事故造成的损失,则风险治理决策是有效的。

3. 评价风险治理者的管理水平

风险治理者的知识结构、经验和业务水平是否适合风险治理的需要,风险治理是否适合风险治理组织的经营活动,通过风险治理实施效果评价便可以得到。

4. 评价风险治理决策的执行情况

风险治理措施的执行情况,直接影响风险治理决策的效果。风险治理措施执行中的任何偏差都有可能导致风险治理的失败。因此,评价风险治理决策的执行情况是风险治理实施效果评价的重要方面,不仅有助于风险治理决策措施的实施,而且有助于改进风险治理决策执行中的问题,强化风险治理措施的执行。决策流程的约束模型①见图 8-1。

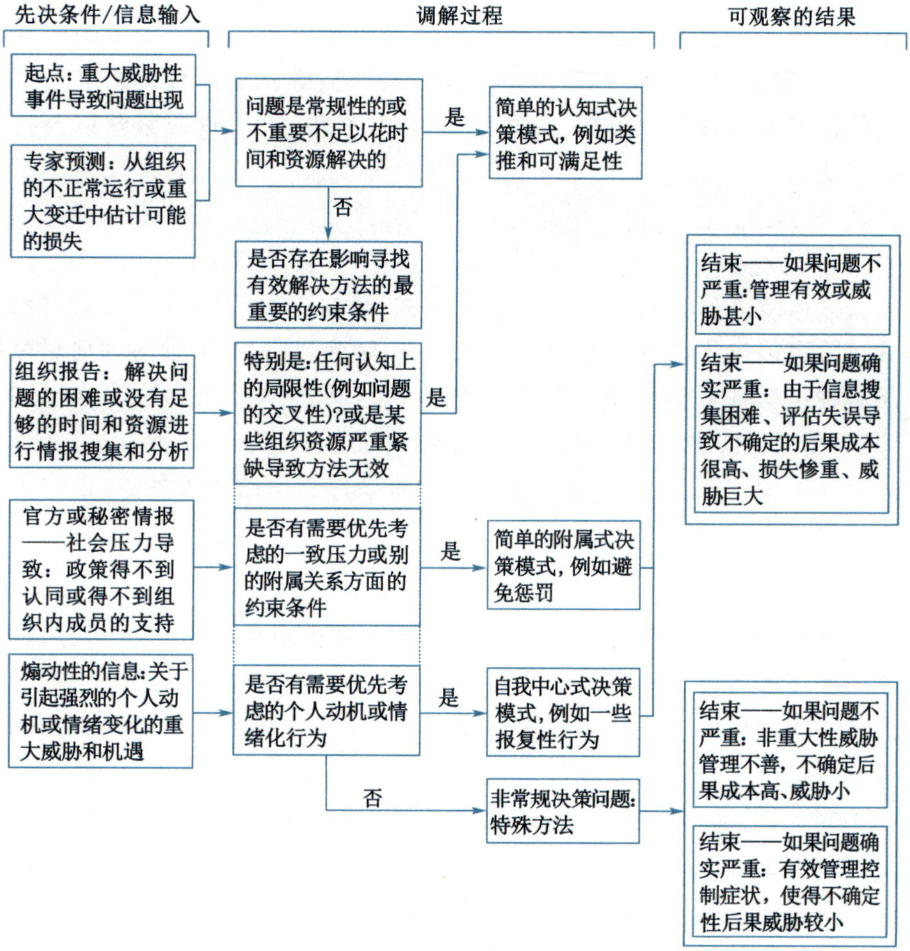

图 8-1　决策流程的约束模型

在危机状态下，公共风险决策经常建立在信息残缺不全的基础上，决策者也可能会遭受心理反应的困扰，从而导致决策混乱。危机情境下的高度紧张、压力与危机中的决策者“主观判断式”的意识毫无疑问地会影响到公共风险决策的制定。美国危机管理大师希斯提出了危机情境下达到最优决

① 张永理.公共危机管理[M].2 版.武汉：武汉大学出版社，2015.

策的步骤:确认决策面临的问题,确认决策标准或“事实”,决定评估标准、方式、权重,发展备选方案,选择一个备选方案,执行备选方案、评估决策程序以及决策结构的影响。公共风险决策流程可分为公共风险决策的问题界定、目标设定、方案规划、方案选择以及绩效评估等几个阶段。影响公共风险决策流程的约束条件包括:时间紧迫、信息有限、人力资源紧缺以及技术支持稀缺等。

二、公共风险决策过程的特点

公共风险决策经常建立在信息不对称、高风险性、决策资源的有限性、常规风险决策与危机决策比较等基础上。① 因此,我们必须学习如何尽可能地从各种组织日常运作中所发生的众多风险案例中寻找普遍的规律和原则,最大限度地降低风险决策中因信息短缺而产生的缺失。换言之,在进行公共风险决策过程分析时,必须先理解风险事件当下的决策特点,以作为分析决策过程的重要依据。

(一)信息不对称

公共风险决策过程中之所以出现信息不对称现象,是因为公共风险事件本身潜在的随机、突发等特性,导致对于有关事件的反应存在模糊、散乱与混沌不明等现象。此种信息状态极易导致决策主体与决策者所掌握的信息与真实信息之间的“不对称”。公共风险决策的信息不对称,主要体现在信息不完全、信息不及时、信息不准确三个方面。在公共风险决策过程中,决策者可能会受到信息不对称的影响。在公共风险决策的过程中,信息从输入到输出应经过发现问题、确定目标、选择评价标准、拟订方案、评估方案以及实施方案等步骤。信息在传递和反馈的过程中若出现失真的情况,将难以保障信息的准确性和有效性。

(二)高风险性

不同的决策条件伴随着不同的决策风险,不确定性越高则风险越大,不确定性越低则风险越小。一般而言,在时间和空间条件相对困难的情况下,不确定性往往较高,而在时间和空间条件相对较好的情况下不确定性往往较低。由于公共风险决策者往往需要在非常有限的时间内及缺乏相关知识

---

① 杨钰.公共危机管理实训教程[M].西安:西安电子科技大学出版社,2017.

经验的条件下，作出防止风险进一步恶化和扩大的决策，所以此类型的决策更加依赖于决策者的经验，即可能导致决策的准确性较低，使得决策本身存在很大的风险。因此，公共风险决策所需要承担的风险比一般公共决策还要高得多，公共风险决策者在决策过程中除需要尽可能地降低决策风险外，还需要做好承担风险的思想准备和物质准备，以将各种损失降到最低。

（三）决策资源的有限性

公共风险决策的有限性涵盖时间资源、信息资源和人财物资源。在时间资源有限性方面，公共风险的不确定性、可变性和随机性往往使决策者难以有足够的时间和条件充分征求各方面的意见，若只是按程序处置或人为拖延时间，则可能错失良机而导致风险加剧和扩散，甚至造成灾难性的后果。在信息资源有限性方面，公共风险的出现、发展及影响皆具有高度的不确定性，且此种不确定性往往与缺乏相关知识和经验相关。在人财物资源有限性方面，在公共风险决策过程中，决策者往往也会受人力、财力和物力资源的限制。因此，如何能在时间资源和信息资源有限的条件下，调动各方面的人力、财力和物力资源来应对风险，是一项十分艰巨而复杂的任务。

（四）常规风险决策与危机决策比较

决策问题和决策环境的不同导致常规风险决策和危机决策之间存在很大的差异（见表 8-1）。虽然常规风险决策和危机决策看似相互分离，但实际上两者有着紧密的内在联系。一方面，危机决策所涉及的突发性风险事件往往是由于常规风险决策中的不公正、不民主、不实时等对社会带来的潜在影响所造成的。另一方面，常规风险决策中的制度构建必须从风险事件以及

表 8-1　常规风险决策与危机决策比较①

决策类型	特点	决策制定技术	
		传统式	现代式
常规风险决策	程序化的：常规性、反复性决策，组织为作出上述决策而研究制定的特定过程	习惯、标准操作规程	运筹学、数学分析、模型、计算机模拟、电子数据处理
危机决策	非程序化的：首发性、紧迫性、问题本身结构化程度低，无可参考的经验	判断、直觉和创造性，概测法，管理者的遴选和培训	探索式问题解决技术

① 杨钰．公共危机管理实训教程[M]．西安：西安电子科技大学出版社，2017．

非常规风险决策过程中总结经验与教训，以尽可能地降低常规风险决策的不确定性。因此，在日常的公共决策中，要采取科学民主的决策方式，以便从源头降低风险事件发生的可能性；在应急风险决策中制订有效的风险治理计划，以修正和调整常规风险决策，标本兼治。

三、公共风险决策的主要方法

公共风险决策是贯彻和执行公共风险治理目标的重要步骤，公共风险治理决策技术是公共风险治理决策所运用的技巧和方法。这些方法的运用可以使决策建立在科学分析、论证的基础上，可以提高公共风险决策的效率，防止公共风险决策中的误差和失误。①

（一）决策树法

决策树法是公共风险治理决策的重要分析方法之一。决策树法是将公共风险治理的目的与各种可供采取的措施、手段和可能出现的风险事故概率以及可能产生的效果系统展开，绘制决策树图形，寻求最佳公共风险治理措施和手段。应用决策树法分析多级决策，可以达到层级分明、直观易懂、计算手续简便的目的。

1. 决策树的结构

决策树是以方块和圆圈为节点，通过直线连接而成的形状像树枝的结构。决策树结构见图 8-2。图 8-2 中的方块节点称为决策点，由决策点划出若干条直线，每条直线代表一个方案，称为决策枝。椭圈节点代表自然状态的节点，从这个节点引出若干条直线，表示不同的自然状态，这些直线被称

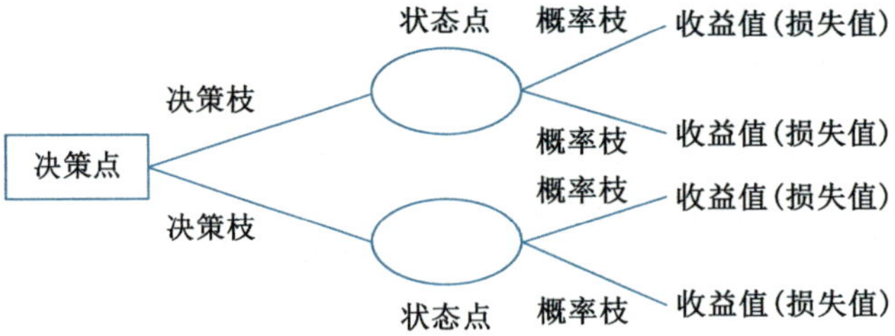

图 8-2　决策树结构②

① 杨钰. 公共危机管理实训教程[M]. 西安：西安电子科技大学出版社，2017.

② 何叶荣，李慧宗. 企业风险管理[M]. 合肥：中国科学技术大学出版社，2015.

为概率枝。在概率枝的末端，列出在不同的自然状态下的收益值或损失值。决策树一般用于问题比较多，而且具有多种方案和多种自然状态的风险情况下的决策。因此，决策树由左向右、由简而繁地组成一个树状的图形。决策树不仅能够表示出不同的决策方案在各种自然状态下的结果，而且能够显示出决策的全过程，是帮助决策者进行决策分析的有力工具。

2. 绘制决策树的步骤

第一，收集各种风险治理方案。为了达到预定的风险治理目标，必须集思广益，提出必要可行的风险治理方案，并依次记录下来。然后，从比较重要的方案开始，按顺序思考，并提出改变风险事故发生条件的有效方案。

第二，评价风险治理方案。在广泛收集各种风险治理方案的基础上，需要对提出的方案逐一进行评价，评价每项方案是否适当、可行或者是否需要经过调查才能确定。

第三，决策树的绘制是为了实现风险治理目标，在绘制决策树时，应该将要达到的风险目标与相应的风险治理方案结合起来。如果这些治理手段、方案还不能变为具体的措施，则必须对下一步骤的手段和方案展开分析，直到风险治理方案可行为止。

第四，选择风险治理方案。每种风险治理方案后面，都有风险治理方案的可行性评价。借助决策树，可以选择具体的风险治理方案，并逐一实施。

（二）公共风险决策流程分析法

对于各种公共风险决策的运作流程，目前已有一套系统化的程序以及能用于处理当今各种社会问题的决策分析方法。简单而言，公共风险决策流程可分为发现问题、确定目标、价值准则、拟订方案等几个阶段（见图 8-3）。

（三）快速决策分析法

快速决策分析法是指能够迅速依据理论制定政策的一套方法。有学者把采取快速决策分析法的过程区分为六个步骤，即认定及细化问题、建立评估标准、确认备选方案、评估备选方案、展示和区分备选方案，监督和评估方案实施。[①] 此过程中的主要步骤均能分成更小的部分，公共风险决策者可通过不同的路径来进行公共风险决策分析。快速决策分析法过程中各步骤的

---

① 杨钰. 公共危机管理实训教程[M]. 西安：西安电子科技大学出版社，2017.

初步方法见表 8-2。其中，分析过程中的各步骤的初步方法可作为风险发生时快速进行决策的依据。

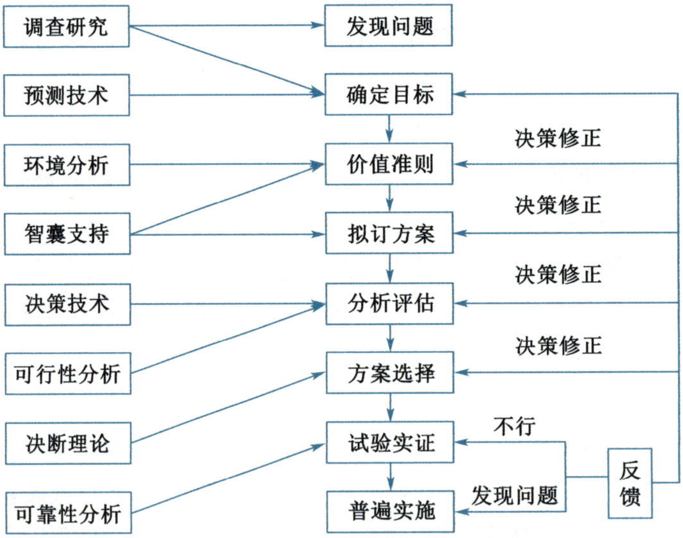

图 8-3　公共风险决策流程①

表 8-2　快速决策分析法过程中各步骤的初步方法②

分析过程中的步骤	初步方法
所有步骤	甄别、收集资料，文献调查，政策信息访谈，快速调查，初步资料分析，传播分析
步骤 1:认定及细化问题	简单计算，快速决策分析，政治分析，问题报告
步骤 2:建立评估标准	技术可行性，经济和财政可行性，政治可行性，行政操作性
步骤 3:确认备选方案	研究分析，快速调查，文献述评，头脑风暴法，现有方案修正，非行为分析，可行性操作，分类完善，与理想模式的比较，模拟、暗喻和群体生态法
步骤 4:评估备选方案	外推法，理性预测法，直觉预测，折扣分析，传感性分析，快速决策分析，政治可行性分析，实时分析，脚本写作
步骤 5:展示和区分备选方案	排列顺序，成对比较，非支配性备选方案，等价备选方案法，标准备选方案法，矩阵展示系统，脚本写作
步骤 6:监督和评估方案实施	前后对比，实验模型，有为与无为实验对比，实际与预期比较，成本取向法

① 杨钰. 公共危机管理实训教程[M]. 西安：西安电子科技大学出版社，2017.
② 同①.

（四）专家紧急咨询法

为保证风险决策者对决策问题、备选方案进行充分考察，风险决策者需要充分发挥各类智囊机构的作用。

1. 智囊机构与事前专家库建设

现代风险决策的智囊机构是由具有专业知识的专家、学者按照一定的目标或方式组成的专门提供智力成果的软科学研究机构。根据性质的不同，可将在风险治理中发挥决策功能的智囊机构分为以下三类：① 行政性的决策、咨询机构。一般而言，行政性的决策、咨询机构多为隶属于各级党委和政府及其下属部门的从事信息收集、政策研究的机构。② 半官方的政策研究、咨询机构。半官方的政策研究、咨询机构是指独立或介于官方和民间的，以客观分析政策为目标的研究机构。③ 民间的政策研究、咨询机构。民间的政策研究、咨询机构包括一些协会的研究组织，公司、大学的研究所等。

2. 现代智囊机构的基本功能

现代智囊机构具有五项基本功能。① 收集信息，进行科学预测，充当政府的“望远镜”。② 拟订方案，进行综合分析和评价，充当政府的“外脑”。③ 跟踪调查，提供反馈信息，充当政府的“耳朵和眼睛”。④ 独立调查，公开甄别事件诱因，充当政府的监督员。⑤ 培训、储备和交流人才，充当政府决策人才的储存机构。为能在公共风险情境下发挥咨询作用，智囊机构必须在平时做好各项研究工作，模拟公共风险情境，厘清对策思路，只有这样，才能对政府有效处理风险有所帮助。

3. 专家预测与紧急咨询

首先，要发挥智囊机构的风险预警作用，为风险决策提供信息。风险决策者可组织各领域的专家，运用他们的专业知识和经验，根据预测对象所处的社会与自然环境，通过直观归纳法对预测对象的历史状况、实时状况、变化过程进行综合分析与研究，并预测社会中风险发展的领域、可能性、频率和强度，建立基于科学基础的风险决策，以帮助政府制定应对风险的战略规划和应急计划。其次，在风险发生时，风险决策者必须借助智囊机构拥有的专业技能，充分发挥他们的积极作用。值得注意的是，决策者在利用专家预测和智囊机构紧急咨询的过程中，需要让智囊机构相对独立地进行工作，而风险决策者则应拥有独立决策的权力，而非由智囊机构代替政府进行风险决策。

第四节　公共风险决策模式

一、决策模式的选择

（一）公共风险决策模式

公共风险决策模式可以分为理性行为决策模式、组织过程决策模式、政府政治决策模式、领袖和非理性行为决策模式、精英团队决策模式、集体动力决策模式等几种。①

1. 理性行为决策模式

理性行为决策模式将政府作为单一的行为体，决策者设立明确的政治目标及优选次序，选定实现目标的手段，并设想各种选择的结果。但是，现实中决策往往不具备选择所需要的各种最佳条件，而且决策者也不可能作出各种完全理性的选择，只能是一种有限理性，在此基础上采取次佳决策。

2. 组织过程决策模式

组织过程决策模式认为，决策是基于组织内标准作业程序的一种机械或半机械过程和各种组织间竞争与妥协的产物，是国家利益、部门利益和政治目标相互平衡的结果。政府决策者常为官僚机构所左右，决策部门缺乏多种选择，难以解决政策的执行问题。

3. 政府政治决策模式

政府政治决策模式认为，决策是国家政府成员间讨价还价的产物。国家政府成员包括总统、总理、高级行政官员和立法部门领导等，另外，政府外成员（例如利益集团）有时也起重要作用。政府政治决策模式强调谁参与决策、决策参与者同面临的问题之间的利害关系、决策成员间如何调整相互关系等方面的问题。政府政治决策模式认为，决策参与者并不真正关心制定和执行最佳政策，而只关心其最佳政治利益和影响，因而常会导致政策的前后不一、目标不明乃至危险的结果。

---

① 张永理．公共危机管理[M]．2 版．武汉：武汉大学出版社，2015.

4. 领袖和非理性行为决策模式

在非常时期，常规模式不足以解释相关的决策，领导人不同的个性、偏向、天赋和思想等都会导致不同的决策。领袖和非理性行为决策模式强调领导人、追随者、环境和目标等四者的相互关系。领导人的心理或身体健康问题、判断失误问题、缺乏制衡体制等因素都会导致决策的非理性行为。

5. 精英团队决策模式

精英团队决策模式强调组成决策集团的精英人士具有自己的信念体系、过滤系统和固定形象，以此来观察世界并作出判断。但是作为个体，他们又难免有程度不同的错觉，例如一厢情愿、持有成见、非此即彼、相互对立，这些错觉都会造成决策失误。

6. 集体动力决策模式

在公共风险决策过程中，由于少数决策者要在压力大和时间紧的形势下作出关系重大的决定，易犯的错误之一是“集体行动”或被称为“随大流思想”，即为避免承担个人责任而随大流。这种决策有六大缺陷：小范围讨论仅限于少数的选择、不能探讨多数认可决定的可能危险缺点、拒绝评估原先提出过的不怎么引人注目的选择、不征求专家和外界的意见、只接受赞同意见并排斥不同意见、很少考虑如何执行问题等。

上述六种公共风险决策模式中，前三种模式的重点在于体制分析，后三种模式的重点在于个人因素分析。在应对公共风险时不应拘泥于某一模式，而应根据实际情况将其有机地综合起来。

（二）决策模式选择的影响因素

在公共风险决策中，选择决策模式需要考虑以下因素：① 是否有充足的决策时间；② 领导者是否有足够的专业知识；③ 群体是否有足够的专业知识；④ 其他参与者是否认同组织为解决问题而确立的目标；⑤ 决策是否为有多重解决方案的复杂决策；⑥ 其他人的决策承诺是否很重要；⑦ 决策是否会导致受影响者之间产生严重的冲突；⑧ 决策是否会影响许多机构、个人或社会成员；⑨ 决策是否会直接影响少数特定人群。根据以上因素，可以选择相应的决策模式。例如，如果没有充足的决策时间，个体决策或协商决策是较好的选择；如果领导者没有足够的专业知识进行决策，协商决策或者授权决策是较好的选择。

二、决策的阶段与模式[①]

公共风险决策划分为事前决策和事中决策两个阶段，这也构成了公共风险决策的主要过程。事前决策和事中决策代表了两种截然不同的决策模式和方法。

（一）事前决策

事前决策需要多方参与，在时间允许、信息充分的情况下，应通过集体决策、评估以作出最优决策。事前决策包括以下八个步骤。

第一，确认决策面临的问题。预期情境与实际情况之间总有差距，决策者在决策之初都会遇到一些显而易见的问题，应清醒地认识到所面临的问题。

第二，确认决策标准和事实。对决策的主张及约束的分析能够明确决策的内容以及标准，从而作出决策。所以决策者不仅要寻求各种可能的标准，还要对相应的结果进行评估。

第三，确认决策评估标准、方式、权重。为保持系统性和连贯性，每一个标准的权重值和含义应包括在计划决策方案及其备选方案中。权重值可以是任何数字，是关于某一标准在诸多标准中的相对地位。

第四，发展备选方案。完成某一任务总有许多方法，因此决策者可以通过集思广益的头脑风暴法以及正式、非正式的专业咨询，形成备选方案，以求更多的选择和方法，努力使"意料之外"变成"意料之中"。

第五，分析备选方案。一旦大多数完整的备选方案形成，决策者就需要分析它们各自对有效解决问题的贡献。

第六，选择一个备选方案。累积决策模式产生的最高分数，就是最好的选择。这一步决策者的工作是从备选方案和选择中挑选出最优备选方案。

第七，执行备选方案。决策者向那些受到影响以及围绕决策采取行动的人们传达决策结果，同时检验并评估决策制定程序以及决策的影响。

第八，评估决策程序以及决策结果的影响。决策者需要重温产生决策结果的过程和决策的影响，以提高决策水平。

---

① 张成福，唐钧，谢一帆. 公共危机管理：理论与实务[M]. 北京：中国人民大学出版社，2009.

(二)事中决策

事前决策的运作程序,类似于常规决策过程中一个完整的标准化操作规范,这种决策模式是基于决策者的理性思考产生的。在重大风险以及危机情境下,时间有限,信息不对称,成本很可能上升或不可预测,对资源的需求也可能超过现有储备,决策者也有可能出现失误。

基于上述情况,希斯提出了区别于事前决策的事中决策。在真实的决策环境中,理性非常有限,纷繁复杂的方案、层出不穷的问题和头绪杂乱的决策往往交织在一起,组织文化会扭曲决策者的看法,以至于出现决策盲点。在现实情境中,决策更可能是跳跃式理性思维的集合,决策者更倾向于构建简单模式而不是复杂模式。很多情况下,决策者会制定“满意的”或是“次优”的决策。

在有限理性的条件下,事中决策更应采取以林德布洛姆为代表的渐进决策模式,在信息和各种资源不完备的状况下渐进调适决策方案。首先,渐进决策模式适用于客观环境的限制和完全理性的缺失,对信息、资源的完备性要求相对较低,因而更符合风险决策情势。其次,渐进决策模式强调对政策进行持续的、渐进的修改,决策程序相对简单。最后,渐进决策模式更有利于控制政策活动中的不确定性,减少决策的风险和成本,这也是风险状态下的决策所必需的。

在渐进决策模式下,风险决策遵循的是满意原则,而不是最优原则。风险决策的导向,可以归结为提高决策的满意度。为达到此目的,一方面要强化应急预案的指导力。总体上看,基于科学应急预案的风险决策可以在最大程度上保证决策的满意度,即保证该决策方案是在现有风险环境下的最优决策。另一方面要创新决策技术。将信息技术、人工智能技术、系统论、控制论等先进技术的最新成果运用于风险状态下的决策,通过构建风险决策支持系统简化决策程序、提高决策理性。

三、公共风险决策的执行

执行是实现公共风险决策的重要途径,决策只有通过有效的执行才能收到实际效果,只有通过执行后反馈的信息才能进行调整。首先,设立纵向指挥层面,每一级指挥层面成立相应的功能性小组,下一级指挥层面听从上一级指挥层面的指挥,对上一级指挥层面负责,确保决策的顺利执行。其次，建立分级执行机制。公共风险如果是小型的，可由基层风险治理组织直接解决。当公共风险的程度超出了基层组织能力时，由基层组织负责向上一级风险治理部门报告。公共风险决策的执行过程包括决策执行计划、决策执行指挥和决策执行协调等。

（一）决策执行计划

决策执行计划指根据实际情况，科学、及时地制定达到决策目标的行动方案。第一，对决策总目标进行分解，分清目标结构主次，明确行动方向；第二，分析决策执行的主客观条件，编制决策执行计划，统筹安排人力、物力、财力，合理配置资源；第三，确定时间期限，制定较为周密、具体的行动措施；第四，确定实施程序、方法及相关具体制度，规定人员的岗位职责要求等。

（二）决策执行指挥

决策执行指挥是指具有执行风险决策能力的领导者按照既定决策目标和计划，对下级治理活动进行指示、引导、监督和控制的过程。决策执行指挥是保证决策执行计划协调有序进行的重要手段。在复杂的、涉及面广的公共风险治理中，治理工作往往层次多、分工细，各项治理措施环环相扣、相互制约，一环脱节将影响全局。如果没有强有力的指挥，整个决策执行过程就不可能有序进行。

（三）决策执行协调

协调是指在管理过程中，不同的管理主体为了达到共同的目标，在决策执行过程中建立相互信任、互助合作、配合默契的良好关系，有效地实现风险决策目标以及为此目标而开展的相关管理活动。决策执行中的协调，可以避免不同管理部门和管理人员之间发生扯皮、互相推诿的现象，避免内耗，达到和谐一致，保证管理工作有序进行，提高工作效率。

■ 第五节　应用场景及案例

一、从风险决策看湖南长沙“4·29”特别重大居民自建房倒塌事故①

请结合风险决策的相关知识，分析湖南长沙“4·29”特别重大居民自建房倒塌事故中存在的风险因素和决策问题。

（一）事故介绍

2022年4月29日，湖南省长沙市望城区金山桥街道金坪社区盘树湾组发生一起特别重大居民自建房倒塌事故，造成54人死亡、9人受伤，直接经济损失9 077.86万元。国务院常务会议审议通过了《湖南长沙“4·29”特别重大居民自建房倒塌事故调查报告》。经国务院事故调查组调查认定，湖南长沙“4·29”特别重大居民自建房倒塌事故是一起因房主违法违规建设、加层扩建和用于出租经营，地方党委政府及其有关部门组织开展违法建筑整治、风险隐患排查治理不认真不负责，有的甚至推卸责任、放任不管，造成重大安全隐患长期未得到整治而导致的特别重大生产安全责任事故。

（二）事故调查

为查清事故原因、总结经验教训，依据有关法律、法规，经国务院批准，成立了国务院湖南长沙“4·29”特别重大居民自建房倒塌事故调查组。该调查组由应急管理部牵头，住房城乡建设部、自然资源部、公安部、教育部、全国总工会和湖南省人民政府参加，邀请规划、设计、工程管理、法律、公共安全等方面的专家参与事故调查。调查组查明了事故经过、发生原因、人员伤亡情况和有关单位情况，查明了有关地方党委和政府、相关部门在监管方面存在的问题和相关人员的责任。

事故调查组查明，事故的直接原因是违法违规建设的原五层（局部六层）房屋建筑质量差、结构不合理、稳定性差、承载能力低，违法违规加层扩建至八层（局部九层）后，荷载大幅增加，致使二层东侧柱和墙超出极限承载

① 湖南长沙“4·29”特别重大居民自建房倒塌事故调查报告公布[EB/OL].(2023-05-21)[2023-10-11].https://www.gov.cn/lianbo/difang/202305/content_6875415.htm.

力，出现受压破坏并持续发展，最终造成房屋整体倒塌。事发前，在出现明显倒塌征兆的情况下，房主拒不听从劝告，未采取紧急避险疏散措施，是导致人员伤亡多的重要原因。

调查认定，湖南省、长沙市、望城区及有关部门存在集中治理部署迟缓简单应付、日常监管相互推诿回避矛盾、排查整治不认真走过场、对违法违规行为查处不力、房屋检测机构管理混乱、自建房规划建设源头失控等问题。涉事房主和有关企业存在相关违法违规行为。

（三）事故反思

这场事故，本有多次机会可以避免。第一次，在2019年，二楼东墙混凝土柱出现网状裂缝、房主自购槽钢进行支顶加固，但是并没有彻底消除安全隐患。第二次，事发前一个月，相继出现支顶槽钢变形、墙面瓷砖脱落，房主均未进行处理。4月22日，经营户告知房主支顶槽钢变形加重，但房主仍未采取任何措施。第三次，事发前2小时，出现倒塌征兆，并有人提出“房子危险不能住人了”，房主提出继续加固，未组织撤离屋内人员。事发前5分钟，面临重大倒塌风险，有人大喊“赶快走，楼房要塌了！”但房主还说“没事”，拒不听从劝告，仍未立即通知撤离，错失了屋内人员逃生和避免重大人员伤亡的最后时机。

二、从陕县（现陕州区）救援到郏县救援：决策的科学性①

根据公共风险决策的过程和决策模式的相关知识，分析从陕县救援到郏县救援这一成功案例中决策科学性的体现，体会救援过程中有哪些决策系统发挥了作用？

（一）陕县煤矿透水事故救援

1. 事故介绍

2007年7月29日，河南省三门峡市陕县支建煤矿因自然灾害发生透水事故，正在作业的102名矿工中，除33人及时升井，其余的69人被困井下，形势万分危急。事故发生后，中央领导同志高度重视，河南省及三门峡市政府迅速组织大量人员，展开救援工作。由于反应迅速、措施得当，经过75小时的奋战，到8月1日12时45分，69名被困矿工全部获救。这是我国重大

① 王宏伟．公共危机与应急管理：原理与案例[M]．北京：中国人民大学出版社，2015．

煤矿安全生产事故中救援取得成功的经典案例，人们称之为“煤矿救援史上的奇迹”。

2. 事故启示

(1) 预防的充分性

2007 年 7 月 28 日晚，河南省三门峡市陕县突降暴雨，流经支建矿区的铁炉沟河暴发洪水。洪水在流入中国铝业股份有限公司矿业分公司开采的大坑后，挤占河槽，进入个别废弃的铝土矿坑中。7 月 29 日上午 8 点半左右，该铝土矿坑中的河水透入支建煤矿矿井，透水量多达 3 000 立方米，井下 69 名被困矿工命悬一线。

支建煤矿于 1958 年建矿，属国有地方煤矿。“7・29”透水事故救援行动之所以取得巨大成功，与支建煤矿安全生产设备的完善是分不开的。在事故救援的过程中，有两个细节给人们留下了特别深刻的印象：一是救援人员通过压风管道向被困矿工输送了 400 公斤的牛奶以补充体力；二是救援人员通过电话与被困矿工保持通信联络以安抚情绪。压风管道与通信线路的畅通说明了支建煤矿对安全生产事故的预防给予了高度的重视，配置了符合矿山生产安全标准的装备。除此之外，根据被救矿工回忆，事故发生当天，矿工下井前还召开了 10 多分钟的安全生产例会。在整个透水事件中，被困矿工表现出来的临危不乱、井然有序与这种经常性的安全生产教育制度不无必然联系。

“一针及时省九针”，安全生产管理中预防措施的细微投入会在应急响应中获得巨大的回报。散、乱、差的小煤矿心存侥幸，置矿工生命于不顾，最终会导致矿难不可挽回的后果，压缩安全成本的行为势必会招致更大的经济损失。支建煤矿透水事故的成功救援再一次告诉人们安全生产应急管理中必须贯彻“预防为主”的理念，“有备”方能“无患”。

(2) 决策的科学性

如果说支建煤矿透水事故救援的成功得益于科学决策，那么，科学决策的基础则是信息报送的准确与及时。在支建煤矿透水事故中，信息报送得准确与及时为危机处理的科学决策奠定了坚实的基础。

在得知“7・29”透水事故后，国家有关领导人分别作出重要批示，要求全力施救、科学施救，严防次生灾害发生，确保被困矿工的生命安全。现场指挥抢救工作中确立了“一堵、二排、三送氧气”的救援方案。在救援过程中，救援依据科学原则，依靠现场专家，调用专业人员和专业设备进行处置，避免了次生、衍生灾害的产生。例如，在排水的过程中，现场指挥部从义马煤业集团股份有限公司调运了2 000米长的电缆电器备件和必要的4寸(1寸≈0.0333米)管道，同时调整供电系统，增加供电容量，将变压器全部用来保证巷道排水，由地面变压器保证井下一水平水泵供电。

支建煤矿透水事故救援的成功说明，安全生产应急的科学决策必须依靠准确与及时的信息报送。任何迟报、漏报、误报、瞒报将会影响应急决策者作出精确的判断。在掌握充分、有效信息的基础上，应急决策者需要从尊重科学的立场出发，调用专业人员、进行专业处置，避免事态的进一步扩大。

(3) 响应的联动性

支建煤矿透水事故救援的成功是军地协同、多部门应急联动的典范。"7·29"透水事故发生后，300多名来自洛阳与三门峡的武警战士快速出动，堵住了河道冲进采空区的洪水，最大限度地遏制了透水后果的扩大。武警战士具有严密的组织性与纪律性，表现出非凡的快速反应能力和应急机动能力，是处置突发公共事件的生力军和突击队。武警部队在此次救援行动中与地方有效配合，起到了非同寻常的作用。作为企业，义煤集团不顾自身的经济损失，全力对支建煤矿进行救援，其下属的常村、千秋、跃进、石壕、观音堂、新安等6个煤矿每天出动360人次救援，义煤集团董事长、党委书记亲自下井参加救援。

不仅如此，为了配合救援行动，河南地方气象部门于2007年7月30日对高空云层实施人工干扰，400多发炮弹有效起到了驱云作用，为救援工作的顺利开展起到了重要作用。中国网通(集团)有限公司陕县分公司充分保障救援人员与井下被围矿工的几度中断的联络。财政部门努力保证救援资金的充足。医疗部门、交通运输部门及时做好准备工作，被困矿工一升井，便被有序地安置到各个医院。

支建煤矿透水事故是由自然灾害引发的安全生产事故。当今世界，各种安全生产事故之间经常具有叠加性和联发性。而且，应急管理本身是一个复杂的系统工程，需要应急管理相关部门的协调一致、高效联动。支建煤矿透水事故的成功为探索如何增强应急管理的多部门响应联动提供了经验。此次救援中，由于统一领导、集中调度有力，政府部门、武警、企业密切合作打破了部门分割、条块分割的界限，应急响应活动开展得有条不紊、十分顺利。

(4) 自救与互救的主动性

在支建煤矿透水事故救援的过程中,被困的69名民工自觉地进行了自救与互救。透水事故发生后,被困矿工曾经本能地出现了骚动和恐慌。在紧急状态下,恐慌会使当事人丧失必要的理智,产生焦躁不安的情绪,引发盲目的逃生行为,轻则无端消耗过多的体力和精力,重则导致衍生与次生灾害。此时,有组织的自救与互救行为不仅可以缓解当事人的恐慌情绪、保存体力和精力,还可以使组织成员明晰自身的角色期待,发挥集体逃生的合力优势。

当井下矿工情绪异常时,两名副队长积极组织大家开展自救与互救。大家相互鼓励和支持,并且彼此之间有着明确的角色分工:有的负责照顾体弱者,有的负责维持秩序。这种同事之间的团结友爱、彼此帮扶为矿工们克服恐慌、战胜自我、保存体力、赢得救援时间起到了不可低估的作用。

更为可贵的是,被困的井下矿工没有消极等待、坐以待毙。例如,有的被困矿工,涉过200多米的水路,游过100多米的深水区,主动与救援人员汇合,为整个救援行动的成功赢得了大量宝贵时间。一般而言,突发事件的当事人更加了解事件发生时周围的情况,如果能够适时地采取适当的自救行动,往往更具有针对性,起到事半功倍的效果。此外,河南陕县支建煤矿透水事故的救援不仅体现了"科学施救"的精神而且体现了"精心施救"的精神。比如,救援人员考虑到被救矿工长时间处于黑暗中、为防止其突然见光而使眼组织受损,每个走出矿井的矿工都配发了眼罩,细节决定成败。这一小小的细节避免了被救矿工再次受到伤害,带有强烈的人文关怀色彩。公共风险治理包含一个不断学习的过程。无论是成功的公共风险治理,还是失败的公共风险治理均应把每次突发事件的处置当作一个学习过程,即从成败中吸取经验或总结教训,修改应急预案,健全应急组织,完善应急机制。应认真总结支建煤矿透水事故救援成功的经验并加以推广,进一步提升全国安全生产应急救援能力,降低矿难事故死亡人数。只有这样,才能在处置频繁发生的突发事件中不断增强规避风险应对危机的能力。

(二) 郏县煤矿透水事故救援

2008年11月17日早7时30分,河南省平顶山市郏县安良镇高门垌煤矿发生透水事故。初步核查当班入井43人,事故发生后8人安全升井,35

人被困井下。截至11月18日早6时,除2人遇难外,其余33人全部获救。

郏县煤矿为集体煤矿,由个人承包经营,2001年投产,原设计生产能力6万吨/年。2007年,河南省国土资源管理部门同意该矿进行6万吨/年向9万吨/年技术改造,技术改造初步设计和安全专篇于2008年8月2日和9月16日分别由平顶山市煤炭工业局、河南煤矿安全监察局豫南监察分局批复,但截至事发前并未获得开工许可。此次事故的原因包括:该矿在未经批准的情况下进行技改施工,并下井非法采煤;该矿在掘进过程中发现有透水征兆,但未采取有效防范措施,盲目冒险继续作业;该矿虽制定了探放水措施,购买了探水钻,但没有落实;地方煤矿安全监管不力,驻矿安监员没有制止非法技改、非法生产的行为;等等。平顶山市、郏县迅速启动煤矿安全事故应急救援预案,并成立抢险救援指挥部。抢险救援指挥部和下设的抢险救援、医疗救助、安全保卫、后勤保障小组,采取了一整套救援措施:一是成立现场抢险救援组织,调集专家和抢险队伍;二是查明井下出水地点,控制出水源;三是迅速调集郑煤集团钻机到达事故现场,确定井下人员准确位置,确保在最短时间打通救人通道;四是加大巷道抢险力度,组织150余名工人,分班不停进行井下抢修、清淤、加固;五是维护现场秩序,保证抢险工作顺利进行;六是实施县、乡领导包户,做好善后工作,安抚被困矿工家属,确保社会稳定。事故发生后,高门垌煤矿周围20多家煤矿的救援人员闻讯纷纷赶来。

党中央、国务院和河南省委、省政府高度重视抢险救援工作。在听取平顶山市关于事故抢险救援进展情况汇报的基础上,国家安全生产监督管理总局对抢险救援工作提出了几点明确要求:一是要抢时间、讲效率、求进度,千方百计地加快抢救工作;二是要进一细化救援方案,加强井下有害气体监测,严防发生次生事故;三是要强化组织协调,救援工作要有序、有力、有效;四是要保持矿区社会秩序稳定,做好被困矿工家属的安抚工作;五是要做好舆论引导工作,及时通报事故有关情况。

整个抢险救援工作围绕"清淤、打孔(地面钻孔)、排水、通风"的救援方案,全力组织救援。由于透水事故引发了冒顶,矿井巷道大面积塌方,清理淤泥、打通巷道成为抢险的关键。根据指挥部判断,井下有超过40米的巷道被木头、淤泥等杂物堵塞,当地政府迅速调集800多名救援人员争分夺秒地向前掘进。同时,抢险指挥部还从洛阳市紧急调运大型快速钻孔机,从地面向发生事故的位置打钻,为被困矿工提供通风和给养。由于决策科学、措施得当，2008 年 11 月 18 日早上 6 时，经过全力救援，被困的 35 名矿工，除 2 人遇难以外，其余矿工全部成功获救。

从陕县到郏县，救援成功的背后都离不开科学的决策。在陕县煤矿透水事件中，现场救援指挥部制定了“一堵、二排、三送风”的抢救方案；在郏县煤矿透水事件中，救援指挥部制定了“清淤、打孔（地面钻孔）、排水、通风”的救援方案。事实证明，科学的决策是突发事件成功处置的重要保证。因此，应急管理部门要在突发事件处置过程中积累经验、不断学习，从而提高自己的科学决策能力和水平。

思考题

1. 简述公共风险决策的主要特征。
2. 公共风险决策的模式有哪些？有什么优点和局限性？
3. 公共风险决策的基本流程是什么？
4. 现代公共风险决策中需要哪些配套措施以提升决策的有效性和准确性？

9

第九章

公共风险沟通

学习目标

1. 掌握公共风险沟通的概念及内涵特点。
2. 掌握公共风险沟通的目标原则、内容机制、方式方法。
3. 了解公共风险沟通的舆情应对以及具体应用。

沟通作为一种信息共享活动,使信息传递和意见表达成为可能。随着全球化信息大浪中地理界限的模糊,良好的沟通能力在全世界范围内,无论是商业领域、政府部门还是科研机构,都开始不断强调其重要性。沟通在新的信息时代已经显得比以往任何时候都重要。在公共风险治理过程中,风险沟通发挥着越来越重要的作用。风险社会的存在是社会公共风险产生的重要前提,风险一旦转化为实际的灾难,就会形成危机。通过政府、公众、媒体间的良性沟通,使有关风险信息明朗化,消除由于信息的不确定性给人们带来的恐惧感和不安感,是化解危机、解除风险的重要手段。风险沟通的目的不仅是风险信息或预案的告知、引导,而且是通过交流来实现各利益相关者之间沟通基础之上的资源信息共享,从而形成公众与政府之间、政府各部门之间、各利益相关者之间良性的互动,实现高效的公共风险治理。同时,公共风险沟通贯穿公共风险治理的全过程,其不仅把公共风险治理体系内部各个部分有效联结起来,而且还促进了公共风险治理体系与外部社会环境之间的联系,有利于公共风险事件的解决。因此,公共风险沟通机制是公共部门风险治理的前提条件和过程保障,有效的公共风险沟通机制在公共部门风险治理过程中发挥着十分重要的作用。

■ 第一节　公共风险沟通的概念

一、公共风险沟通的含义

美国国家科学院认为,风险沟通是指个体、群体和机构之间的信息和观点的交互活动,包括传递风险信息、各方对风险的关注和反应(可为风险治理者提供意见和参考)以及发布官方在风险治理方面的政策和措施。[①] 此概

① 高晓红,崔艳武.公共事务活动风险管理[M].北京:中国质检出版社,2014.

念包含了风险沟通的多元主体、多维途径、多重内容及多项功能。风险沟通不同于危机沟通，两者是有区别的（见表 9-1）。一般来说，风险沟通以风险为核心，发生于危机发生前的阶段，具有防患于未然的内涵，是长期的；危机沟通以危机为核心，发生于危机阶段，具有紧急应对的意思，是短期的。但是，两者关系十分密切，甚至很难断然分开。风险演变成危机是一个渐变的过程，缺少明显的界限。风险沟通的作用之一是防止风险扩大为危机，也有学者将两者结合起来称为应急沟通。

表 9-1　风险沟通与危机沟通的区别①

区别	风险沟通	危机沟通
时间	作为沟通中心的事件将于未来发生	作为沟通中心的事件将要发生或正在发生
用时	沟通者与公众之间持续进行的耗时过程	由于危机事件迫在眉睫，沟通是组织与公众之间的短期过程
核心	行动的核心是双方之间的对话	行动的核心是向公众传递信息
模式	大多数沟通采用双向沟通模式	大多数沟通采用单向沟通模式
目的	目的是公众就行动及解决现有威胁达成共识	目的是通知，要求公众采取行动避险

公共风险沟通是指公共部门以沟通为手段，以解决公共风险为目的所进行的一系列化解风险和规避风险的活动和过程。② 在公共风险识别、分析、评价、监测、预警、应对等过程中，自始至终都需要进行风险沟通。公共风险沟通强调的是一种社会过程，通常发生在人们的风险意识逐渐上升的危机情境中。

二、公共风险沟通的特点

公共风险沟通是公共部门、个人以及其他利益相关者之间交换信息和观点的互动过程。公共风险沟通的内容包括风险的性质、关注和观点的表达，对风险信息的反应以及风险治理的法律制度安排等多种信息。公共风险治理过程中的沟通主要包括风险治理组织间的沟通、风险治理组织与公众间的沟通、风险治理组织与媒体间的沟通。由于公共风险事件具有特殊

① 王宏伟. 公共危机管理概论.［M］. 2 版. 北京：中国人民大学出版社，2021.
② 王宏伟. 公共危机与应急管理：原理与案例［M］. 北京：中国人民大学出版社，2015.

性，如果治理过程中操作不当，公共风险事件则会转化成更为严重的公共危机，造成不必要的损失，因而公共风险沟通较之于一般性沟通具有不同点。

（一）沟通方式的直接性

为了有效地控制、化解公共风险，必须及时准确地获得相关信息，迅速作出决断，这样就要求公共风险治理者亲临危机现场，与公共风险事件的利益相关各方进行面对面的直接沟通。

（二）沟通过程的密切互动性

公共风险事件往往备受社会各界关注，倘若政府不及时充分了解受风险事件影响的公众的态度变化，公众又不了解政府等公共部门所采取的措施和处理进程，就会给公共风险的顺利解决造成很大的后续障碍。因此，在公共风险沟通过程中，沟通主体和客体之间需要密切互动，达成相互支持和理解。

（三）沟通手段的非常规性

公共风险事件的发生往往出乎人们的意料，人们无法用原有的知识和经验对之进行判断。平时的逐级报告、逐步传达、开会座谈等沟通方式或链形沟通模式已无法发挥有效作用，必须采用非常规性的紧急沟通措施和手段来加以应对，打破原有的沟通体制或模式，突出“快、全、近”的特点。

（四）沟通情境的不确定性

高涨的社会情绪、有限的信息获取途径、谣言和小道消息、揣测和假设等，使公共风险沟通在不稳定的信息环境和高度不确定性的复杂情境中进行。与在相对稳定环境中进行的沟通明显不同，公共风险受害人、目击人、利益相关人等沟通对象都需要调查落实，而且其受影响的程度和要求也不尽相同。

三、公共风险沟通的分类

公共风险沟通按其作用方向可以分为内部沟通和外部沟通。内部沟通即公共风险治理者对如何化解风险有清醒的认识，同时对基层管理人员进行公共风险治理知识培训；外部沟通则包括对公共风险治理过程或系统所涉及的公众进行详细的风险评价，确定谁是公共风险利益相关者以及如何看待公共风险，公开同外界进行交流，倾听和表达所涉及的感情，使公众可以获得一种坦率和诚实的相关信息，确保已表明对媒体的需要等。

另外，公共风险沟通按照方法和模式可以分为单向沟通模式和双向沟通模式。单向沟通模式主要用于由专家向一般公众传达风险知识；双向沟通模式则赋予了公众思考、提问、建议甚至决策的权利。当前以互联网为代表的新媒体不但是一种能在瞬间生成、瞬间传播、实时互动、高度共享信息的媒体，还是一种新的生活方式。离散的、无中心的结构模式和运作特征基本消除了沟通歧视，实现了参与上的地位平等，当今基于网络平台的风险沟通具有双向互动性。

四、公共风险沟通的作用

根据美国国家科学研究委员会的定义，风险沟通是关于风险本质、影响、控制与其他相关信息的意见交换过程。风险沟通的作用在于：告知、引导、解决冲突、营造正面关系。告知是指告知公众有关风险的知识，增进公众对风险的认识。例如，烟草生产商在香烟包装盒上印上"吸烟有害健康"的警告，一方面告知吸烟者吸烟的危害，另一方面也减轻了自己相关的法律责任。引导是指协助公众对风险形成正确的讨论与结论，进而产生个别的或共同的行为来降低风险，例如，预防艾滋病的宣传。解决冲突是指调停因风险问题而造成的利益冲突。通过恰当的风险沟通，组织与公众之间可以建立起一种正面的互动关系，进而可以提高组织处理风险、解决问题的能力，这是风险沟通营造正面关系的功用。公共风险沟通在公共风险治理中发挥着关键性作用。

（一）公共风险识别预警

如果公共风险治理部门具有健全的沟通渠道、快速灵敏的沟通机制、积极主动的沟通主体、有效及时的反馈，决策中枢就可尽早发现公共风险诱因及潜在的公共风险，洞察非常态因素，采取相应措施及时化解隐患，把风险消灭在萌芽状态。此时公共风险沟通就起到了一种识别、预警作用。

（二）公共风险决策辅助

公共风险决策是一种非程序化的决策，特点是信息缺失造成的不确定性、不可预见性，无法提供决策基础。通过公共风险沟通，公共风险治理者可以广泛地了解公众对于公共风险的认识，并在公共风险决策中积极吸收公众的智慧、借鉴公众的经验，最大限度地弥补公共风险决策急需的信息和资源,实现公共风险决策的针对性、前瞻性。

(三)公共风险资源整合

公共风险事件的影响面非常广泛。通过公共风险沟通,可以使受到公共风险影响的内部利益相关者和外部利益相关者清醒地认识到风险已经把大家紧紧地连在了一起,成为一个休戚与共、生死相依的命运共同体,只有齐心协力、共同参与,才能共渡难关。

(四)公共风险监控

有效的公共风险沟通常常发挥着重要的监督和控制作用,但这一点常被人们忽视。一方面,在公共部门中,上级主管部门通过与所属部门的沟通交流,发现存在的问题,因上级主管部门的权威性而使所属部门及相关人员产生一种压力,通过这个压力驱动下属部门对存在的问题进行整改,以消除风险诱因。另一方面,通过上行沟通,一般职员以及大众传媒把存在的问题及时反馈给上级部门,也能使存在问题的组织和人员产生一种压力,促使其面对问题,采取措施进行整改。

(五)公共风险修复

通过公共风险沟通,可以防止信息误传和谣言传播,沟通方式直接影响到人们对于公共风险处理状况的判断,可以让公共风险事件的目击人、受害人、其他利益相关人了解风险的基本情况,知晓如何预防风险和避免伤害,缓解其焦躁心理、舒缓紧张情绪,并劝阻那些在恐惧驱使下作出的具有潜在危险的行为。尤其是公共风险治理者亲临现场,与相关部门和受影响公众直接进行面对面的沟通,让处于公共风险中的公众感受到政府与其同在,感受到政府和社会的关心、帮助,这更有助于稳定民心,同时增强政府的公信力,树立良好的形象。

第二节　公共风险沟通的目标及原则

一、公共风险沟通的目标

公共风险治理工作的成功依赖于与各利益相关方进行的有效沟通与协商,让利益相关方参与公共风险治理过程是有必要的,这样有助于提升公共风险治理的效率。2023 年,国家市场监督管理总局、国家标准化管理委员会发布了《风险管理 风险评估技术》，描述了公共风险沟通的目标(见表 9-2)。

表 9-2 公共风险沟通的目标

序号	目标
1	制订沟通计划
2	正确识别环境信息
3	确保利益相关者的利益得到充分认识和考虑
4	汇集不同领域的专业知识以识别和分析风险
5	确保风险评估过程中不同的观点能得到适当考虑
6	确保风险得到充分识别
7	确保风险应对计划得到支持

(一) 获得支持

公共风险沟通的目标之一是获得支持。以公共卫生领域为例，公共卫生领域负责公共风险沟通的人员把支持看作降低公共卫生风险最重要的方法，也就是要倡导公众开展对自身和社会均有益的健康行为。公共卫生领域风险沟通的总体目标是要劝告、影响和鼓励个人、群体、组织投身相关事务，这种沟通是为降低风险服务的。虽然以劝说为要领，但是由于沟通旨在让公众更长寿、更健康，这是整个社会的根本价值所在，同时注意力主要集中在个人而不是社会身上，因此大部分卫生领域的风险沟通并不存在争议。另外，环境领域也致力于循环利用、能源削减、燃料消耗等方面的风险沟通；当沟通有目的地改变了某种行为时就是有效的。

(二) 参与式决策

公共风险沟通的另一目标是参与式决策。要制度性地建立公众对某一问题公共风险感知的信任，尤其一开始对公共风险信息源的信任，除了设置适当、专业的咨询平台，并增加咨询的透明度外，最重要的是在公共风险沟通与公共风险评估程序上引入公众参与。无论是社会团体代表或公众代表，越早让公众涉入决策程序，除了能顾及程序正义外，更能增加公众对信息来源的信任，强化透明度，并持续性建构公众对某一风险的信任。此种制度性的建构，将产生社会系统、政治系统及沟通系统的重新变化，形成公共风险沟通和公共风险文化的结构性发展。另外，引入公众参与决策程序，在理念上打破专家、官僚对信息的垄断，产生一个结构性动因。在个别层次上，公众有参与影响政策的机会，并进而加深对某一风险的社会学习和理解；在结构层次上，发展出对话、平权的公共风险沟通机制，并转化为参与式而非被动式的结果；在建构层次上，将复杂的公共风险问题转化为公众正常生活、学习、对话、价值判断的过程。

二、公共风险沟通的原则

良好的沟通是公共风险治理过程中必不可少的，不管何种形式的沟通，一定要保障信息的及时、准确和客观，要保证重要通信基础设施的安全和信息沟通渠道的畅通，要建立制度化的信息公开和发布制度。

（一）广泛参与、顾客导向的原则

公共风险沟通必须以人为本、以顾客为导向，面向公众，充分调动公众参与公共风险预防与应对的积极性。在公共风险发生后，公共风险治理部门要以统一的口径、用公众容易理解的语言向公众发布相关信息。公众在应对公共风险的过程中，往往依赖专家的评估与政府的服务。但是，专家的数据与公众的解读之间存在着差异，这时，信任危机就会发生，特别是当专家意见不统一或政府表态的口径不统一时，公众就会拒绝接受科学的建议。同时，公共风险治理者还应清晰地向公众提出反馈期待，告诉公众自己渴望从公众那里了解什么。公共风险治理者只有洞悉、预测公众的反应、行为，才能准确无误地传递自己的信息。

（二）公开透明、准确及时的原则

在信息技术高度发达的今天，“民可使由之，不可使知之”的时代一去不复返。公共风险事关公众的切身利益，公共风险治理者必须满足公众知情的需要，向其准确、及时地传递风险及处置信息。公共风险的演进过程充满了不确定性，公共风险治理者在信息不甚明朗的情况下，可以采取速报事实、慎报原因的策略。

（三）尊重事实、恰到好处的原则

公共风险沟通贯穿公共风险治理的全过程，公共风险治理团队中应有专人负责公共风险沟通。公共风险治理者应以事实为根据，实事求是地评估公众的价值期待，向公众传递风险信息。同时，沟通行为要与风险应对行动相一致，既不能人为地淡化风险，也不能人为地夸大风险，前者会造成公众的轻敌情绪,后者可能导致公众恐慌。同理,公众向公共风险治理者反馈的信息不恰当也会导致响应不足或响应过度。

(四)与媒体合作的原则

媒体是公共风险治理者与公众沟通的桥梁与纽带,具有信息传播迅速、受众广泛的特点。公共风险治理者需要学会与媒体打交道,与媒体建立良好的伙伴关系,借助媒体形成覆盖广泛的沟通网络,向公众传递重要的消息,推动公共风险治理活动顺利开展。

(五)倾听利害关系者声音的原则

在进行公共风险沟通时,公共风险治理者总是注重科学信息的输入,忽视公众价值和偏好的输入。公共风险治理者应明确那些对风险有兴趣且受风险影响的群体,对其状况进行充分了解,与其协商合作,摸清其对风险及其控制措施的态度,将其观点和偏好整合进政策与实践。

(六)信息口径一致原则

信息口径一致原则在公共危机的沟通管理中具有"源头"的地位。一个或多个管理人员的信息口径、言行不一致,提供的信息不准确或有错误,会导致信息失真、谣言散布、人心混乱等,造成事态的进一步复杂甚至恶化。因此,政府及相关部门作为公共风险治理的主体,必须抢占舆论阵地,主动出击、主动沟通,要充分体现出公共组织主动负责的精神,任何被动的沟通都会造成公信力的缺失,甚至导致公共风险沟通的失效。要保持信息口径的一致就必须建立唯一信息源,避免"多头""多层"发布信息。同时,要成立专门的信息发布机构,并指派专门的公共风险事件发言人,负责为公众及媒体提供最新信息,若有多名发言人,则必须及时与管理层沟通,保证任何对外发表的言论口径一致。此外,还要设立沟通智库,协助发言人把握全局。

三、公共风险沟通的措施

(一)提高信息的可信度

在公共风险沟通的过程中,公众是否愿意接受公共风险治理者发布的相关信息,在很大程度上取决于信息的可信度。如果公众认为信息不准确,便不会接收相关的信息,更不会按照相关的指令采取行动。如果公共风险治理者丧失公信力,那么公共风险沟通则陷入绝境。这是因为公众如果不信任公共风险治理者,就不会相信公共风险治理者带来的消息。从某种意义上说,公众评判信息是否可靠,主要依据是信息的来源,而不是信息的内容。

(二)丰富信息传递渠道

一般而言,信息来源广泛、信息渠道多样有利于公众接收有关公共风险的信息。公众往往会对信息进行比较和鉴别,单一渠道来源的信息很难令人相信,多渠道来源的信息可以使相互比较与印证。不仅如此,有些公众受自身及外界条件限制,不能接受某一渠道来源的信息。

(三)发挥沟通的辅助与支持作用

将沟通纳入公共风险决策,发挥沟通在公共风险决策中的辅助与支持作用。信息是决策的基础,通过沟通,决策者可以获取公共风险决策所需的大量信息。不仅如此,公共风险决策需要多谋善断,即从多个备选方案中作出最优选择。"多谋"是"善断"的基础,公共风险沟通可以广泛汇集民智,集思广益,并调动公众参与公共风险治理的积极性。另外,在公共风险发生后,弱势群体对灾害的承受能力低。公共风险沟通能够使弱势群体的利益得到特别的保护与关照,提高公共风险决策的公众满意度。

(四)建立舆情监测机制

通过公共风险沟通,经常性地对公众的舆情进行监测、分析与引导。在公共风险治理的实践中,应建立舆情监测机制,及时了解公众的所思、所想与所愿。同时,舆情并非真理,应进行分析、比较、理解,在此基础上,公共风险治理者需要对舆情进行必要的引导,形成有利于风险防范与应对的社会舆论氛围,特别是在社会安全事件的防范与处置上,尤其需要重视舆情的监测、分析与引导。

(五)学会与媒体打交道

在公共风险沟通的过程中,媒体有着双重身份。相对于公共风险治理者,它是一种特殊的公众;相对于一般意义上的公众,它又是信息的传播者。因而,公共风险治理者应与媒体建立互相信任的关系,学会如何与媒体打交道。一方面,这是公共风险治理者开展公关活动的重要表现;另一方面,这可以使有关风险的信息快速、真实、广泛地传递给公众。

第三节 公共风险沟通的内容与方式

一、公共风险沟通内容

公共风险沟通是民主制度的内在需要，强调不同的公众声音。公共风险沟通可以分为内部沟通和外部沟通。内部沟通主要是指公共风险治理部门之间的沟通与协调；外部沟通主要包括政府与媒体、公众之间的沟通。通过公共风险沟通，将风险问题开放到公共领域，有助于增加公共决策的透明度，确保其他利益相关者的知情权。公共风险沟通必须容纳多元的社会行政者及公共代表，并确定公共风险沟通的模式和策略。首先，需要各个公共管理部门通过信息共享机制实现体制内信息快速、低损耗传递，增强公共部门内部组织成员应对公共风险的一致性和协调性；其次，需要各种机制实现与外部利益相关者的信息沟通。

（一）组织间的沟通

开放的组织间沟通有利于集思广益，迅速对公共风险作出反应。公共风险发生时，应第一时间将风险发生的起因、拟采取的措施等以书面报告的形式呈报给当地政府和直接上级主管部门并接受调查。对上级部门的沟通应当及时地、实事求是地汇报事态发展情况，并与上级部门保持密切联系以求得帮助指导。同时，应加强政府各部门之间的沟通协调，告知公共风险事件真相和采取的具体措施、做好耐心细致的解释工作、传达政府形象修复的具体措施。这样，在公共风险来临时，各个部门、各级政府组织才能进行风险治理的协调工作。此外，还要保证政府工作人员避免出现言行不一的情况。

若要在公共风险治理过程中实现组织间的良好沟通，就要在前期做好沟通准备，在技术和资源管理方面达成协议。现实中，在沟通方式和途径都具备时，却常常因种种原因而未能实现有效沟通，其主要障碍在于“人的问题”和“技术问题”两个方面。① 在“人的问题”方面有以下五个方面的问题。第一，“我们是孤岛上唯一的人类”。在涉及多个组织且组织之间相互独立

---

① 张成福，唐钧，谢一帆. 公共危机管理：理论与实务[M]. 北京：中国人民大学出版社，2009.

的时候，组织自主行事的习惯很难改变。每个人都优先满足自己的组织信息需求，而不是先从整个大局出发。第二，不同的组织在交流信息上的术语和程序各不相同。第三，在各类信息的收集和发布的责任上没有取得一致。第四，拥有信息的人没有意识到别人正需要这一信息却苦于没有信息。第五，其他组织的信息需求未被理解。“技术问题”常指因不可抗力而导致沟通设备和程序的损坏，比如洪水、火灾、风暴和地震等灾害会破坏天线和正常的电力供应；商业广播站和公共安全无线电网络可能一旦遭受破坏就无法施工补救；组织间的无线电网络存在频率不兼容的问题等。

（二）与公众的沟通

与公众进行沟通的首要目的是要缓解公众的情绪，并为其行动提供指导。在公共风险发生后，各种情况都是不确定的，由于信息的不对称和不完整，公众容易产生恐慌心理。公共风险治理者要尽可能听取公众的声音，及时、准确、完整地将公众欲知、应知、须知的信息告诉公众，从而引导公众的判断与行为。公共风险治理者加强与公众的信息沟通，不仅能够提高公众防范风险的意识、使其知晓有关的防范知识，还有助于制止各种传言和谣言，防止公众由于对风险的理解偏差而导致的社会不稳定。

公共风险事件往往与公众的切身利益紧密相关。公众一般是危机的受害人、目击者或其他利益相关人。如果公众得不到确切的危机应对信息，便会陷入恐慌。因此，在危机发生时，政府应通过公开、顺畅、权威的沟通渠道，及时、全面、准确地告诉公众事件真相，提高政府工作的透明度，满足公众的知情权。政府要通过有效沟通把风险状况、应对措施、相关事态发展传递给公众，得到公众的反馈想法，帮助政府进行科学决策。这样，政府就可以通过发挥信息沟通的舆论导向功能来稳定公众心理，引导公众正确地对待公共风险事件。

公共风险治理者与公众进行沟通时，首先，要充分了解信息受众，获取公众信任；要通过强化激发信任感的因素、跟踪最新消息、提供人们需要的信息、获取直接事实，与公众建立良好互信的关系。其次，应当尽快与相关利益者进行接触，确定关于风险责任方面的承诺内容与承诺方式，并做好损失赔偿和善后工作。最后，应当及时向政府部门的合作伙伴、社会机构、社区公众等利益相关者通报风险事件及其处理措施，以便寻求合作，迅速组织社会各种力量实现救助，全面消除事件的不良影响。

(三) 与媒体的沟通

媒体的反映和报道,特别是现代网络,给信息搜索提供了便捷的信息获取方式和全面的信息来源。媒体是实现政府与公众沟通的桥梁,是对公共风险信息进行过滤、甄选的“把关人”,是公共风险信息的传播中介。由于媒体的独立性,一味隐瞒公共风险信息可能会使负面影响扩大;正确利用媒体,正视媒体的影响力,尽快提供全部真实情况则可以引导公众,降低公共风险事件的负面影响。

在公共风险发生后,公共风险治理者要与媒体主动联系,及时通报公共风险事件的调查情况和处理动态信息,以便取得支持。同时,在与媒体进行沟通时,要慎重选择新闻发言人。此外,还要建立风险信息披露制度,发挥政府发言人以及媒体的桥梁作用,构建政府发布和获取适用风险信息的双向渠道。一方面,可以让公众及时、充分了解风险信息以稳定民心,为决策创造良好的外部环境;另一方面,公共风险治理者能够及时获得风险决策的反馈信息,从而适时对有关政策措施进行强化或调整,以增强对风险的回应力。

二、公共风险沟通机制

公共风险沟通机制是为保障公共风险治理过程中沟通的顺利实现而建立的一整套公共风险信息收集、分析、处理、反馈的制度和运行体系①。良好有效的公共风险治理依赖完善的公共风险沟通机制建设。公共风险沟通机制建设原则上要把握系统性、研究性、具体化、灵活性等四个原则。系统性是指明确目标体系、明晰角色定位、规范操作流程,强调着眼全局、注重逻辑;研究性是指建立专门的危机沟通团队,必要时请沟通专家全面介入,强调依靠专业力量和政府“外脑”的智慧;具体化是指制定细化的沟通方案,特别对那些关乎全局、影响进程的细节要具备可操作性;灵活性是指由于风险本身的不确定性,所以机制建设不能过于僵化和教条,强调“前瞻性”,注重两个“灵活”。两个“灵活”是指对可能发生的重大意外灵活提供预案,在遭遇意外时能够灵活采取针对性的策略和方法。

当前我国在公共风险治理过程中的沟通存在一定的问题,例如缺乏独

① 高晓红,崔艳武.公共事务活动风险管理[M].北京:中国质检出版社,2014.

立的信息管理机构，危机公关意识不足，政府与公众之间的反馈机制不畅等。特别是伴随着近年来公共风险事件的不断增多和公众对政府服务功能要求的提高，政府在公共风险治理中的沟通机制与国内、国际沟通环境不相适应的弊端不断暴露，构建和完善公共风险沟通机制已成为社会各界及公众关注的热点问题之一。我国政府是一个庞大的科层组织系统，分层分级管辖，在这样的体制背景下，建立并不断完善公共风险沟通机制显得特别重要。

（一）建立有效的信息收集系统

1. 加强信息的鉴别与整理

鉴别信息是指对获得的信息进行内容上的评价和核实，对信息进行筛选和取舍。鉴别信息需要注意两点：一是信息的真伪；二是科学评判信息的性质，弄清信息是偶然还是必然、是个别还是一般、是现象还是本质、是主流还是支流。

2. 完善信息系统建设

公共风险治理部门要借助计算机网络构建信息网络，强化数据库功能，实现信息资源共享，改变信息重复、信息失真、资源浪费等现状。

3. 加强社会热点问题信息收集与分析

公共风险治理部门要广泛发展信息源，关注社会热点问题，收集相关情报信息，重点研究涉及公众切身利益的热点问题以及社会弱势群体问题，预测可能引发群体事件的苗头，及时分析重大政策措施出台可能对社会带来的影响，组织专门力量开展民意民情调查，了解公众心理。

（二）建立政府信息公开机制

政府信息作为社会公共事务的一部分，公众有权获知。政府信息公开既是现代社会民主化的表现，也是满足公众知情权的需要。信息公开是一个倒逼机制，带来的挑战是全面的，在公共风险治理过程中，信息公开显得更为重要。公共风险治理中的信息公开包括内部信息公开和外部信息公开，两者都要求公共风险治理者借助新媒体的力量。

（三）构建多渠道沟通系统

公共风险治理部门不仅可以采用听证会、记者招待会、新闻发布会等传统沟通方式，还可以通过网络视频直播和邀请公众代表的方式向公众开放。

此外，还可以借助媒体，通过推出“民生在线”“网上议事厅”等网络互动平台和沟通渠道，搭建公共事务活动的最佳传播和协商平台。一方面，媒体通过对民生新闻的报道，促进了公众知情权的实现；另一方面，媒体对涉及公众切身利益的民生问题，搭建起了政府与公众之间互动沟通的平台。

（四）强化社会监督和反馈

社会监督体现为公众通过各种形式对政府工作进行监督并进行评议、打分。因此，公共组织应健全和完善社会监督的途径和制度，例如设立热线电话、推出“民生在线”“网上议事厅”等网络互动平台，构建公民导向的政府绩效评估机制等。政府要及时回复和反馈公众通过各种渠道对政府公共事务、重大工程项目建设提出的意见和看法，强化公众监督。

同时应注意，在应对风险的过程中，很多事件是首发的，决策主体应对风险不是一蹴而就的过程，而是不断试错、不断纠错的探索尝试过程。这种探索尝试过程要求决策者必须高度重视反馈信息，建立灵敏迅速的反馈机制。反馈是一种信息的动态协同，根据反馈信息，对决策前提进行不断反思，及时调整方案。有时，政府需要对方案进行根本性的修正，重新进行决策，只有这样才能适应风险社会下公共决策的特点和要求，在不确定中追求公共决策实施的有效性。

三、公共风险沟通方式

（一）公共风险沟通障碍

以消除恐惧感、进行准确的信息发布和反馈、塑造良好的政府形象，弱化或消解公共风险为目的的沟通机制和沟通管理，是公共风险治理的基础手段。因此，为了更好地判断潜在的公共风险以及对发生的公共风险事件进行有效的管理，必须构建顺畅的内（外）部信息沟通渠道；必须利用公共风险沟通构建政府、公众、媒体三者之间的良性互动关系。在我国公共风险沟通管理实践过程中，存在着沟通不畅、沟通失真等问题，造成沟通障碍。公共风险沟通障碍的影响因素主要有以下四个方面。

1. 交流问题

交流是公共风险决策部门与公众、媒体之间的黏合剂，公共风险决策者与公众、媒体之间良好的双向交流是了解公共风险形势和成功治理公共风险的关键，但有众多因素会影响交流效果。首先，交流效果会受到环境的限制。公共风险决策者与公众、媒体之间的交流通常表现为正式的和非正式的，有时交流的非正式渠道通常比正式渠道更重要，例如危机状态下。正规的报告渠道，例如官方的报告协定、计划的制订往往无法阻挡突发性危机事件的发展。其次，公共风险信息过分的条块分割设置了交流障碍。最后，交流效果受到信息超载的限制。信息超载意味着许多关键的信息得不到分析或者无法被决策者看见。

2. 官僚政治问题

公共风险决策部门和风险信息的激增导致在公共风险发展的每个阶段都可能产生官僚政治问题。政府组织金字塔形的权力结构可能使纵向组织整合的信息处于低效率流转。另外，职能不清、政出多门等问题导致组织横向信息整合缺乏力度，进而导致公共风险信息传递失误。

3. 心理障碍

许多心理因素影响着认知过程，爆发危机时许多因素就更为凸显，既存的信仰和形象思维会将新信息的重要性淡化。此外，遵循主流政策的压力也会导致对新信息评估的歪曲。在公共风险治理过程中，压力是最重要的因素，其会制造出一种“当前事件综合征”。在这种情况下决策者被卷入多个事件，对风险信息的需求和供应变得短视，只关注最近出现的零星信息，从而导致风险信息被系统思维整合的环境同化。“当前事件综合征”是造成分析出现问题的一个重要原因。

4. 意识形态和政治障碍

当风险信息判断被用来适应其使用者的观点，或者是为了进一步引起报告者兴趣时，就会出现意识形态和政治障碍。当情报表现为排他、抑制、隐瞒，或者是当情报为了奉承迎合决策者以原始的、未经分析的，甚至误导的形式出现时，就会出现失真问题。这样的失真可能来自对模糊信息细致的、几乎是无意识的歪曲，或者出于恶意的企图，试图通过风险信息判断来影响政策。

（二）公共风险沟通步骤

（1）成立风险沟通小组。最理想的组合是，由部门负责人或首长领队，成立沟通小组，新闻发言人、公关专家和法律顾问等作为助手，小组其他成员应该是涵盖财务、人事等主要部门的负责人。同时要建立沟通人员明细表、通信资料，以明确人员之间的相互关系。

(2) 选定发言人。在风险沟通小组里，应该有专职发言人。部门首长可以是发言人之一，但不一定是最主要的发言人，应选择沟通技巧较高的人作为专职发言人。

(3) 培训发言人。对发言人的培训，能让政府部门及工作人员学会如何妥善应对媒体或公共风险事件所影响的目标群体。要让发言人学会尽可能地传递积极信息，避免误解发生。

(4) 确认和了解公众。风险沟通小组要有受害人及其利益相关人等公众的完整联系方式，例如通信地址、电话号码等，以便能够迅速与之联络，要注意了解公众希望寻求什么样的信息。

(5) 进行风险评估。充分认识风险态势，了解风险造成的影响，做到有备而战。

(6) 确定关键信息。了解公众想知道的信息以及风险本身的情况以后，就要对公众进行关键信息沟通，沟通时要做到简单明了。给公众的主要信息包括：一是对事件深感遗憾；二是解释正在协调或配合相关组织全力处理，并将彻查事件原因和责任人；三是说明以往工作有良好记录，符合所有保障健康和安全规则的要求，及时向公众和媒体提供最新的进展消息。

(7) 预先演练。如果想抢先行动，就要把风险沟通小组集中起来，预先讨论和演练如何应对可能的潜在风险。这样有助于思考应对措施，做好最好和最坏的打算，或通过对现有管理方式的改动，避免不良事件的发生。

(8) 决定信息沟通方式。进行风险沟通的方式有很多，可以面对面地向目标群体简要介绍情况，也可以通过邮件、通信或传真的方式发送信息。另外，对媒体则要提供新闻稿和解释信，或者让其参加部门组织的情况介绍会或新闻发布会。

(9) 探查反应。无论风险性质如何，无论部门准备得多么认真、作出的应对如何谨慎，总会有一些公众的反应与公共部门的愿望背道而驰。因此，要客观看待这些公众的反应，并判断再一次沟通是否能改善他们对公共部门的印象。

(三) 公共风险沟通技巧

公众对于自愿接受的风险、可控制的风险、熟悉的风险会比较坦然地面对。公共风险沟通者为了避免公众的过度恐慌，可以在尊重基本事实的基础上，采取一定的技巧。

首先，鼓励公众采用双向沟通的方式，进行公开对话，使风险从被动接受的风险变成自愿接受的风险。例如，一些地区曾出现过疫苗不良反应纠纷，任何疫苗都存在不良反应的风险，关键是公共卫生部门是否将风险如实告知公众，告知过程就是将被动风险转化为自愿风险的过程。其次，为了避免公众恐慌，沟通者应告知公众可以做什么，表达自身想与公众进行合作的愿望，告知公众如何识别风险、如何获取更多信息，以增强公众对风险的可控感。最后，沟通者应增强沟通信息的通俗性，使公众理解风险，产生熟知感，例如多使用比喻、讲故事、视频等办法。

第四节　公共风险沟通的舆情应对

一、公共风险舆情含义

舆情是指公众对突发事件、热点问题、社会现象等表达的有较强影响力和倾向性的言论观点，是社会情绪、态度、意见的一种集合，有狭义与广义之分。从狭义上讲，舆情是指在一定的社会空间内，围绕中介性社会事件的发生、发展和变化，作为主体的公众对作为客体的社会管理者产生和持有的社会政治态度，①包括“情、知、意”三个因素，即情绪、认知和行为反应倾向；从广义上讲，舆情包括民情、民力、民智、民意等四大要素。② 由舆情所形成的对公共风险事件的负面信息和话题争议，会直接影响到公众的信任、信仰、认知和政府公共部门的形象，导致舆情风险事件的发生。

（一）舆情的特点

1. 直接性

直接性表现为任何舆论传播者都可以对某一事件、问题、现象直接表达自己的观点和看法，即使本人并不在事发现场。在互联网和新媒体时代，人人都是自媒体，个个都有麦克风，任何问题都可以引发现场直播，全民围观。

2. 突发性

突发性表现为舆论从出现到传播的快速、蔓延、集聚等特征。从第一个

---

① 王来华.舆情研究概论：理论、方法和现实热点[M].天津：天津社会科学院出版社，2003.

② 李莹.信访工作的舆情机制[J].前沿，2007(5)：141-143.

观点意见的出现，到形成广泛的民间议论，速度非常快。这种议论很快就会通过不同的传播方式，从一个领域、一个地域、一个群体向不同的领域、不同的地域、不同的群体渗透蔓延，并在特定的圈子内积聚成强烈的倾向性态度、情绪。

3. 偏差性

偏差性表现为情绪化的态度、意见、观点和对事实本身及其内在规律、原因、趋势等的背离。面对特定事件或社会问题，公众容易情绪波动，加之公众认知能力不济和信息不对称，道德状况不一，甚至会受到少数违法分子的煽动，导致对特定事件或社会问题的片面认识或出现偏激态度。

4. 放大性

放大性表现为社会舆论意见的强烈程度大大超出特定事件或问题本身的严重程度。舆论传播者往往是在其他传播者情绪态度的基础上不断添加自己的情绪态度，导致社会舆论的强烈程度超出管理者料想，在事件平息之后，社会才能回归冷静理性。

（二）舆情的分级与分类

舆情的分级是指对舆情的分析要明确事件或话题本身所处的阶段，一般分为引发期、酝酿期、发生期、发展期、高潮期、处理期、平息期和反馈期等不同阶段，针对不同阶段，可以采取不同的处置对策。

舆情的分类是指不同类型的公共事件可能引发的舆情也有所差异，要针对不同的事件类型，考虑不同的舆情处置措施。可以根据管理需要和实际情况，将热点事件分为自然灾害事件、生产安全事故、群体性事件、公共卫生事件、司法事件、经济民生事件等类型①。

二、公共风险舆情监控

公共风险舆情监控是指公共风险治理者通过各种手段对舆情信息主动进行监测、汇集、分析、控制与引导，以反映社情民意，调动民智和民力，积极引导社会舆论，实现决策的科学化与民主化。

各类公共风险事件的发生给社会生产、生活造成了巨大的损失，给公众的生命、健康与财产安全带来了严峻的挑战。从舆情研究的角度看，公共风

---

① 蔺雪春，李希红，朱婧. 公共危机管理.［M］. 2 版. 成都：西南交通大学出版社，2018.

险事件具有突发性和不确定性，是需要政府重点监控的中介性事件。第一，公共风险事件可能会给社会的生产生活带来严重的损失和深远的影响。第二，公共风险事件往往是链状群发甚至是网状群发，经常会引发次生和衍生灾害。第三，舆情监控有助于政府查找风险治理疏漏，及时纠正风险事件应对过程中的失当行为。第四，舆情监控有助于实现“预防为主”的原则，防止公共风险事件的发生。第五，舆情监控应贯穿突发事件应急管理全过程，事前、事中、事后的减缓、准备、响应与恢复各个阶段都要进行舆情监控。不仅如此，舆情监控还应成为公共风险治理常态与非常态结合的重要表现，成为完善公共风险治理各项机制建设的重要环节和内容。

公共风险治理者要有效防范舆情事件，就要高度重视舆情监控工作。一是要建立舆情工作领导机制。政府等公共部门要建立由主要领导或分管领导挂帅的舆情工作领导机制，各部门也要相应建立由主要负责人领导的舆情工作领导小组，明确舆情应对部门、责任人、宣传员等，对各渠道舆情进行 24 小时不间断监测。同时邀请专家或专业技术人员，成立舆情管理人才库，帮助分析和处理舆情工作。二是要健全舆情监控机制。要加强对网络、舆情监测，明确监测内容，尤其关注其中的批评性议论、不满意内容，同时要编写监测日志和监测报告，供领导者参阅。

三、公共风险舆情应对

公共风险舆情应对主要是着眼于营造和谐社会环境、树立良好政府形象、重铸政府公信力，针对舆情热点进行科学应对和及时处置。

一是完善工作机制。形成主要领导负总责，办公室和宣传部门牵头，各方面协调联动的舆情管理机制，包括建立健全信息交换、舆情通报、联席会议等制度。

二是抓好重点环节。制定舆情应急预案，针对舆情监测研判、信息发布、公众引导、平衡舆论、消除影响、公共关系维护等环节的操作流程和策略技巧进行训练。

三是快速回应社会关切。当公共风险治理者发现舆情问题时，要第一时间回应社会关切。依据《关于全面推进政务公开工作的意见》，负责处置的地方和部门是信息发布的第一责任人，要快速反应、及时发声，根据处置进展动态发布信息。对涉及本地区、本部门的重要政务舆情、媒体关切、突发事件等热点问题，要按程序及时发布权威信息，讲清事实真相、政策措施以及处置结果等，认真回应关切。依法依规明确回应主体，落实责任，确保在应对重大突发事件及社会热点事件时不失声、不缺位。

四是正确引导舆论。加强与重点媒体的沟通合作，形成良好的互动机制，选择有利有效的信息发布形式和发布平台，掌握好发布时机，坚持速报事实、慎报原因、重报态度、续报进展的原则，统一口径，做好信息发布工作，以正视听，回应社会关切。

五是做好联合应对。加强与当地新闻宣传、公安、网监等部门以及新闻媒体和重点网站、意见领袖等的联系和协同运作，通过信息交换、舆情通报或联席会议制度，共同应对舆情事件。

六是落实舆情管理责任。按照分类管理、分级负责、属地责任的原则传导舆情管理压力，推进责任落实。负面舆情出现在哪里，就在哪里处置，将苗头化解在基层和萌芽状态。要将舆情管理绩效纳入考核，定期通报舆情处置情况，对工作不到位的部门、人员追究管理责任。

■ 第五节 应用场景及案例

一、从公共风险沟通的视角看汶川大地震事件①

根据以下材料，分析汶川大地震事件发生后哪些主体参与了风险沟通，取得了怎样的沟通效果。

2008 年 5 月 12 日 14 时 28 分，四川省汶川县发生 8.0 级地震。地震波及大半个中国及多个亚洲国家。截至 2008 年 6 月 29 日 11 时，死亡人数已超过 69 188 人，是中华人民共和国成立后破坏力最大的地震，亦是唐山大地震后伤亡最惨重的一次。汶川大地震共造成直接经济损失 8 451 亿元。

地震发生后，国家领导人立即赶赴灾区指挥救援工作。解放军和武警紧急启动应急措施，出动各种类型飞机，开出军列，动用各种运输、后勤保障设备，从废墟中挖掘被埋人员，救治受伤人员，转移安置受灾群众和游客，调运各类物资，抢修道路等。

中国官方和民间广泛使用互联网帮助传递灾害信息，辅助援助和救灾。新华网用在线论坛收集各地援助请求，发现救灾的盲点并上报相关政府部

① 王宏伟. 公共危机管理[M]. 北京：中国人民大学出版社，2012.

门。得知救援直升机无法在汶川找到降落地点后，一名大学生在网络上提议了一个适合降落的地点。该建议最终被救援团队采纳，让直升机第一次能降落汶川。各地志愿者创立网站，公布受难者和撤离者的联系信息，帮助公众找到失踪的亲人和朋友。

2018 年 5 月 18 日国务院宣布 5 月 19 日—5 月 21 日三天为全国哀悼日，全国下半旗志哀，停止公共娱乐活动。5 月 19 日 14 时 28 分，全国人民默哀 3 分钟，汽车、火车、舰船鸣笛，防空警报鸣响。

官方媒体方面，例如中央电视台与新华社在地震后 5 小时即对外公布，24 小时播放救灾新闻节目，对境内外媒体采访基本不阻止。截至 2018 年 5 月 22 日中午，已有 100 多家境外媒体、300 多名境外记者进入汶川大地震灾区参加采访报道。中国政府的救援工作得到了联合国等各国际组织与各国领导人的充分肯定，很多国际媒体对中国政府此次的救灾行动表示肯定。

二、深圳市引入新闻发布问责制的启示①

(一) 背景介绍

2009 年 9 月 15 日，深圳市正式发布《深圳市人民政府新闻发布工作办法》(简称《办法》)，率先引入新闻发布问责制。各级媒体都在显眼位置报道了这一消息。《办法》对常规政府信息和重大突发事件分别设置了 7 个工作日和 120 分钟的时限。

作为我国推动社会主义民主政治建设、构建透明政府、实现信息公开的关键性制度安排，新闻发布制度前进一小步，政府民主政治建设前进一大步。作为改革开放前沿阵地的深圳市，历次的新闻发布制度进阶，都会在国内外引起广泛关注。

(二) 管理历程

2009 年的前 7 个月深圳市经济形势逐月回暖、国家超级计算中心落户深圳市、“第一个中国人基因组图谱”在《自然》杂志发表、深圳“9・20”特别重大火灾事故造成 43 人死亡……在深圳市，这些大事的背后都有一个忙碌的影子，这就是深圳市政府新闻办。发布采访通知、组织新闻发布会、公开发布会现场实录，这些信息向社会公开的每一个环节背后都离不开他们的

① 深圳引入新闻发布问责制[N]. 南方日报，2009-09-16(SC01).

辛劳。

在深圳市，支撑政府信息发布的不只是深圳市政府新闻办一个部门，而是一个完整的新闻发言人梯队。截至2009年深圳市政府机构改革前夕，深圳市政府新闻发言人队伍已扩充至近800人，其中深圳市政府及各部门、各区政府共设立新闻发言人59名、配备新闻助理88名，各基层新闻发言人及助理共600余人。

从1985年尝试设立新闻发言人制度起，深圳市的新闻发言人制度历经了多个关键时间点：1985年、1998年、2003年、2006年和2009年。1985年，深圳市设立三个层次的新闻发言人，并由当时的市领导任首席发言人，深圳市的新闻发布制度蹒跚起步。1998年，深圳市建立了市、区和各政府部门三级新闻发言人制度，确认了全市38个单位和40名新闻发言人，这成为深圳市新闻发布制度走向成熟的分水岭。2003年，深圳市新闻发言人直接从“一把手”那里得到最新信息并被授权发布，“一把手”对新闻发布负直接领导责任。2006年，深圳市和国务院新闻办公室联合举办新闻发言人培训班，培育新型政府的“舌”。这也引发了深圳市各区、各部门给新闻发言人队伍“充电”的风潮。此前的2004年，深圳市也举办过新闻发言人培训班。2009年，新闻发布问责制率先被引入，行政机关发布新闻不作为、不及时、不规范、不准确造成严重后果都将面临问责，将新闻发布变成了刚性约束。

随着深圳市新闻发布制度一步一个脚印地日趋成熟，折射出深圳市提高政府工作透明度、打造阳光政府的不懈追求。深圳市政府新闻办工作人员表示，公共政策的制定必须考虑新闻传播因素，这一“新闻执政”理念已经渗透到深圳市政府新闻发布工作的各个层面。

思考题

1. 危机沟通和风险沟通的区别是什么？

2. 公共风险沟通涉及哪些主体？各主体在进行沟通时应该注意哪些方面？

3. 如何有效地对舆情进行引导和干预？

10

第十章

公共风险治理体系

学习目标

1. 掌握公共风险治理体系的具体概念及内涵特点。
2. 掌握公共风险治理体系的构成要素。
3. 理解构建公共风险治理体系的重要性和理论体系。
4. 了解公共风险治理体系现代化的构建思路和实践路径。

《中共中央关于进一步全面深化改革 推进中国式现代化的决定》明确要求和部署推进国家安全体系和能力现代化，完善公共安全治理机制。公共安全是国家安全的重要体现，一头连着经济社会发展，一头连着千家万户，是最基本的民生。完善公共安全治理机制，可以有效提升应对各类公共突发事件的能力，防止公共风险演变为政治风险危及国家安全。

■ 第一节　公共风险治理体系的概述

一、公共风险治理体系构建的重要性

在朴素的自然经济社会或工业化社会早期，由于工业化、城市化的进程和人口、财产流动的程度与空间有限，导致人口和财产在时间和空间上比较分散，所以无论是什么样的“风险因素”所“孕育”的风险，其后果也多局限于个别企业、家庭和个人。在今天，由于自然、社会、政治、经济、文化、法律等各种变数之间的相互作用和冲突，技术革命和工业化的突飞猛进，经济的全球化和金融的自由化，加之高度发展的城市化，使人口和财产在某一时空上高度集中和高度流动。风险从传统的、私人的、个体的领域进入公共空间，因而很容易发生由各种自然风险因素、社会风险因素、政治风险因素、经济风险因素、文化风险因素、技术风险因素等孕育的“公共风险巨灾”，使大量组织、个人甚至政府蒙受重大损失①。

随着现代社会的不断演进，风险呈现出一个新的特征——公共性。风险已经跨越了自然界的规律，走向了复杂性、非线性与复合性，从传统的自然灾害拓展到政治、社会、医学、工程等不同领域，构成了一个跨学科议题。

① 陈伟. 论公共风险管理理论体系的构建[J]. 国际经贸探索，2005，21(4)：70-76.

以新冠疫情防控为例，公共卫生风险治理不仅是一个流行病学问题，还涉及制度建设、机制构建、社会参与等政治、社会领域的议题。与此相对应，公共风险治理需要超越传统的风险管理模式，向蕴含现代价值的风险治理模式转变。在公共风险治理过程中，应充分尊重公共风险背后的生成逻辑与演化规律、充分利用公共风险所涉及的专业技术知识，但也要认识到，公共风险治理诸环节的落实与具体效能的激发应建立在相应的治理机制以及治理主体上。因此，在现代社会公共风险发生日益严重的形势下，构建公共风险治理体系，是现代社会公共风险治理实践的必然要求。①

二、公共风险治理体系的概念

我国学者对公共风险治理体系的研究已经有了初步成果。陈振明认为，我们现在处于一个量子化、智能化和数字化时代。时代的新场景对公共风险治理提出了严峻的挑战与更高的要求，必须对基于确定性或顺境的公共风险治理实践模式与理论范式进行反思，改进认知和思维方式，增强风险观念和忧患意识，坚持底线思维、极限思维和辩证思维；创新公共风险治理的实践模式，增强公共风险治理的韧性、敏捷性、适应性、稳健性与灵活性，准备经受风高浪急甚至惊涛骇浪的重大考验，并有效应对高风险社会的治理挑战。②

有学者提出，未来，在严格执法的前提下，监管部门可尝试利用自身优势，帮助技术实力较弱的中小企业增强安全生产意识，提高安全生产能力，形成监管部门与被监管企业互信合作的良性风险治理机制，从而推动风险防范和隐患排查等工作顺利开展，最终实现降低安全风险的共同目标。同时，应逐步推动行业协会发挥纽带作用，促进企业与协会合作共治来消减共同面临的风险隐患，进而避免或减少事故发生。以“多部门协作”为代表的整体政府观念在打破分割模式下的组织壁垒和自我封闭状态，强化政府之间的合作和协调，促进政府功能的整合及部门之间资源的共享，提高社会服务质量和应对突发事件方面，都发挥了传统官僚制所无法比拟的积极

---

① 陈伟．论公共风险管理理论体系的构建[J]．国际经贸探索，2005，21(4)：70-76．

② 陈振明．“乌卡时代”公共治理的实践变化与模式重构：有效应对高风险社会的治理挑战[J]．东南学术，2023(6)：68-77，247．

作用。①

公共风险治理体系超出了传统风险治理框架所能容纳的边界，因此，要高度重视理论研究，进一步深化和发展传统公共风险治理理论，紧紧把握公共风险治理研究跨学科交叉、多领域融合的本质特征，从两个维度构建起适合公共风险特点的公共风险治理体系。维度之一，要关注新兴技术发展背后所隐含的人为技术风险和衍生的社会安全风险；维度之二，要将相关学科中涉及公共风险治理的关键性理论要素与传统风险治理框架有机融合起来，并以此打造公共风险治理体系。②

公共风险治理体系是指以政府为主导、以企业、社会组织和公众等各类主体等为补充的治理主体，在特定的治理环境下，运用政策、教育、工程、技术等结构式和非结构式减灾手段，对国际与国内、传统与非传统公共风险进行风险识别、风险评估、风险处置、风险沟通的系统性预防、处置的总和。公共风险治理体系具有全视域、全灾种、全过程、全主体等四个特征。

三、公共风险治理体系的特征

（一）全视域

灾害防治的战略性和整体性是公共风险治理体系中需要关注的重点，公共风险治理的框架需要从多个维度进行构建。

第一，兼顾局部与整体。一方面，既要对地方的灾害风险特点进行关注，督促地方政府根据当地自然条件、经济社会发展水平、风俗习惯、人居环境等特征来制定符合地方的灾害防治和安全形势维护的整体规划，又要在国家层面分析研判各类安全风险，制定全国性的应急管理规划和国家安全战略。另一方面，各类各级政府职能部门既要防范各行业内的灾害事件和安全风险，又要注意将各类各级政府职能联合起来，发挥政府公共风险治理的整体性功能。

第二，兼顾国内与国外。大型灾难是全球性的共同难题，例如，气候变暖、恐怖主义、跨国犯罪、经济危机、战争冲突等。国内的风险治理同样需要对大型灾难进行防范，有的大型灾难极易与国内的某些致灾因素相互关联。因此，公共风险治理体系要求既要关注国内的安全形势，又要关注国际灾害

① 蔡立辉，龚鸣．整体政府：分割模式的一场管理革命[J]．学术研究，2010(5)：33-42.

② 曹海峰．新兴风险治理体系：框架构建与路径选择[J]．中州学刊，2020(1)：79-86.

风险的扩散性和外部效应。

第三，兼顾静态与动态。一方面，一旦发生突发事件，需要立即被处置，同时，在灾害发生后，还需要考虑是否会诱发其他的更大或更多灾害，避免出现更多的损失；另一方面，既要关注当前的安全形势，又要预测未来的安全形势，并在力量部署、资源分配等方面做到提前合理分配，随时可以对灾害进行处理。

第四，兼顾有形和无形。既要关注现实的各类有形灾害，又要关注潜在的各类无形风险。一方面，对地震、暴雨、洪水、火灾、传染病、交通事故等有形灾害需要进行防治；另一方面，对可能造成经济危机、社会危机甚至战争的经济因素、社会因素也要进行持续关注，提前发现。

（二）全灾种

总体国家安全体系中包括政治安全、国土安全、军事安全、经济安全、文化安全、社会安全、科技安全、信息安全、生态安全、资源安全、核安全等，其中既包括了传统安全要素，也包括了非传统安全要素。另外，总体国家安全体系中还包括了对自然安全风险要素、人为安全风险要素、内部安全风险要素和外部安全风险要素的考虑。总体国家安全观将灾害防治提升为公共风险治理，关注了全部的风险要素。

（三）全过程

希斯提出了企业危机管理的“4R”理论，将危机管理的过程划分为 4 个阶段，分别是缩减（reduction）、预备（readiness）、反应（response）、恢复（recovery），这一理论被广泛应用于企业、地方政府应急管理程序设计。关于灾害管理的过程划分，不同国家或许是不一样的，不过不论是 3 个阶段、4 个阶段还是 5 个阶段，其核心内容不过是对希斯 4 个阶段的分解或合并，没有超出希斯“4R”理论的设计。为了便于分析，本部分内容以希斯的 4 个阶段划分进行阐述。在缩减阶段中，需要采取措施防止灾害的发生，或者采取措施最大程度降低灾害的冲击力；在预备阶段中，需要进行预警、实施人员撤离或转移重要物资等保护措施，准备灾害应对资源和力量等；在反应阶段中，一般为灾害不可避免要发生或已经发生，需要组织力量对灾害进行迅速有效的处置和救援；恢复阶段是在灾害发生后，对企业、受灾区域进行处置，恢复正常生产和生活秩序。与传统的灾害防治模型相比，公共风险治理体系的治理对象和措施比较广泛，而且每个阶段的内容也会随之发生变化。

针对灾害范围的延伸与扩大，在危机管理的各个阶段需要建立风险因子库，决策时要对各种风险发生的可能性、危害性进行分析，采取必要的防范措施，最大限度地避免风险或者降低风险损失，从而形成系统性的公共风险治理体系。

(四) 全主体

不同的主体在公共风险治理过程中发挥着不同的作用，不同的主体有着不同的优势：政府主体发挥着极强的号召力和动员力，并拥有公共风险治理中的资源，同时在灾害应对时期还会被赋予特殊权力，拥有国家的强制力作为后盾。企业主体拥有资源、技术和资金优势，强力支撑了公共风险治理；但是很多企业存在着诱发灾害的危险源，身兼公共风险治理的主体和客体两种角色。企业做好日常的公共风险治理工作同样是对整个国家公共风险治理的一大贡献。公民和社会组织一方面是灾害中的自救和互救主体，是第一现场力量，可以将灾害损失降到最小；另一方面，公民和社会组织具有数量众多的优势，发挥着聚沙成塔的作用，在物资捐赠、人员帮扶等方面发挥聚集效应，是公共风险治理中不可或缺的一个关键主体。所以，政府、企业、公民和社会组织要构建“多中心”的公共风险治理主体体系，让每一个主体都能够拥有体系化的基地，并在自己擅长的领域中成为发号施令的权威。需要特别指出的是，军队因为其装备的先进性、行动的高效性，在传统的灾害防治体系中，成了重大灾害救助中的重要力量，但此时军队发挥的是非军事功能。在公共风险治理体系的理念下，军队除了作为非传统安全维护的力量参与大型灾害救助外，还要作为传统安全的维护者在可能的风险领域做好准备，甚至是采取必要的行动。①

四、公共风险治理体系的分类

(一) 自然灾害风险治理体系

自然领域的不确定性因素和复杂的孕灾环境，需要我国应急管理部门适应多种因素，增强风险治理能力。《中共中央关于坚持和完善中国特色社会主义制度 推进国家治理体系和治理能力现代化若干重大问题的决定》强

① 李尧远，曹蓉. 全面风险治理：灾害防治模式的理想形态：兼论总体国家安全观的学术启示[J]. 中国行政管理，2018(2)：109-113.

调:战胜前进道路上的各种风险挑战,必须在坚持和完善中国特色社会主义制度、推进国家治理体系和治理能力现代化上下更大功夫。《"十四五"国家综合防灾减灾规划》要求,全面贯彻落实习近平总书记关于防灾减灾救灾工作重要指示精神和党中央、国务院决策部署,积极推进自然灾害防治体系和防治能力现代化。新时代的自然灾害风险治理需要以风险治理理论研究为基础,结合我国灾害防治实践,有效治理风险。

1. 风险识别

风险识别作为风险治理的第一环节,为风险治理提供研究客体。当今社会存在的风险更为繁多和隐蔽,自然灾害风险与社会安全风险的叠加对风险识别的范围要求也更宽泛。从风险治理出发的自然灾害风险识别,不仅要求对风险迹象进行识别,还要求对风险源头进行识别。治理理念的内在要求倾向于多元主体参与,这有助于发挥不同群体的自然灾害风险感知优势,形成多维度的风险观察视角,有助于发现隐蔽性高的自然灾害风险隐患。①

2. 风险评估

传统的风险评估更多强调从定量的角度对风险程度进行评估,不同个体的非理性行为在评估体系之外。事实证明,自然灾害的衍生问题并非源自自然界的参数,而是受灾害影响下的社会心理状态影响。在风险感知的文化属性影响下,风险形成的过程会超出在理性人假设基础上作出的评估预期。在不同区域文化影响下,群体主观因素不可忽视。群体的主观无意识状态会造成特定群体对某一风险的错误感知,进而放大风险发生的可能。因此,从地区文化角度出发,衡量区域内不同群体的主观因素影响,将其定性地纳入评估体系作为参考,有利于提升自然灾害衍生事件风险评估的准确性。②

3. 风险处置

自然灾害风险处置的目的是从源头上消除或减轻风险可能造成的危害,而非通过决策将风险转移。实践表明,灾害中的弱势群体通常也是治理过程中的弱势群体。弱势群体由于缺少发声渠道,容易被风险治理的决策

① 刘川. 基于风险感知理论的自然灾害风险治理研究[J]. 经济与社会发展研究,2021(25):181-182.

② 同①.

者所忽略。因此，广泛吸纳不同群体的风险感知，有利于了解风险治理中弱势群体的诉求。对于不同利益诉求，组织进行公平、民主的协商，避免自然灾害风险处置过程中造成新的风险。将利益协商融入自然灾害风险处置过程，畅通不同利益团体的协商渠道，有利于以风险共担的方式应对非对称风险。

4. 风险监控

从风险感知理论出发的自然灾害风险监控，是基于社会心理学的角度对群体意识进行观察和分析。风险监控贯穿风险识别到风险处置的全过程。自然灾害全过程的风险监控不仅包括有关部门对自然领域的气象、水文等数据的监控，也包括对社会领域的整体状况的监控。自然灾害发生后的特殊情境会对受灾群体的心理造成影响，政府部门的应对行为会在受灾群体中形成放大效应。因此，感知群体意识可能造成的社会风险，成为当代风险治理理念下风险监控的重要内容。①

（二）事故灾难风险治理体系

1. 明确风险治理主体

明确企业为风险治理的主体，地方政府为监管和协调主体。就企业而言，进一步强化企业负责人（法定代表人）的风险治理责任。企业负责人应负责组织风险评估工作，提出并采取风险控制措施，组织进行风险登记和风险沟通。另外，企业要明确员工的风险职责：一是通过培训等方式，让企业员工能够明白自己工作中可能遇到的风险和受到的伤害，并且应当严格遵守各项工作安全规定；二是对于风险防控工作中遇到的缺陷，采取减少风险的方法，企业员工负有根据既定制度告知企业相关负责人的义务。就政府主体而言，先由县级负有安全生产监督管理职责的部门派人参加风险评估小组，并督促企业完成风险评估报告，再由该部门负责审核通过后报本级政府，并定期复审、督促修订。所在地政府根据风险评估报告承担相关协调责任，同时，县级负有安全生产监督管理职责的部门对各类风险利益相关者负有风险沟通的责任。②

---

① 刘川．基于风险感知理论的自然灾害风险治理研究[J]．经济与社会发展研究，2021(25)：181-182.

② 崔维，刘士竹．事故灾难类突发事件风险管理研究：以“11·22”中石化东黄输油管道泄漏爆炸特大事故为例[J]．中国应急管理，2014(6)：16-21.

2. 风险识别

目前,我国事故灾难风险治理的风险识别工作相对比较成熟。根据我国相关法律、法规,企业是风险识别的主体,结合实际,负责以下工作:一是排查识别危险源,根据事先所确定的企业危险源清单(物理、化学、力学、电学、生物等),查找所有可能的危险源,确定危险源及其可能的影响范围;二是分析危险源产生的原因、可能导致的结果及其对周边环境的影响。

3. 风险评估

成立风险评估小组,小组成员应当由企业人员和政府相关人员组成,小组组长应为企业的主要领导人。确定风险评估小组的职能:明晰风险治理工作流程,分别确定风险治理流程中的企业责任和政府责任。由于企业熟悉自身危险源和生产经营特点,风险评估更侧重技术层面分析,再加之各个企业特点和危险源的不同,风险评估应当由企业负主要责任。

4. 风险处置

风险处置也是风险控制,具体到事故灾难风险治理中,风险处置主要是危险源隐患治理。我国政府在对企业的风险处置情况进行监督管理方面,已经有了一些切实有效的监督管理办法。例如,实行事故隐患排查治理报告制、事故隐患整改承诺制、公示制等。企业可以以前期风险识别和风险评估等级为依据,与政府进行风险沟通后提出具体适用的风险处置措施。①

5. 风险沟通

在我国事故灾难风险治理中,企业、政府都应负有风险治理的责任,企业应当将风险评估结果、处置措施、利益相关者的风险信息报给负有安全生产监督管理职责的部门和有关行业主管部门,再由其通知利益相关者。

(三) 公共卫生风险治理体系

从 2003 年“非典”、2005 年“禽流感”、2009 年“甲型 H1N1 流感”到 2017 年“埃博拉”疫情,实践充分证明,公共卫生风险已经成为人们必须面对的严峻挑战。建立健全公共卫生风险治理体系,有效应对公共卫生风险挑战,直接关系到国家公共安全和人民生命安全,是国家治理能力的重要体现和政府能力强弱的显著标志。

① 崔维,刘士竹.事故灾难类突发事件风险管理研究:以“11·22”中石化东黄输油管道泄漏爆炸特大事故为例[J].中国应急管理,2014(6):16-21.

1. 风险识别

风险识别需要从以下三个方面入手。首先，精准识别公共卫生领域存在的风险。公共卫生领域存在的风险因子数量众多，而且不同风险因子的特点也不尽相同，这就要求能够对公共卫生领域存在的重大风险因子有一个全面掌握，包括风险因子的种类、性质、特征、表象等。其次，精准识别公共卫生风险领域的致灾条件。公共卫生风险要转化为公共卫生危机，必须满足若干条件，我们把这些条件称为致灾条件。如果致灾条件不出现、不满足，公共卫生风险永远停留在风险阶段，无法转化为危机，也就无法对人类社会造成破坏。对公共卫生风险的有效治理，必须识别风险的致灾条件。最后，精准识别公共卫生风险领域的系统环境。任何风险都处在特定的系统环境中，系统环境影响风险致灾的可能性，这就是不同国家、不同地区、不同文化、不同气候、不同种族等环境下公共卫生危机发生概率不同的重要原因所在。公共卫生风险的系统环境包括自然环境、人文环境、管理环境、技术环境、社会环境等。不同系统环境对风险的承受力和抵抗力完全不同，系统环境的韧性越强，风险致灾的可能性越小；系统环境越脆弱，就越容易引发危机。①

2. 风险评估

公共卫生风险处在不断变化之中，如果不能有效地隔离风险因子、阻断风险致灾条件和传播途径，一旦系统环境脆弱性增强，就可能引发公共危机。因此，必须密切监视公共卫生领域的风险，综合评估风险有可能导致的损失程度、风险的发展态势以及应对风险的能力状况，为风险决策提供信息支持。一要评估风险的发展态势。评估内容主要包括：风险在现有致灾条件和系统环境下致灾的可能性有多大；如果风险致灾，将会在什么样的时空范围内致灾；危机将会在什么时间发生，到达高峰；危机在什么条件下、什么时候可能结束；风险在什么情况下可能处于危险境地；等等。二要评估风险的致灾后果。评估内容主要涉及可能造成的人员伤亡；需要救治、隔离的人员数量；可能对公众生活和心理造成的影响；对经济发展可能产生的影响；等等。三要评估风险的处置能力。公共卫生重大风险的处置能力包括医疗救治能力，涉及救治队伍、医疗机构、医疗物资、研究机构、后勤保障等能力，

① 黄毅峰．公共卫生重大风险治理机制：理论、实践与构想[J]．东方论坛，2020(2)：101-112.

还涉及应急预案、医疗技术、管理机制、社会动员等能力。

3. 风险沟通

公共卫生风险治理需要调动大量社会资源，包括人力、物力、财力、信息、技术资源等，需要众多公共部门参与风险治理过程。同时，还需要与外部进行大量的沟通，为了保证这些人员能够各司其职、协调有序、有条不紊地开展工作，需要进行风险沟通统筹安排资源。

4. 风险处置

公共卫生风险处置涉及社会的方方面面，需要激发全社会力量共同参与风险处置，尤其是政府作为风险处置的关键性力量，在风险治理过程中能否做到相互配合、相互协同，直接决定风险治理的成败。为此，需要在政府上下级之间、不同地方之间以及风险治理流程各环节之间形成协同机制，统一行动，协同合作。首先，要构建风险处置空间协同机制。现代社会，公共卫生风险很容易引发蝴蝶效应，短时间内在全国、全世界范围内传播，导致风险处置很难局限在一个很小区域范围内解决。公共卫生风险一旦演化成全国范围内的危机时，需要中央政府和地方政府之间、地方政府各层级之间、不同地方之间实现协同防控，当风险演变成全球危机的时候，还需要在全世界范围内启动国家间的合作协同机制，共同应对风险。其次，要构建风险处置职能协同机制。具体来说，在公共卫生风险处置过程中，卫生健康委员会、疾病预防控制中心、病毒研究所、传染病救治医院以及其他各级各类医院要有具体明确的分工，但同时又必须保持工作之间的有效衔接和配合。信息报送、医疗救治、资源调集、场地征用、社会动员等各项工作都需要在不同部门之间通力合作、协同联动。最后，还要构建风险处置流程协同机制。一方面，风险处置过程中隔离风险致灾因子、阻断风险传播途径、增强风险系统环境韧性三个环节之间要实现有效协同；另一方面，风险处置过程中还需要实现风险治理系统与风险信息沟通系统之间的有效协同。①

（四）社会安全风险治理体系

社会安全是国家安全、生命财产安全等涉及社会公共领域安全问题的总括，既包括过程中的社会秩序破坏，又包括结果上的人员死伤；既可呈现为有形的人员和财产损失，还会造成无形的社会负面影响。社会安全的风

---

① 唐钧．社会公共安全风险防控的困境与对策[J]．教学与研究，2017(10)：94-102．

险源头多元化、风险机理复杂化、风险责任模糊化等综合造成了社会安全风险治理的困境。因此,社会安全风险治理一方面是全球共同关注的重要议题,另一方面是存在多重困境、亟待科学治理的实践领域。

1. 风险识别

针对社会安全风险源头的动态化、多元化特征,开展全面、动态的风险识别,以实现"情况清、底数明"。一是全面识别,适应信息"爆炸"的局面,全面收集情报;二是准确识别,利用科技化、信息化手段与技术,克服信息干扰与信息噪声,实现识别的"精""准";三是动态识别,针对新生风险、风险新动态、风险环境新变化,实时监测,优化调整,实现识别的"全""精""准"。

2. 风险评估和定级

针对社会安全风险机理的传导效应、渗透效应,开展风险的科学评估与动态定级,全面准确把握整体形势和高危风险。一是专项评估定级,针对某一事件或某一风险项进行精细化评估与定级;二是综合评估定级,充分考虑整体形势与风险环境,根据发生概率、发生后果、事件责任、社会影响等多维度因素来定级;三是快速评估定级,充分运用负面清单,设置一票否决的研判定级程序。

3. 风险降级

风险降级要求有效降低高危风险等级。社会安全风险治理可选用三个降低风险等级的方案:一是降低高危风险发生的可能性;二是降低高危风险导致危害的影响程度;三是在源头上消除高危风险。

4. 风险处置

首先,明确责任是主动治理社会安全风险的驱动力。实践表明,进行风险处置需要避免两大误区:一是安全责任越位,往往表现为政府部门过多、过度承担了安全责任,不仅易出现安全失误,还易导致群众问责;二是安全责任缺位,针对新生的安全风险与安全风险的新变化,由于决策、部署等的失误,政府部门未能尽责尽职,易受到群众指责与舆论批评。其次,全流程的责任管理是落实社会安全风险治理的抓手。风险处置的教训表明,需要注意责任泛化、责任淡化、责任弱化的问题以及局部追责与表面追责的问题。因此,需要优化全流程的制度设计,尤其是要建立"上中下游"全流程责任管理制度。对于风险治理的"上游"评估与标准设置、风险治理的"中游"监管与检测、风险治理的"下游"倒查与追责,要通过健全责任制度,明确主责单位，妥善处置“缝隙”“叠加”部位的责任管理。最后，确保风险所有权人的全员参与是科学实施社会安全风险治理的关键。全员参与需要遵循三大原则：一是主动参与原则，通过利益相关来调动参与者的积极性与主动性；二是有序参与原则，在共治的规则下开展风险治理活动；三是适度参与原则，确保不“违法”、不“越位”。这三大原则有利于实现科学的全员参与，确保社会安全风险治理中群防群治的有序推进和根源治理的持续开展。①

第二节　公共风险治理体系的构成要素

一、治理环境

公共风险治理体系的环境有三个特点。一是复杂性，公共风险是多种多样的，而且有的是相互交织的。二是差异性，不同的公共风险呈现出不同的特点。三是变异性，随着时间的变化，公共风险也会发生巨大变化。公共风险治理体系环境的构成因素形形色色，复杂多样，有物质的、精神的、社会的、自然的、传统的、现实的、国内的、国际的等。本部分内容主要介绍对公共风险治理体系构成较大影响的相关因素。

（一）经济环境

以经济建设为中心是兴国之要，经济稳定是社会稳定的坚实基础。当今经济全球化的浪潮有增无减，加之改革开放的不断深入和市场经济的转型升级，均使经济发展面临诸多机遇的同时也必然承担更大的挑战与风险。这种挑战与风险主要表现在国际、国内两个层面。

就国际层面而言，其一是金融体系面临更大风险。金融是现代经济的神经中枢，金融市场的危机极易导致经济的全面崩盘，进而引发社会的动荡与不稳定。中国的金融市场虽然不断融入国际金融体系，但是国际金融体系本身具有不确定性。同时，我国总体的金融实力还相对不足、自身的金融机制和体系有待完善，这就大大增加了我国的金融风险。其二是民族企业面临更大风险。特别是我国加入世界贸易组织以来，随着市场准入的逐步放开和关税门槛的降低，大量外资企业进入必然会导致更加激烈的市场竞

① 唐钧.社会公共安全风险防控的困境与对策[J].教学与研究，2017(10)：94-102.

争。市场竞争难免使传统或受保护的企业面临冲击与挑战，并使其生产经营更加困难，造成职工下岗失业和农村剩余劳动力转移问题更加突出，引发社会相关群体的失意与不满，进而影响社会稳定。

就国内层面而言，经济环境主要体现在三个方面。一是经济快速发展导致了公众更高期望与现实之间的差距。这种差距极易导致社会成员的相对挫败感与不公感。二是经济发展的地区差异、行业差异、城乡差异日趋明显，过大的差异将成为发展与稳定的不利因素。三是经济发展与社会领域其他发展呈现出非均衡性。经济发展固然重要，但是单一的、缺乏协同性的经济发展，从长远来看可能会孕育大量社会不稳定风险因素。

（二）政治环境

腐败作为政治毒瘤是世界的普遍现象，它会严重影响党群关系、干群关系，削弱党的凝聚力、战斗力和创造力，不利于执政党地位的巩固和奋斗目标的实现。权力异化同样是当代政治环境的重要内容，例如一些地方“一把手”权力过大，严重影响了决策的科学化、民主化，削弱了政治的权威性与合法性，进而在一定范围内激化矛盾，诱发政治风险，危及党的执政安全以及社会稳定。

（三）文化环境

文化作为个人或群体一整套生活方式的主观反映，不仅直接影响和塑造着人们的价值观和世界观，而且也会对社会经济、政治的发展产生重要影响。就我国而言，随着改革开放的不断推进，社会的开放性日趋明显，文化领域随之呈现出“主流文化”与“非主流文化”多元化的发展趋势。显然，在这种多元文化碰撞交融的过程中，异质文化间冲突与摩擦的可能性会大大增加。应立足于我国当前文化多元发展的现状，在深入分析各种文化差异性的同时，加强以中国特色社会主义新文化为核心的文化整合力，真正发挥先进文化引领风尚、教育人民、服务社会、推动发展的功效，防范敌对文化以及庸俗堕落文化的渗透与侵蚀风险。

（四）生态能源环境

生态能源环境已成为影响我国社会稳定的一个重要变量。改革开放以来，我国的年均国内生产总值快速增长，但是我们也为此付出了较为高昂的代价，其中之一便是资源浪费和环境污染引发的生态破坏。同时，能源紧缺也是影响我国当前和未来持续发展的一大掣肘。我国的石油、天然气、淡水以及煤炭等重要能源人均占有量严重不足，与世界平均水平差距较大。或者说，当人们觉得他们所生存的环境不断恶化乃至危及健康，生存所需的最基本能源都不能得到有效保障时，不安全感与恐惧感便会产生，而且可能会被不断放大、传播与蔓延，进而引发群体性恐慌，影响社会正常运行。显然，生态环境破坏与能源短缺已成为影响我国当前和未来一段时期公共风险治理的重要因素。①

（五）社会环境

社会环境主要表现在以下两个层面。其一，社会发展成果共享度偏低。改革开放以来，我国的经济发展取得了举世瞩目的成绩，但是与之相应的社会建设却落后于经济建设，使得二者之间严重失衡，这便很难满足公众更高层次的社会需求。或者说，这种非对称性直接影响到公共物品与公共服务的供给，使社会事业发展滞后，社会管理不够完善，社会公正缺失等问题突出，这在一定程度上极易引发社会相关利益群体的不满，影响社会稳定运行。其二，社会发展非均衡性明显。在社会发展的过程中，不仅是经济建设与社会建设之间不均衡，而且即使在社会建设内部也呈现出严重的失衡状态，例如地区之间的差距、行业之间的差距、城乡之间的差距以及贫富之间的差距等明显拉大。这些差距的拉大会让社会弱势群体产生一种挫败感、社会不公感，进而成为风险的诱因。②

二、治理主体

在公共风险治理体系中，政府、市场、公众、社区和社会组织既是风险沟通、风险评估的主体，也是风险处置的主体。各方权力、资源和知识的不对称性是典型的客观存在，人群特点和组织方式决定了权力、资源和知识散布于政府、市场、公众、社区和社会组织中，同时也决定了各方在风险治理中发挥作用的不同。

（一）政府

政府作为具有针对性的规则与规制等公共权力的反映，其政治科层体系的组织架构能够确保公共风险被及时分析与高效治理。

---

① 化涛. 转型期我国社会稳定风险的防范与治理[J]. 吉首大学学报（社会科学版），2014，35（1）：69-75.

② 同①.

首先，在公共风险源头治理上，政府能够承担主要的识别、评估责任。面对错综复杂的公共风险局面，政府能够有效地结合风险指数进行科学评级与分类，综合运用模式识别、关联分析、热点推演、趋势预测等技术手段对各种风险进行识别、评估。由于政府对于风险信息的来源渠道正式、公开，风险鉴别过程谨慎、可信，关于风险预警的话语体系严密、正式，因而对公共风险的有效治理起着关键作用。①

其次，在公共风险治理的过程中，政府会快速形成高度组织化的应急联动体系，在公共风险治理第一线发挥绝对主导作用，统筹调动人、财、物。政府主导的公共风险治理系统及装备精良，为了满足庞大科层体系运作的需要，公共风险治理成本巨大，需要大量资金被投入公共风险治理的技术领域。信息技术、网络、大数据分析等技术应用改变了政治科层体系烦琐的组织流程与决策方式，减少了信息滞后，提高了治理效率。

最后，在公共风险治理实施效果上，公共风险治理的复杂性往往使政府的风险治理效果相对令人满意。政府作为公共权力的代表，可以利用一切可供利用的条件进行治理。科层制使各级政府之间、政府部门之间以及政府官员之间密切合作，在公共风险治理的激励和约束中统筹行动，最大限度地减少风险、缓释公共风险的破坏力，共同提高公共风险治理效率。

（二）市场

首先，市场是政府公共风险治理的有益补充。政府主导的公共风险的精细网格化治理成本较高，必须有强大的财政预算作为后盾，治理难度的增加及治理层次的差异性导致政府将部分的治理权力让渡给市场组织。特别是在财力紧张的情况下，市场组织的介入可以化解政府宏观公共风险治理的压力。

其次，与其他主体不同的是，政府和公众是公共风险的厌恶者，而在一程度上市场则是公共风险偏好者，通过公共风险获利本身就是市场的职能之一。同时，市场中私人部门趋利避害的本性，使其对于公共风险更加敏感且更富有弹性与创新精神，能够对公共风险进行科学评估和补偿，提高个人参与公共风险治理的积极性。

再次，市场化不足是我国公共风险损失补偿体系面临的主要问题，商业

① 宋宪萍．当前我国城市社会风险的多元协同治理[J]．甘肃社会科学，2021(4)：22-29.

市场化保险承保不足，公共风险发生后，损失补偿主要依靠国家财政和民间捐助。所以，需要将市场组织的专业化理念、经验、技术和方法纳入公共风险多元协同治理体系。市场本身的风险治理专业优势以及集合各领域风险治理专家形成的资源平台优势使其可以在公共风险识别、评估、处置、沟通等环节发挥应有的积极作用。

（三）公众

公众在公共风险治理过程中通常成为“沉默的一群人”，应激活社会的内生能力和自治能力，拓宽微观社会机制的成长空间，推动社会功能的自我修复，创设合理制度环境释放更多的社会微观结构性原子单元。依靠公众共同参与，承担风险化解的功能，增强社会应对公共风险的韧性。

公共风险治理的精细化需要公众的实质性参与，要不断加强社会治理制度建设，努力提高社会治理的社会化、法治化、智能化、专业化水平。通过风险教育、风险隐患排查等具体的实际行动，努力提升公众的风险识别和风险防范能力，开展公众有序参与构建公共风险治理体系的具体行动，筑牢整个社会的公共风险治理基础。①

（四）社区

社区作为最贴近人民群众的组织，扎根群众基层是其最大的优势。在社区里，公众容易获得情感共鸣、社会韧性、集体权利以及身份认同。要发挥好对社区微治理的宣传教育、培训指导、监测预警等共建共治作用，形成得到社区认同的社会微观层面上的规则、习惯以及认知方式，从而成为公共风险有效治理的基层中坚力量。

（五）社会组织

社会组织是公共风险治理中的重要主体，作为一种自发的结构性力量，社会组织具有灵活性、专业性和创新性等特点，能够显著改善公共服务供给格局，弥补政府及市场在公共风险治理中的缺陷。

三、治理过程

针对日益复杂的、不确定的现代公共风险对人类造成的巨大冲击，本部分内容提出了多元协同、系统性的公共风险治理过程，包括风险识别、风险

① 宋宪萍．当前我国城市社会风险的多元协同治理[J]．甘肃社会科学，2021(4)：22-29.

预评估、风险评估、风险处置、风险沟通等环节。

（一）风险识别

风险识别直接影响着风险评估、风险处置、风险沟通的准确性和有效性。风险识别是用感知、判断或归类的方式对现实的和潜在的风险性质进行鉴别的过程。风险识别是风险治理的第一步，也是风险处置的基础。只有在正确识别出自身所面临的风险的基础上，人类才能够主动选择适当有效的方法进行相应的处理。风险识别的任务是从错综复杂的环境中找出目标体所面临的主要风险。风险识别一方面可以通过感性认识和历史经验来判断，另一方面可以通过对各种客观的资料和风险事故的记录来分析、归纳和整理以及进行必要的专家咨询，从而找出各种明显的和潜在的风险及其损失规律。风险具有可变性，因而风险识别是一项持续性和系统性的工作，要求风险识别者密切注意原有风险的变化，并随时发现新的风险。①

（二）风险预评估

风险预评估的目的在于掌握风险议题的多样性及不同行动团体对风险认定的不同，从而提出解决风险问题的框架。特别是如何界定风险的范围，将影响人们看待解决问题的方式。例如，过去在进行基因改造产品风险评估与决策时，往往只关注对健康是否产生实质性影响，而公众、社会组织更关注的是食品安全、子孙后代健康、环境风险和生物安全管理程序等问题。把这些来自社会的信息、知识及顾虑纳入转基因水稻商业化风险的定义范畴以及评估框架，减少因对风险复杂性、不确定性和认识不全面而导致的评估、决策失误，这是负责任的政府及评估专家的重要职责。

（三）风险评估

风险评估包括两个部分：对人类健康与环境的科学性评估；对相关的社会关怀及经济进行的评估。前者主要由自然科学家通过传统的科学证据的收集分析或概率的计算而对风险进行生理或环境伤害的评估与判断；后者则由社会科学家或经济学家探讨风险是否对心理、社会、制度、文化与经济等方面造成冲击。虽然在日益复杂的公共风险治理上，借助专家的力量来提供政策咨询或决策已经成了各国的惯例，但是在实际的风险评估中，往往

---

① 何铮，朱良峰，庄智一. 城市突发公共事件的内涵、类型与风险识别研究[J]. 中共福建省委党校学报，2008(6)：35-40.

由于片面强调专业性和科学理性而变得不透明，增加了公众对专家“黑箱操作”的疑虑，导致对政府、专家的不信任，加剧了公共风险治理的难度。通过公众参与，把社会组织引入专家风险决策中，一是能够促进社会组织的发展，收集起来的知识、见解能够扩大传统狭隘的科学风险评估的视野；二是社会组织的参与对专家评估能够起到监督的作用，增加了评估及决策过程的透明度，避免了公共利益的损失。①

（四）风险处置

风险处置是根据风险评估来进行决策与选择。一般来说，风险处置致力于规避风险、降低风险、转移风险以保障安全。同时，风险处置必须提出或面对三种可能的结果：一是无法容忍的状况，二是可以容忍的状况，三是可以接受的状况，以此来进行决策的分析与判断，并进一步提出解决或处置的策略。

（五）风险沟通

风险沟通贯穿处理风险的各个环节。风险沟通是让政府、风险评估者（专家）与社会组织及相关利益人等进行沟通和协商并理解风险的处置与决策方式及决策结果。同时，在这一过程中，政府及风险评估者也能了解与掌握社会组织及相关利益人的声音和他们所关怀的价值。有效的风险沟通能够平衡各种不同的利益和观点，提供解决问题的信任基础，提高决策质量，减少社会震荡。②

四、治理机制

（一）国家治理机制

国家利用政治权力和行政体系能有效动员制度性资源，通过使用合法性暴力、制定法律规范、实施公共工程或塑造社会观念等最大限度地避免公共风险，或将其所造成的公共损害和负面影响降至最低。国家治理机制在公共风险治理中具有权威性、强制性、整合性、渗透性强等优点，但也可能存

---

① 谢有长.社会资本与风险治理：构建风险治理机制的探讨[J].中共山西省直机关党校学报，2018(4)：66-69.

② 同①.

在成本高、效率低、权力滥用等问题。①

(二) 市场治理机制

市场路径通过社会分工体系促进生产、分配、交换和消费等领域的专业化、组织化,这不仅有效满足了人们的多样化需求,也促进了公共风险的合法化与公共风险的社会分担。市场治理机制在公共风险治理中具有需求导向、理性计算、充分竞争、责任分散和资源配置高效等优点,但也存在信息不对称、逆向选择、风险分担不均等市场失灵问题。

(三) 社会机制

社会机制是指通过社会组织和其他社会力量的相互合作与集体行动,以参与公共事务、提供社会服务、解决社会问题、倡导社会政策等方式介入公共风险治理。社会机制介于国家、市场两种机制之间,在一定程度上能避免政府失灵和市场失灵,但也存在资源依赖、自主性弱、专业化不足等问题。国家、市场、社会三种机制不是截然分开的,它们在不同社会背景下的相互组合、支撑与制衡,共同构成了应对公共风险的复合治理。

第三节　公共风险治理体系的原理

一、多元协同治理理论

(一) 多元协同治理的构建

面对源自现代社会的主体多元和利益分化,具有高度复杂性和复合性的公共风险,无论是直属于行政科层的政府风险规制机构,还是掌握专业风险治理知识的专业公司和技术专家,抑或是拥有“地方性”独特风险经验和价值判断优势的公众,都无力单独应对现代社会风险。充分激发和引导多元主体共同参与公共风险治理的内生动力和主动性、积极性,集聚异质性社会治理思想及行为,优势互补,在多元主体之间构筑一种新的优化平衡机制,既是现代社会治理以人为本的内在要求,也是实现社会功能优化和公共风险治理效果倍增的必然选择。

---

① 赵方杜,石阳阳.社会韧性与风险治理[J].华东理工大学学报(社会科学版),2018,33(2):17-24.

政府、市场、公众、社区和社会组织等多方主体，是进行公共风险治理的重要治理主体，公共风险治理需要在异质性治理主体之间形成理念共识，在政府、市场、公众、社区和社会组织之间建立起合作伙伴关系，构建由政府主导，吸纳、赋权更多主体、更多层级共同参与的"多中心"协同治理体系。由此形成政府——公共风险治理机制，市场——商业保险、储蓄、投资的风险补偿机制，社会——家庭、社区、民间风险救助机制的"三位一体"的公共风险多元协同治理格局。

协同治理是多元组织体系中各主体有机共生行为追求的共同目标结果。在协同治理机制中，各主体根据协同秩序形态，通过整体构造、同步节奏、记忆联想等功能，实现整个组织框架统一、一致且富有弹性的资源整合与行动。因此，实现协同治理不是各主体的简单线性加总，而是各主体行动目标和行动资源的有机契合，促进内外部资源的融合共生协作，从而使各主体行动资源更好地支持协同行动目标的实现。

因此，公共风险多元协同治理框架是政府、市场与公众等多元异质性主体，通过流程再造和有效的协同机制，形成的耦合同步及结构有序的动态自组织网络系统。在这个系统中，为了保证分布于系统不同空间和层面的各个节点，实现资源的合理配置与有机融合，各个节点利用网络结构与信息技术进行频繁的数据共享和交流互动，不断对社会关系与秩序进行建构、解构与重构，形成一个稳健的、扁平化的、富有弹性的、创新包容的多元协同治理机制框架（见图 10-1）。[①]

（二）多元协同治理的实现路径

1. 政府主导公共风险治理

政府作为具有针对性的规则与规制等公共权力的反映，其政治科层体系的组织架构能够确保公共风险被及时分析与高效治理。一般来说，行政科层体系主导下的公共风险治理有其合理性。首先，在公共风险源头治理上，政府能够承担主要预警责任。政府对于公共风险信息的来源渠道比较正式公开，风险鉴别过程比较谨慎可信，甚至关于风险预警的话语体系也是比较严密正式的，从而对公共风险的有效治理起着关键作用。其次，在公共风险治理的过程中，政府会快速形成高度组织化的应急联动体系，在公共风

① 宋宪萍. 当前我国城市社会风险的多元协同治理[J]. 甘肃社会科学，2021(4)：22-29.

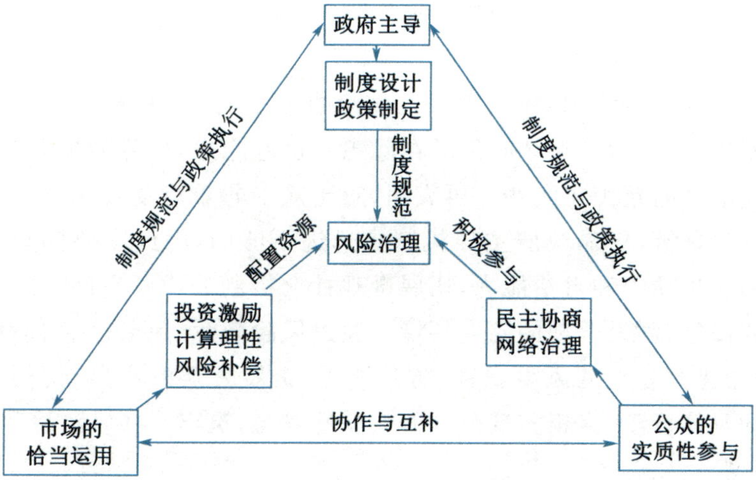

图 10-1 多元协同治理机制框架

险治理第一线上发挥主导作用,统筹调动人、财、物。最后,在公共风险治理实施效果上,公共风险治理的复杂性往往使政府的公共风险治理效果相对令人满意。政府作为公共权力的代表,可以利用一切可供利用的条件进行治理。

2. 市场的恰当运用

一是市场是政府公共风险治理的有益补充。政府主导的城市精细网格化治理成本较高,必须有强大的财政预算作为后盾,治理难度的增加及治理层次的差异性导致政府将部分的治理权力让渡给市场。特别是在财力紧张的情况下,市场的介入可以化解政府宏观公共风险治理的压力,所以市场主体的运用有其合理性。二是市场的风险偏好。与其他主体不同的是,政府和公众是风险厌恶者,而市场则是风险偏好者,通过风险获利本身就是市场的职能之一。三是市场化不足是我国目前公共风险损失补偿体系面临的主要问题,商业市场化保险承保不足,公共风险发生后,损失补偿主要依靠国家财政和民间捐助。所以,需要将市场组织的专业化理念、经验、技术和方法纳入公共风险多元协同治理体系。市场的风险治理专业优势以及集合各领域风险治理专家形成的资源平台优势,使其足以在公共风险预防、消减、分散、共担等环节发挥应有的积极作用。①

3. 公众的实质性参与

根据海因里希法则，在一件重大安全事故的背后，必有 29 件轻度安全事故的发生，并同时存在 300 件潜在隐患。这些隐患，仅靠政府是难以发现的。风险治理的精细化实践一再表明，对于众多非重点受灾因素、重大事故背后的隐患预警，仅靠政府主导机制是远远不够的，因此需要因势利导，激活社会的内生动力和自治能力，拓展微观社会机制的成长空间，推动社会功能的自我修复，创设合理的制度环境。通过风险教育、风险隐患排查等具体行动，努力提升公众的风险识别、防范能力，扩展公众有序参与公共风险治理体系的具体行动，真正实现公众的实质性参与，筑牢公共风险治理基础。

二、韧性治理理论

韧性治理源自韧性这一概念，韧性概念由加拿大生态学家霍林提出，并应用于生态系统稳定的研究中，描述的是系统内关系得以持续的能力。之后，霍林及其他研究者对韧性的概念做了进一步阐发。尽管不同的研究者对韧性治理的具体界定有所不同，但普遍认为，韧性治理强调面对高度不确定性风险的自适应性，反映了治理的弹性和调适能力。韧性治理的特征适应了应对公共风险的复杂需要。

韧性治理对于防范和应对日益凸显的公共风险具有至关重要的价值。实际上，随着风险社会的到来，风险因素不断增加，公共风险呈现相互交织、相互强化、不可分割的特征。一方面，传统上分散的个体风险日益交织、互动、发展为公共风险，构成了公共风险的组成部分；另一方面，不同个体间趋同性、结构性和系统性的公共风险日益累积，强化了个体风险的网络性和复杂性。就此而言，风险社会中的个体风险虽然形式上是个体性的，但是在结构上超越了个体性而源源不断地发展为公共风险。因此，风险社会中的风险不管是否在形式上表现为个体性，其实质都是社会化和整体性的。对于风险社会中的社会化和整体性风险，需要借助韧性治理进行有效的回应。

（一）韧性治理的特点

首先，韧性治理是一种敏捷性的治理。与传统的风险相比，风险社会中

① 宋宪萍．当前我国城市社会风险的多元协同治理[J]．甘肃社会科学，2021(4)：22-29.

的公共风险在多样性、复杂性、不确定性和危害性等方面都要高得多,这就使得风险社会中的公共风险在很大程度上是传统的问题。韧性治理具有弹性和灵敏性,能够针对风险社会中风险的具体情况进行有效应对,在很大程度上提升了公共风险治理的成效。

其次,韧性治理是一种整体性的治理。与传统的风险相比,风险社会中的公共风险具有结构性和系统性。公共风险的结构性和系统性不仅意味着风险涉及内容多、范围广,而且意味着一种风险可能引发其他风险,还意味着不同风险之间是相互联系和交织的。对于风险社会中结构性和系统性的公共风险因素,需要进行结构性和系统性的应对。韧性治理具有整体性、系统性、结构性的特征,是一种整体性的公共风险治理模式,能够针对结构性和系统性的风险因素进行整体性的治理。这种整体性的治理能够为风险社会中不断增加、扩展和演化的公共风险提供强有力的回应。

最后,韧性治理是一种自适应性的治理。与传统的风险相比,风险社会中的公共风险更加具有不确定性,这种不确定性不仅体现在公共风险更加难以预测和计算上,也体现在公共风险因素的不断叠加上,从而使得风险社会中的公共风险更加难以防范和应对。学习和适应被认为是韧性治理的核心环节。作为一种自适应性的风险治理模式,韧性治理能够针对风险社会中的风险因素在学习的基础上进行自我调节、适应和应对。

(二)韧性治理的实现路径

1. 治理理念的重塑

理念具有引领性和导向性的基础价值,科学的治理理念有助于对韧性治理面临的形势与任务、目标与路径等形成全面、客观、准确的认识,从而促进韧性治理的提升。相反,滞后的治理理念则会制约韧性治理的理性化。当前,随着现代化的不断推进,各种风险因素不断累积,我国已经进入了风险社会,面临的风险呈现出时空多层次叠加的特征。风险社会中弥漫的各种风险因素需要通过韧性治理进行有效应对。在此背景下,虽然我国公共风险治理的理念已经进行了一定的调适,但与风险社会韧性治理的要求相比仍存不足,需要进一步重塑。首先,应当根据风险社会中公共风险的复杂性确立全方位的风险治理理念。其次,应当根据风险社会中公共风险的动态性确立全过程的风险治理理念。最后,应当根据风险社会中公共风险的结构性确立整体性的风险治理理念。[①]

2. 治理结构的优化

治理结构是指围绕治理目标，由各构成要素综合作用形成的主体间关系。治理结构影响韧性治理功能的发挥，风险社会中各种公共风险因素的相互交织、叠加和强化，对韧性治理体系的功能发挥提出了更高的要求。这必然要求对韧性治理体系的各构成要素进行有机整合，构建优化的公共风险韧性治理结构。优化公共风险韧性治理结构，需要从以下几个方面着手。一是强化政府在韧性治理中的主体作用。随着风险社会的到来，韧性治理的进一步优化需要强化政府责任，加强对韧性治理的统筹和投入力度。二是要促进多元主体的积极参与和协同合作。虽然政府是韧性治理的主导者，但是随着风险社会中公共风险因素的不断增加，政府面临的压力越来越大。要加强韧性治理，必须鼓励企业、社会组织和公众等多元主体积极参与韧性治理，明确多元主体参与韧性治理的权利和责任，在政府的统筹主导下协同合作，形成和增强公共风险韧性治理的合力。三是构建整体性的韧性治理体系。推动公共风险韧性治理，需要加强顶层设计，促进不同主体的协作和整合，从而构建整体性的韧性治理体系。

3. 法治建设的强化

法治是公共风险韧性治理的根本保障。韧性治理作为政府主导的风险治理模式，毫无疑问，其运行情况在很大程度上取决于国家制度尤其是法治体系是否健全以及是否得到贯彻落实。近年来，随着全面依法治国的不断推进，法治建设已经取得了长足的进步，但面对风险社会的到来，当前的韧性法治建设情况与公共风险治理的要求相比还存在一些不相适应的地方。这些不相适应的地方不仅表现为一些相关韧性治理立法层次不够高和法治体系不够健全，也表现为一些韧性治理法治未能得到贯彻落实。因而，应当着力加强公共风险韧性治理的法治建设。一方面，应当不断建立健全韧性治理法治体系。面对风险社会中各种公共风险因素的不断变化和累积，应当提升韧性治理立法层次，促进韧性治理法律的修订和更新，强化韧性治理法治体系的有效衔接，从而促进韧性治理法治体系的不断健全，以适应新形势的需要。另一方面，应当强化公共风险韧性治理法治的贯彻落实。

① 易承志，龙翠红. 风险社会、韧性治理与国家治理能力现代化[J]. 人文杂志，2022(12)：78-86.

韧性治理法治重在落实，这也是践行韧性治理法治的内在要求。要达到上述目的，应当在加强法治宣传教育、提升执法力度和加强执法监督等方面采取有力措施，以增强韧性治理法治的权威性，促进社会对韧性治理法治的遵循。

三、系统治理理论

（一）系统治理概述

现代公共风险具有跨时间边界、地域边界、功能边界、自然边界的跨界传播特征。与此相适应，公共风险治理必须坚持系统治理。在治理过程上，要坚持源头治理，注重风险识别和风险预警，把风险消灭在萌芽状态；在治理机制上，要坚持协同治理，加强顶层设计，打好风险治理的“组合拳”；在治理客体上，要坚持全面治理，加大对人为风险的防控力度，促进人与自然和谐共生；在治理主体上，要坚持全球合作，秉持共商共建共享的全球治理观，推动构建人类命运共同体。

（二）系统治理的实现路径

1. 坚持源头治理，注重公共风险预警

公共风险治理是一个针对公共风险发生前（事前）、公共风险发生时（事中）和公共风险发生后（事后）进行的全过程治理。承认公共风险的存在，并在思想上重视，是降低公共风险、抵御公共风险的首要前提。党的十八大以来，面对波谲云诡的国际形势、复杂敏感的周边环境、艰巨繁重的改革发展稳定任务，我们必须始终保持高度警惕，既要高度警惕“黑天鹅”事件，也要防范“灰犀牛”事件；既要有防范风险的先手，也要有应对和化解风险挑战的高招；既要打好防范和抵御风险的有准备之战，也要打好化险为夷、转危为机的战略主动战。公共风险预警不仅体现在防控意识上，还体现在防控风险所采取的行动上。一旦发现公共风险苗头、征兆，就要果断地设置“防火墙”，做好切断公共风险传播的准备；一旦确认公共风险的存在，就要立即启动“防火墙”，从源头上减少重大风险发生的可能性。

2. 坚持协同治理，强化顶层设计

公共风险治理通常是以部门负责为基础的，例如公共卫生事件主要由卫生部门负责，社会安全事件主要由政法部门或安全监管部门负责，即使是自然灾害也会根据不同的灾害类型由不同的部门负责，地震类自然灾害由

地震部门负责、洪涝灾害由水利部门负责，等等。这种管理体制有其专业优势，但也存在弊端，即各部门的决策往往局限于本部门、本领域的视野和职责范围内。由于专业限制、条块分割、职责分工等因素，当公共风险来临或多种公共风险交织叠加时，往往各自为战，彼此之间缺乏协同、配合和统一行动，加之信息沟通和共享机制不畅等因素，公共风险治理可能错失最佳时机，降低公共风险治理的整合力度和治理效率。换言之，在跨界公共风险来临之时，没有任何一个地区、部门、领域能够完全靠自己的力量从容应对。因此，打破“碎片化”治理思路，必须加强顶层设计，在国家层面建立综合性公共风险协同治理机制。在国家层面建立综合性公共风险协同治理机制，实现各地区、领域、部门之间的无缝衔接、沟通协作、资源整合、信息共享、协同联动，形成整体治理合力，实现公共利益最大化。

3. 坚持全面治理，防控人为风险

现代社会，人类的决策、行为不断渗入大自然，很多自然灾害不再是单纯的外部风险，而是深深地打上了人类活动的“人为”烙印，呈现出外部风险和人为风险交织的特点。现代公共风险治理必须坚持全面治理理念，把外部风险治理和人为风险治理结合起来。促进人与自然和谐共生关乎人类福祉，也必然成为全球风险防控的重要内容。工业化带来的风险和破坏不会限于国界，污染是跨国流通的，因而一个国家的单方努力常常显得力不从心。各国应树立“敬畏自然、尊重自然、顺应自然、保护自然”的理念，摈弃“先污染后治理”的弯路，携起手来共同应对全球生态问题，共同建设美丽地球，共享绿水青山。作为发展中国家，我国需要正视自身的发展阶段、经济结构和治理能力，牢固树立和坚持生态价值观、绿色发展理念，及时反省粗放发展可能给自然造成的危害，有意识地防范可能出现的公共风险，最大限度地参与全球生态治理，促进人与自然和谐共生。

4. 坚持全球合作，推动全球公共风险治理体系变革

近年来，生态危机、病原体、核辐射以及人工智能、计算机病毒、基因工程等已成为整个人类共同面对的问题。全球正在进入具有高度不确定性的风险社会时代，公共风险成为现代社会的重要特征，并正在改变现代社会的运行逻辑与规则，人类社会的价值理念、行为方式正在被系统化重构，全球治理演变为全球风险社会治理。与此相对应，在公共风险治理方面，单个国家“自扫门前雪”的状况显然已经不能适应全球风险社会的现实。面对人类

共同的威胁，全球协作治理是最有力的武器，是符合全人类共同利益的正确选择。①

第四节　公共风险治理体系的现代化

一、推进公共风险治理体系现代化的重要性

大数据、云计算、人工智能、物联网、新材料等技术的发展，全方位提升了公共风险治理水平，从一定意义上来说，当代公共风险治理已经成为一个技术高度依赖型的领域，并且这种依赖程度还在不断增长。

在技术创新突进的同时，技术自身所带来的公共风险也在逐步呈现。① 风险种类更多。生化安全、核安全、信息安全、食品安全、环境污染等都是前所未有的问题。② 后果更为严重。当前风险带有显著的技术性特征，其后果更具毁灭性。比如核安全问题已经不再是哪一部分人的安全问题，它所带来的是全球性的安全问题，是人类的生存还是毁灭问题。③ 风险更难预测，进入后工业社会之后这种趋势更为明显。风险更难预测主要源于三个原因。首先，生物技术的伦理风险难以预估。伦理风险超出了传统的以确定性为特征的自然科学路径，溢出到具有高度不确定性的社会伦理领域。比如，克隆技术、转基因技术、基因编辑技术等。正因为如此，人们要以高度审慎的态度看待这些技术发展，不能轻易将其应用到人类自身。例如，“基因编辑”引发广泛争议。争议不是因为人们知晓其风险，而是因为人们对其风险难以预知。其次，人工智能技术的风险难以估量。传统技术的特征是人控制技术。人工智能技术力图突破人力的局限，甚至改变人类与技术的深层联系，被公认为是对国家安全带来深刻变化的颠覆性技术。最后，制度自身风险日趋复杂。随着管理技术的日益精进，公共安全问题也从“风险制度”走向“制度风险”。为了实现更高程度的安全，现代国家设立了日趋复杂的制度体系。由于社会往往会从复杂性中受益，逐渐积累起越来越“尖端”的精密机制，社会的专业化程度越来越强，但恰恰是这样，社会也变得更加脆弱。就像一架大型精密仪器，任何一个小故障都可能导致整个仪器失灵

① 孙照红. 现代风险的跨界传播及其系统治理[J]. 中国延安干部学院学报，2021，14(2)：64-70.

或崩溃，从而带来更大的公共安全问题。[①] 为此，清晰认知技术创新风险，评估技术创新风险，构建技术公共风险治理体系，具有重大的现实意义。

二、公共风险治理体系的构建思路

（一）明确价值导向

技术创新要有一定的价值观作为支持，这种价值观主导技术创新进程，能够形成强大的凝聚力。一项技术创新能不能在实践中实施，要看是否符合规律，是否具有社会价值包容性。要统筹技术创新的社会价值，保持经济效率、社会效率及生态效率协调，强化社会的价值导向，不能过分追求经济价值而忽视社会价值与生态价值。[②]

（二）强调前瞻性

在技术创新的公共风险治理中，通过识别、诊断、预警技术，探求风险变化的趋势和影响，并通过系统、充分考察与评估，进行专业化的预测和科学论证，前瞻性地探索技术创新对社会的影响，提升风险防范能力和主动应对能力。将预期治理可能出现的结果与现实情况相结合，制定技术创新公共风险治理框架，实现技术创新治理体系的系统适应性。

（三）坚持以人为本

技术创新中要注重人与人关系的调整，要提倡符合人与社会关系、人与自身关系的技术创新活动。首先，要符合人与社会的关系要求，遵循社会关系的运行规则，以社会民生为前提，促使技术创新面向生产生活、面向经济发展、面向市场，促进全人类的共同发展。其次，要符合人与自身关系的要求，注意满足人的需要，以促进人性的完善为目的，致力于人的解放与全面发展，凸显人的存在与价值，避免因为技术创新而导致人的异化与危机。要设立技术创新的最低限度，做到技术创新不能危害人的健康与生命安全。[③]

（四）注重各方利益平衡

从政策分析过程论的角度看，政策作为一种过程，在运用的每一个环节都存在不同的冲突。冲突的表现形式可能千差万别、林林总总，但归根结底

---

① 许超.公共安全管理的历史变迁考察[J].暨南学报(哲学社会科学版)，2020，42(12)：90-101.

② 潘建红.面向2035年科技创新对社会的影响及对策[J].中国科技论坛，2021(7)：1-3.

③ 同②.

可以归结为利益的矛盾和冲突。首先,进行政策调整,注重平衡各部门的利益,避免出现技术创新政策的冲突。其次,注意协调技术创新中不同层级主体的利益,推进形成创新的利益共同体。最后,重视公众参与,保护公众与技术创新成果使用者的利益。

三、公共风险治理体系的实践路径

创新作为新发展理念之首,要凸显创新的重要地位。现代技术创新在衍生出新型风险的同时,也倒逼公共风险治理的科学化与制度化,形成现代化技术创新公共风险治理体系,确保社会各方在创新活动中能相互适应、趋利避害。通过全方位协作,多元共治,以有效规避技术创新中的风险。

(一)改进技术创新公共风险认知与思维方式

受经济、社会和技术等因素的复杂交互影响,灾害与事故风险情景的突发性、动态演化性、不确定性与复杂性不断增强,对风险治理与应急决策及其情景认知带来巨大挑战。必须改变传统的认知与思维方式,直面不确定性、风险与危机趋势,将底线思维、忧患意识与风险观念贯穿公共治理全过程,有效防范和化解前进道路上的各种技术创新公共风险。①

(二)加快技术创新公共风险治理立法

坚持法治思维,科学谋划以形成自上而下的治理体系,推进技术创新公共风险治理的法治化与规范化。《中华人民共和国数据安全法》强调了总体国家安全观,从国家利益和公共利益出发兼顾技术产业发展与安全。要以该法为依据创设新规、推进后续立法,让法治化建设跟上技术创新公共风险治理的步伐。及时协调新技术问世后出台的各项新规与旧法之间的关系、国家法律和地方法规之间的关系。在保证地方政府具备一定技术创新应用与推广的自由裁量权的基础上,从国家立法层面在技术创新应用与推广的各个环节设置边界、建立规范。同时兼顾地方实际情况,为技术创新公共风险治理手段的灵活使用和有效实施保留空间。②

---

① 陈振明."乌卡时代"公共治理的实践变化与模式重构:有效应对高风险社会的治理挑战[J].东南学术,2023(6):68-77,247.

② 尹栾玉,隋音.技术创新对治理模式的挑战及风险防范[J].中国特色社会主义研究,2020(C1):95-101.

（三）形成技术创新公共风险多元主体协同治理格局

技术创新公共风险治理涉及政府、企业、学术界、社会组织和公众等多元主体参与，要做到利益共享、风险共担、相互协商与配合，共同构建多元主体协同治理格局。作为技术创新公共风险治理的推动者和监管者，政府需要深刻认识技术创新公共风险的长期性和复杂性，把握公共风险治理动向并提供强力支持。企业本身具有追逐利益和规避风险的天性，会通过衡量不同情境下能获得的利益，选择实施或不实施公共风险治理，但技术创新引发的公共风险日益增加，既具有超强的传染性又难以完全追踪，这迫使企业尤其是综合实力强大的核心企业，以高度的使命感和危机感投入技术创新公共风险治理。学术界作为技术创新公共风险治理的教育者和反思者，在承担知识生产和传播任务的同时，要对技术创新与实践进行超前布局、预测治理和响应式治理。社会组织作为技术创新公共风险治理的助推者和监管者，积极参与从技术研发到实际应用的多阶段风险治理以及行业监督监管。公众是技术创新公共风险治理的广泛参与者和监督者。社会组织和公众通过舆论宣传和舆论监督实施“软治理”，以推动技术信任，引导科技向善。①

同时，要搭建信息共享平台，促进各方面信息对称，推动公共风险沟通的机制建设，发挥汇聚的优势，促进多元主体享有平等的话语表达权，增进多元主体共商共治。

（四）实现技术创新风险的有效监管

大数据、云计算、人工智能、物联网、新材料等新技术公共风险的治理，既要从设计研发的源头入手，也要在技术的运用过程中进行科学的研判，以便及时解决出现的公共风险问题。首先，在事前领域，政府一方面在安全、透明、公正等原则基础上重视对技术创新的开发者资质和行为的审核，并构建事前公共风险评估认证机制；另一方面，在规则层面明确相关行为主体的权限与责任，在实践层面完善以国家为中心，以各地区、各行业、各领域的工作机构和安全监管机构为支撑的公共风险治理机构体系。其次，在事后领域，一方面健全公民权利救济机制，推进申诉程序法治化，通过细化查询、申辩、更正机制等方面的具体规定以保障公民陈述、申诉或对抗的机会，完善

---

① 孙丽文，李少帅. 人工智能技术产业化创新生态系统风险归因及治理体系研究[J]. 科技进步与对策，2021，38(17)：69-78.

相应的公益诉讼制度，并及时更新公益诉讼类型①；另一方面健全舆情风险控制机制。后现代风险社会中，技术创新风险同样呈现出主观建构的特征。为避免因公众缺乏了解或存在恐惧心理而产生的舆情危机，在与技术创新公共风险相关事件发生后，既要珍惜舆情处置的黄金时间，于舆情蔓延前快速启动应急流程，以多部门的协调共享做好信息收集和处理工作，又要真实、准确、全面且易懂地回应公众关切，加大科普宣传力度，从而有效预防虚假消息或煽动性信息等不良现象的产生。②

（五）推进技术创新公共风险治理的技术赋能

大数据、云计算、人工智能、物联网、新材料等新技术得到广泛运用的同时，形成了潜在的技术创新公共风险。同时，技术创新也可以为防范技术创新公共风险提供一定的保障。要发挥大数据与人工智能等高新技术在技术创新公共风险治理中的作用。大数据作为一种新技术，以其内在的技术特性，可以通过对大量数据的处理、整合，来追溯过去风险的发生和把握当前风险的状态，甚至可以通过勾勒出风险演化模型和趋势对未来的风险进行精准预测，从而为变革传统技术风险治理模式提供契机。大数据与人工智能的有效结合，提升了风险研判的准确性，推动了风险治理的精细化与精准化，从而有益于技术创新实践方案的积极调整，降低技术创新风险的发生。此外，还要注重风险案例库、数据库等基础工程建设，让新技术能适应各种治理场景，为技术风险治理提供强有力的支撑。③

（六）促进技术创新公共风险治理国际交流与合作

技术创新引发的公共风险有可能在一定条件上导致全球性风险，为此，需要聚焦全球视野，构建技术创新的国际合作与全球性技术创新公共风险治理机制，使技术创新发展与应用能够更好地增进全人类共同福祉。在如今的世界性风险社会中，技术创新公共风险具有跨域传播性。大数据、云计算、人工智能、物联网、新材料等行业具有开放、融合、相互依赖的本质特征，决定了世界各国必须走公共风险合作治理之路。一方面，要加强各国在准则制定、人才培养、权利保护等方面的战略合作，推动实现技术创新的健康

---

① 容志．技术赋能治理的异化风险及其防控[J]．人民论坛，2023(3)：60-63.

② 容志，任晨宇．人工智能的社会安全风险及其治理路径[J]．广州大学学报(社会科学版)，2023，22(6)：93-104.

③ 潘建红．面向 2035 年科技创新对社会的影响及对策[J]．中国科技论坛，2021(7)：1-3.

发展。另一方面，要坚决摒弃孤立主义、单边主义倾向，致力于搭建每个国家都可以平等对话的平台，在构建人类命运共同体的理念下发挥责任大国的作用，与国际社会共同营造开放、公平、非歧视的技术创新发展环境。

■ 第五节　应用场景及案例

一、背景介绍

2020—2022 年，我国开展了第一次全国自然灾害综合风险普查工作，这是一项重要的国情国力调查。按照“边普查、边应用、边见效”的原则，全国近 500 万名专业技术人员参与了这次普查工作，共获取全国灾害风险要素数据数十亿条，全面完成了普查调查、数据质检和汇交任务，形成了一批重要成果。这次普查工作基本摸清了全国自然灾害风险隐患底数，查明了重点地区抗灾能力，开创了多个历史“第一次”。同时，普查成果在社会治理各领域，尤其是灾害防治事业中应用广泛，成效显著，得到了社会广泛认可。

在这次普查工作开始前，应急管理部会同多个部门和单位，组建了全国自然灾害综合风险普查技术组，凝聚 100 余位专家的力量，论证编制普查相关方案。普查方案明确了三个基本目标，分别是：摸清全国自然灾害风险隐患底数，查明重点区域抗灾能力，客观认识全国和各地区自然灾害综合风险水平。

一是聚焦自然灾害风险的基本要素底数调查。首先是自然灾害孕灾致灾要素的底数，即孕育和导致主要自然灾害发生发展的基本因素，这里的“主要自然灾害”包括地震灾害、地质灾害、气象灾害、水旱灾害、海洋灾害、森林和草原火灾等。其次是重要承灾体的底数，即可能承受自然灾害打击的对象情况，也就是常说的人口房屋建筑、基础设施、公共服务系统、资源与环境等，都是承灾体需要调查的对象。最后是历史自然灾害的底数，即历史上已发生的自然灾害情况，调查的对象既包括不同行政单元的年度自然灾害也包括历史上发生的各类自然灾害事件详情，例如，每场自然灾害的受灾面积、房屋倒损、经济损失等。通过普查，获得自然灾害风险主要组成部分的详细信息，为开展主要自然灾害风险评估、综合风险评估以及防治区划制定等奠定基础。

二是全面调查和评估各地防灾减灾救灾的能力，包括各级政府、社会和基层三个方面的防灾减灾救灾能力。政府的防灾减灾救灾能力体现在自然灾害管理队伍状况、应急救援专业力量、应急物资保障能力、主要自然灾害防治工程情况等方面，按照科学、可操作的原则设置具体的调查指标体系。社会的防灾减灾救灾能力体现在能够动员的社会组织和社会力量参与防灾减灾救灾的情况，能够调动的相关企业参与防灾减灾救灾的情况。基层的防灾减灾救灾能力体现在乡镇和社区自然灾害管理队伍、相关物资保障、应急处置能力等方面的情况以及居民的自然灾害风险意识和自救互救能力等。这将是我国首次开展的覆盖“全国—省—市—县—乡镇—社区(村)—家(户)”的综合防灾减灾救灾能力调查评估。

三是通过开展风险评估和区划客观反映全国和各地区自然灾害综合风险水平。这里包含了风险评估、风险区划和防治区划三个方面的内容。风险区划是对风险评估结果在认识层面的再次深入，而防治区划是在风险区划的基础上为开展自然灾害防治制定基准和确定布局。从评估和区划的结果来看，开展风险评估和区划既包括主要自然灾害(例如地震、洪水、台风等)单灾种的风险和区划，也包括多灾种综合风险和区划。这两个方面是认识自然灾害综合风险水平的基本依据。风险评估过程中需要先开展危险性评估、暴露性评估、脆弱性评估等，以便反映出构成风险的各要素的情况，进而反映出全国和各地区自然灾害风险的大小、发展趋势、空间格局和相对位置等。

二、技术路线

第一次全国自然灾害综合风险普查根据实施方案制定的任务内容开展。首先，对涉及自然灾害风险的各要素进行专项平行调查，主要自然灾害单灾种风险要素调查、承灾体调查、综合减灾资源调查、历史自然灾害调查等并行开展。其次，在调查的基础上开展分析评估工作，对各单灾种风险要素调查后进行单灾种危险性评估，承灾体调查后进行各地承灾体分布特征和资本存量评估，综合减灾资源调查后进行各地减灾能力评估，历史自然灾害调查后进行各地历史自然灾害状况评估。再次，在风险各要素评估的基础上，从单灾种高危险性、承灾体高暴露性、减灾能力薄弱、历史自然灾害高发群发链发等方面，进行不同区域重点隐患的识别和评估，实施分区分级分类管理。最后，在上述三部分的基础上，开展单灾种风险评估，通过区域整合和突出重点，形成单灾种风险区划，进一步综合考虑区域特征和社会经济发展状况，形成单灾种防治区划。在单灾种风险评估工作的基础上，进行多灾种综合和区域承灾体综合评价，形成综合风险评估结果，制定综合风险区划，编制综合防治区划。

三、技术特点

第一次全国自然灾害综合风险普查覆盖的灾害种类多、涉及部门多、成果形式多、任务综合性极强，因而在技术上进行了全面统筹和攻关。

一是充分综合运用多样化的技术手段保障任务实施。针对任务内容，综合运用工程勘测、遥感解译、站点观测、问卷调查、资料调查、统计分析、建模仿真、地图绘制、抽查核查等多样化的手段。

二是内外业一体化技术同步开展。主要自然灾害孕灾致灾调查中内业的数据整理、遥感解译与外业的工程勘探、实地踏勘等有机结合；承灾体调查中内业的建筑物轮廓勾绘与外业的灾害属性调查相互衔接；历史自然灾害调查中，内业的数据资料分析与外业的实地核验交叉进行；减灾资源调查中，内业的统计分析与外业的问卷调查同步推进。

三是自然要素与社会属性兼顾。这一技术特点既考虑了自然灾害孕育发生的自然要素，也考虑了自然灾害对社会经济影响的社会属性；既调查和评估了自然要素的客观规律，也调查和评估了诸如减灾能力等社会属性的现状。

四是遥感、地理信息系统、大数据、云计算等新技术充分应用。充分运用高分辨率遥感影像，辅助各类调查和评估；充分利用地理信息系统的空间展示和管理功能，开展各类空间信息统一管理、分析评估和制图；搭建云计算环境，构建风险普查大数据管理与处理系统，实现全国调查和评估工作的实时在线处理。

这次普查工作的亮点包括：实现信息的全面空间化、获得空间覆盖完整的城乡房屋建筑及主要公共服务设施的详细信息、形成相对完备的主要历史自然灾害库、全面调查评估各级各地区减灾资源和能力、实现自然灾害综合隐患评估和多灾种综合风险评估。

四、后续应用场景思考

纵向上，随着数据资源和应用系统的逐步扩充，以应急大数据为建设目标，在风险普查成果数据的基础上，不断对信息资源目录和数据库内容进行扩充,逐步建立县级应急大数据库。在未来“活数据”应用方面,考虑结合应急指挥系统建设,在分析研判、协同会商、指挥调度、任务跟踪、现场处置方面,结合风险普查的自然灾害数据、承灾体数据、减灾能力数据、历史灾害数据、重点隐患数据,提升应急指挥各个环节的应用功能。同时,在分析和评估的模型算法方面,将充分利用人工智能技术,逐步扩充灾害预警、风险评估、灾损评估等业务环节的模型算法,逐步提升智能化水平。

横向上,可扩大普查成果在各部门的共享和应用,推进普查成果向疫情管控和卫生应急、交通规划和指挥、能源规划和管理、危化品运输和监督、重大活动保障等各个方面进行应用,进一步发挥灾害风险普查成果的价值。

思考题

1. 如何对公共风险治理体系加以界定?
2. 请全面描述公共风险治理体系的特征。
3. 公共风险治理体系有哪些构成要素?
4. 请思考公共风险治理体系分类的必要性和方法。
5. 请阐述公共风险治理体系在现实生活中的重要意义。

参考文献

[1] 陈振明."乌卡时代"公共治理的实践变化与模式重构:有效应对高风险社会的治理挑战[J].东南学术,2023(6):68-77,247.

[2] 高晓红,崔艳武.公共事务活动风险管理[M].北京:中国质检出版社,2014.

[3] 桂维民.应急百例警示录[M].北京:中共中央党校出版社,2012.

[4] 何叶荣,李慧宗.企业风险管理[M].合肥:中国科学技术大学出版社,2015.

[5] 何铮,朱良峰,庄智一.城市突发公共事件的内涵、类型与风险识别研究[J].中共福建省委党校学报,2008(6):35-40.

[6] 胡税根,余潇枫,何文炯,等.公共危机管理通论[M].杭州:浙江大学出版社,2009.

[7] 化涛.转型期我国社会稳定风险的防范与治理[J].吉首大学学报(社会科学版),2014,35(1):69-75.

[8] 景怀斌.公共危机心理:SARS 个案[M].北京:社会科学文献出版社,2006.

[9] 蔺雪春.公共危机管理:简明原理与实务[M].成都:西南交通大学出版社,2013.

[10] 蔺雪春,李希红,朱婧.公共危机管理[M].2 版.成都:西南交通大学出版社,2018.

[11] 刘钧.风险管理概论[M].3 版.北京:清华大学出版社,2013.

[12] 潘建红.面向2035年科技创新对社会的影响及对策[J].中国科技论坛,2021(7):1-3.

[13] 容志.技术赋能治理的异化风险及其防控[J].人民论坛,2023(3):60-63.

[14] 容志,任晨宇.人工智能的社会安全风险及其治理路径[J].广州大学学报(社会科学版),2023,22(6):93-104.

[15] 宋宪萍.当前我国城市社会风险的多元协同治理[J].甘肃社会科学,2021(4):22-29.

[16] 孙丽文,李少帅.人工智能技术产业化创新生态系统风险归因及治理体系研究[J].科技进步与对策,2021,38(17):69-78.

[17] 孙照红.现代风险的跨界传播及其系统治理[J].中国延安干部学院学报,2021,14(2):64-70.

[18] 唐钧.应急管理与风险治理[M].北京:应急管理出版社,2021.

[19] 唐钧.公共安全风险治理[M].北京:中国人民大学出版社,2022.

[20] 汪大海.公共危机管理实务[M].北京:中国人事出版社,2013.

[21] 王宏伟.公共危机管理[M].北京:中国人民大学出版社,2012.

[22] 王宏伟.公共危机管理概论[M].2版.北京:中国人民大学出版社,2021.

[23] 王健康,徐沈新.风险管理原理与实务操作[M].2版.北京:电子工业出版社,2015.

[24] 王来华.舆情研究概论:理论、方法和现实热点[M].天津:天津社会科学院出版社,2003.

[25] 谢有长.社会资本与风险治理:构建风险治理机制的探讨[J].中共山西省直机关党校学报,2018(4):66-69.

[26] 许超.公共安全管理的历史变迁考察[J].暨南学报(哲学社会科学版),2020,42(12):90-101.

[27] 许谨良.风险管理[M].4版.北京:中国金融出版社,2011.

[28] 许谨良.风险管理[M].5版.北京:中国金融出版社,2015.

[29] 杨钰. 公共危机管理实训教程[M]. 西安:西安电子科技大学出版社,2017.

[30] 易承志,龙翠红. 风险社会、韧性治理与国家治理能力现代化[J]. 人文杂志,2022(12):78-86.

[31] 尹占娥,许世远. 城市自然灾害风险评估研究[M]. 北京:科学出版社,2012.

[32] 张成福,唐钧,谢一帆. 公共危机管理:理论与实务[M]. 北京:中国人民大学出版社,2009.

[33] 张成福,谢一帆. 危机管理新思路[M]. 北京:国家行政学院出版社,2015.

[34] 张永理. 公共危机管理[M]. 2 版. 武汉:武汉大学出版社,2015.

[35] 赵方杜,石阳阳. 社会韧性与风险治理[J]. 华东理工大学学报(社会科学版),2018,33(2):17-24.

[36] 朱正威,刘泽照,张小明. 国际风险治理:理论、模态与趋势[J]. 中国行政管理,2014(4):95-101.